贵州省理论创新联合课题优秀结项成果（编号：GZLCLH2017014），贵州省绿色发展战略高端智库、贵州省人文社科示范基地绿色发展与反贫困研究中心、贵州省社会科学"学术先锋号"绿色发展与反贫困研究基地、贵州财经大学欠发达地区经济发展研究中心研究成果

贵州省全域旅游
助力反贫困的路径研究

王超 李超 王德
刘俊霞 郭娜 等◎著

中国社会科学出版社

图书在版编目（CIP）数据

贵州省全域旅游助力反贫困的路径研究/王超等著.—北京：中国社会科学出版社，2021.6
ISBN 978-7-5203-8563-3

Ⅰ.①贵… Ⅱ.①王… Ⅲ.①旅游业发展—扶贫—研究—贵州 Ⅳ.①F592.773

中国版本图书馆 CIP 数据核字（2021）第110033号

出 版 人	赵剑英
责任编辑	刘晓红
责任校对	周晓东
责任印制	戴 宽
出　　版	中国社会科学出版社
社　　址	北京鼓楼西大街甲158号
邮　　编	100720
网　　址	http://www.csspw.cn
发 行 部	010-84083685
门 市 部	010-84029450
经　　销	新华书店及其他书店
印　　刷	北京君升印刷有限公司
装　　订	廊坊市广阳区广增装订厂
版　　次	2021年6月第1版
印　　次	2021年6月第1次印刷
开　　本	710×1000 1/16
印　　张	15.5
插　　页	2
字　　数	231千字
定　　价	88.00元

凡购买中国社会科学出版社图书，如有质量问题请与本社营销中心联系调换
电话：010-84083683
版权所有　侵权必究

前　言

全域旅游是基于我国旅游产业发展现状而提出的创新发展方式，是改革开放以来市场经济发展的需求。基于习近平总书记指示贵州省要守好生态和发展"两条"底线的要求，贵州省发展全域旅游正逢其时，这对贵州省来说是重大责任、重大使命和重大机遇。贵州省作为精准扶贫攻坚的前沿阵地，在感恩奋进、砥砺前行中，全域旅游助力反贫困工作成绩突出，已经走出了一条中国特色社会主义旅游反贫困的贵州实践之路。

基于上述背景，本书设计了贵州省全域旅游助力反贫困的研究思路，拟解决"如何构建相关系统路径这一关键问题"。通过对相关概念及其基本内涵的梳理，以马克思主义治贫哲学、包容性增长益贫理论和旅游反贫困理论体系为理论基石，在剖析贵州省全域旅游发展的现状、模式与成绩的基础上，设计了全域旅游助力反贫困的测评指标体系，主要包括全域旅游发展基础、全域旅游反贫模式、贫困家庭参与能力、参与旅游就业情况和全域旅游反贫效果五个方面，并对六盘水市盘县普古乡、毕节市星宿乡、贵阳市花溪区进行了实地调查研究，解释了指标体系之间合理的结构方程模型，提出了全域旅游助力反贫困的内在关键结构和关系，发现了全域旅游开发不是全面反贫困开发、全域旅游助力反贫困不是单一模式、全域旅游统筹反贫困没有全民联动、全域旅游治理反贫困不要急功近利、全域旅游构思反贫困不能大拆大建、全域旅游助力反贫困需要改变观念六点问题。

然后，对国内外相关典型案例进行了分析。在国内案例中，新疆、福建和湖南三个我国省级行政区域关于全域旅游助力反贫困的路径，有以下共同特点：一是坚持中央关于全域旅游发展的大政方针。

二是坚持地方政府引导旅游开发，做好旅游开发相关配套政策和服务。三是在旅游开发的同时，重视乡镇农业和生态产业的发展。四是在促进全域旅游助力反贫困包容性发展方面，鼓励居民积极参与旅游开发。在国外案例中，印度政府通过全球旅游发展战略，以"不可思议的印度"为旅游特色，探索包容性旅游反贫困的路径。泰国则是基于佛教文化、自然观光和特色人文吸引全球游客，探索特色旅游产业反贫困的路径。美国打造特色旅游乡镇品牌，以印第安部落文化和西部牛仔文化构思乡镇旅游发展的亮点，促进当地百姓充分就业，实现旅游经济发展的反贫困功能。

综合上述研究，提出贵州省应从政府服务、企业参与、贫者努力、社会支持、社区建设、游客共创六个方面，构建全域旅游助力反贫困的系统路径，即政府全局规划全域旅游发展，聚焦反贫困功能的发挥；企业谋划旅游参与就业岗位，积极支持贫者劳动创收；贫者长远思考自身主动脱贫，改变观念赢得致富尊严；社会辅助多元支持全域旅游，打造共建共享反贫平台；社区营造和谐安定治理氛围，建设益旅益贫互助环境；游客积极参与旅游反贫建设，共同创造美好旅游体验。

最后，本书提出以下观点：一是贵州省全域旅游助力反贫困未来事业建设的可期。二是贵州省全域旅游助力反贫困鼓励社会力量的参与。三是贵州省全域旅游助力反贫困促进产业转型的合理。四是贵州省全域旅游助力反贫困体现治贫模式的有效。五是贵州省全域旅游助力反贫困激发减贫观念的创新。同时，可能存在以下几点创新：一是设计了全域旅游助力反贫困的测评指标体系，突破以往单单局限于全域旅游或者反贫困的单一研究视角。二是初步论述了全域旅游助力反贫困的系统路径，国内外学者还没有相关研究成果。三是拓宽了全域旅游与反贫困的研究范围和应用领域。

由于笔者时间、精力和能力有限，该书还有全域旅游助力反贫困指标设计存在短板、贵州全域旅游助力反贫困路径实践不足、全域旅游助力反贫困相关实证案例不够三个方面的主要不足。展望未来，贵州省应该继续发挥全域旅游建设的优势，在全域旅游助力反贫困领域走出减贫自信，成为旅游反贫困的样板。相信在不久的将来，贵州省全域旅游助力反贫困事业的发展，可以向世界展现成绩、提出思考和提供方案，也一定能够走出中国特色社会主义旅游反贫困的贵州实践之路。

王　超

2020年5月3日

目　录

第一章　绪论 1

　　第一节　研究的背景与问题 1
　　第二节　研究的现状与意义 5
　　第三节　研究的内容与方法 17
　　第四节　研究的思路与创新 20

第二章　相关概念的基本内涵与理论分析框架 23

　　第一节　相关概念的基本内涵 23
　　第二节　反贫困的理论基础 25
　　第三节　理论分析框架 28

第三章　贵州省全域旅游发展的现状、模式与成绩 38

　　第一节　发展的现状 38
　　第二节　存在的模式 55
　　第三节　取得的成绩 62

第四章　贵州省全域旅游助力反贫困的实证研究 72

　　第一节　测评指标体系的设计 72
　　第二节　指标权重与测评标准 82
　　第三节　案例调查与数据分析 91
　　第四节　研究发现的主要问题 114

第五章　国内外相关典型案例的研究 …… 123
第一节　国内典型案例 …… 123
第二节　国外典型案例 …… 146

第六章　贵州省全域旅游助力反贫困的系统路径 …… 176
第一节　政府服务 …… 176
第二节　企业参与 …… 183
第三节　贫者努力 …… 187
第四节　社会支持 …… 190
第五节　社区建设 …… 195
第六节　游客共创 …… 199

第七章　研究结论、不足与展望 …… 202
第一节　研究结论 …… 202
第二节　研究不足 …… 206
第三节　研究展望 …… 207

附　录 …… 210

参考文献 …… 221

后　记 …… 238

第一章

绪 论

第一节 研究的背景与问题

一 研究的背景

1. 全域旅游发展的时代要求

我国全域旅游概念的提出源于 2011 年大连市出台的《大连市旅游沿海经济圈产业发展规划》(2011—2020)。该文件指出：旅游业全域化是促进城市全域化的关键战略，这一新型理念是奠定全域旅游发展的重要前提（于洁等，2016）。在多位学者的努力探索下全域旅游的内涵有了进一步阐释：厉新建（2013）提出全域旅游是基于多方要素协调合作，充分将旅游目的地拥有的旅游资源整合，为游客提供多方面的旅游服务。曾博伟（2016）认为我国旅游者出行方式发生了重大改变，从传统的团体出游为主导转化为以散客为主，并由原先的景区观光单一旅游转化为追求自身满足体验型综合式旅游，这直接改变了游客的消费模式，游客与旅游目的地供给的产品联系更为直接。在我国旅游环境发生大转化之下，全域旅游的提出适应了新时期旅游业的发展之需。杨振之（2016）提出全域旅游是满足国民旅游休闲需求的重要方式之一，是供给侧结构性改革背景下旅游发展的重要动力。

从新时代旅游发展趋势来看,全域旅游发展符合马克思主义中国化的时代要求,更符合满足人民日益增长的美好生活需要。从行政工作层面来看,全域旅游发展理念最早被提出来是在2016年的全国旅游工作会议上,在此次会议中,时任国家旅游局党组书记、局长的李金早同志针对我国旅游发展形势作出正确判断,他指出:"进入新的发展时期,贯彻落实十八届五中全会提出的五大发展理念,必须转变旅游发展思路,变革旅游发展模式,创新旅游发展战略,加快旅游发展阶段演进,推动我国旅游从'景点旅游'向'全域旅游'转变"(李金早,2016)。而后,原国家旅游局公布了首批262家"国家全域旅游示范区"名单。2017年10月18日,习近平同志在党的十九大报告中指示:"农业农村农民问题是关系国计民生的根本性问题,必须始终把解决好'三农'问题作为全党工作的重中之重,实施乡村振兴战略。"乡村振兴战略成为指导全域旅游发展的重要方针,即以乡村旅游产品和服务供给方式助力农村振兴,实现旅游产业发展带动农村地区经济与社会发展具有良好的发展前景。

在新常态经济背景下我国旅游产业发展还在不断转型升级,大量资产与技术涌入旅游市场,从而间接地将旅游市场扩大,形成旅游产业全域化的发展态势。除此之外,全域旅游发展又促进了旅游发展的体制机制改革,把旅游助力缩小城乡差距、解决农村问题作为主要目标。全域旅游的本质与解决社会发展中的供给问题相辅相成,使全域旅游发展可持续化,并且从根本上提出制度保障。在产业融合发展的时代趋势下,全域旅游给旅游产业与多产业融合发展提供了机遇。发展全域旅游可以充分整合旅游资源和优化相关产业的资源配置,以旅游助力区域经济更为稳定协调地发展。

2. 贵州省旅游反贫困践行期

自从全域旅游发展理念提出以来,贵州省全域旅游发展取得了显著的成绩,并在"大数据、大生态、大扶贫"三大战略行动指导下,坚持全域旅游发展与旅游精准扶贫工作深度融合,形成旅游助力精准扶贫的良好发展态势。例如,2016年贵州省共接待游客5.31亿人次,旅游总收入达5027.54亿元,同2015年相比,增长了43.1%(孙志刚，2017）。到 2018 年年底，贵州省共接待游客 9.69 亿人次，实现旅游总收入 9400 多亿元，同比分别增长 30.2%、33.1%，实现井喷式增长。在旅游发展的同时带动了 30.3 万贫困人口受益增收，保护传承非物质文化遗产助推脱贫攻坚更加有力（贵州省文化和旅游厅，2019）。2019 年，贵州接待入黔游客人次、旅游总收入均增长 30% 以上（谌贻琴，2020）。贵州省通过发展旅游来实现区域经济致富是在省委省政府领导下的正确抉择。贵州省地处风景秀美的喀斯特地貌，独特的自然风光使旅游资源彰显出强大的客源市场竞争力。与此同时，璀璨的少数民族风情也给贵州省蒙上了神秘的面纱，让外界对这片美丽的"夜郎"土地充满好奇。丰富的旅游资源和健全的旅游市场是贵州省发展全域旅游的基础条件，也是推进发展全域旅游的主要动力。

贵州省发展全域旅游是旅游产业供给侧结构性改革和高质量发展的突破口，也是旅游市场的发展趋势。2016 年 5 月 7 日，在第十一届贵州省旅游产业发展大会上，贵州省正式提出落实原国家旅游局"515"战略，着力构建"全景式打造、全产业发展、全方位服务、全社会参与、全区域管理"的全域旅游发展新格局，丰富和提升旅游服务内涵，推动旅游业发展从景点旅游向全域旅游进行转变（新华网，2016）。2016 年贵州省有 11 个地区入选"国家首批全域旅游示范区"。不久，贵州省七地又入选第二批国家全域旅游示范区创建名单（多彩贵州网，2016）。实施全域旅游助力精准扶贫方式是贵州省积极响应和贯彻国家精准扶贫方针的重要举措之一，是产业经济发展模式创新的重要行动之一。贵州省出台的《贵州省发展旅游业助推脱贫攻坚三年行动方案（2017—2019 年）》中指出："把旅游扶贫作为产业扶贫的重要抓手，把乡村旅游作为精准扶贫的重要途径。"以旅游产业全域化发展为契机，融合多种产业共同发展是贵州省旅游精准扶贫的重要抓手，在脱贫攻坚前线地区实践成绩突出。贵州省旅游产业发展的方向与国家全域旅游工作的方向始终保持一致。一系列全域旅游发展的配套政策支持，为贵州省旅游产业促进区域经济的增长和脱贫攻坚工作的开展夯实了基础。

3. 旅游振兴乡村的发展契机

实施乡村振兴战略给旅游产业在农村地区发展带来了新的契机。旅游产业发展实现乡村脱贫的关键方式在于贫困者参与到与旅游相关的生产劳动与经营活动中来。旅游产业是具有融合发展能力较强、涉及参与人员较多，经营覆盖范围较广的产业集群。因此，通过发展旅游产业助力精准扶贫，包括以下四个方面：

一是补齐旅游产业发展所需公共基础设施短板，与此同时，乡村公共基础设施可以得到明显改善，为乡村经济良性发展奠定了基础。旅游产业发展首先要保障旅游景区的可通达性，网络信息的畅通性以及水电需要的稳定性。一些发展滞后的贫困乡村由于地处偏远，与外界联络较弱，劳动力外出较多，使公共基础设施发展一直存在突出短板。一些具有旅游发展条件的贫困乡村，发展旅游产业就必须要解决公共基础设施建设的问题。用旅游资源拉动投资解决乡村公共基础设施建设，是贫困乡村得以快速发展的一个有效途径。

二是给农村贫困人口直接提供就业机会。旅游业属于服务行业，是保障游客吃、住、行、游、购、娱多方面得到满足的劳动密集型产业。农村劳动力是旅游发展不可缺少的资源，贫困人口的旅游就业能够在一定程度上解决乡村留守问题和空心化问题。与此同时，旅游产业相关服务岗位需要对乡村劳动力进行就业培训，这也是提高农民综合素质，助力旅游产业和乡村振兴协同发展的手段之一。

三是对于需要进行旅游开发的农村地区，对于那些有条件的农村贫困人口，其土地、房屋、园林资源等资产可以得到充分利用，以获取经济利益。贵州省在推行农村"三变"过程中已经证明"资源变资产、资金变股金、农民变股东"是一种很好地促进农村贫困人口增收的方式。贫困者以主人翁角色直接参与旅游产业发展是实现脱贫的主要方式，贫困者通过不动资产的投资，获取租金或者股份，也是获取稳定性或一次性收益的可选方式。

四是旅游产业发展促进了农业的供给侧结构性改革。乡村旅游与农业发展密不可分，促成"旅游+农业"模式是乡村旅游发展的重要方式。旅游产业发展能有效带动农业的发展，改变传统农业产品的供给结构，充分发挥农业生产、农事活动、农业产品的体验价值，促进农业经济更好更快地发展。

二 研究的问题

贵州省通过旅游产业发展带动贫困地区脱贫致富在实践中已经取得了突出的成绩。旅游经济发展为解决乡村贫困问题提供了新动力。贵州省旅游产业发展虽然在不断成熟，但是景区发展的局限性也在不断暴露，全域旅游发展助力反贫困事业势在必行。当前贵州省通过全域旅游发展推进乡村反贫困是发展阶段的必然选择。贵州省积极响应国家全域旅游号召，为全域旅游助力反贫困工作增添动力。探索贵州省以全域旅游助力反贫困的系统路径，打破传统景点设立，解决旅游门票单一收入的现状，聚焦农村地区的优质旅游资源，给游客提供多样化的消费方式，从而拉动内需提高经济收入实现旅游产业的供给侧结构性改革。因此，本书研究关注的主要问题包括：一是贵州省在全域旅游发展实践中存在的现状、模式和成绩。二是衡量全域旅游助力反贫困，具体的测评指标体系有哪些？三是通过实证研究发现贵州省全域旅游助力反贫困过程中还存在哪些主要问题？四是贵州省全域旅游助力反贫困的系统路径是如何构建的？

第二节 研究的现状与意义

一 研究的现状

1. 全域旅游的研究

如图1-1所示，以"全域旅游"为关键词在CNKI（中国知网）上查找出1360篇期刊文献（查询截至时间为2017年12月30日），这些期刊文献相关的关键词可反映出全域旅游主要的研究方向，主要包括以下几个方面：一是关于全域旅游理念指导下旅游产业发展业态的探讨。从全域旅游、乡村旅游、旅游业、旅游产业、旅游发展、旅游产品、旅游+、旅游资源、旅游开发、工业旅游、智慧旅游、旅游策划等关键词可以看出，全域旅游是在多种旅游业态组合之下，形成系统的旅游产业集合。其中，乡村旅游业态是全域旅游较为青睐的发展方式，代表学者有于淑艳、廖碧芯、孟秋莉等，其关注核心全域旅游视角下乡村旅游的开发模式。二是全域旅游发展路径为研究方向之一。从发展路径、发展、路径、SWOT分析、对策建议等关键词可以看出，全域旅游发展路径的探讨是学界关心的话题。代表学者有吴旭云、葛继宏、黄细嘉等。三是案例研究是全域旅游的主要研究方式。从宁夏、海南、民族地区等关键词可以看出，全域旅游集中在相关典型案例的探讨上。其中，宁夏成为全域旅游研究案例地的典型代表，代表学者有许丽君、汪克会、王磊等。

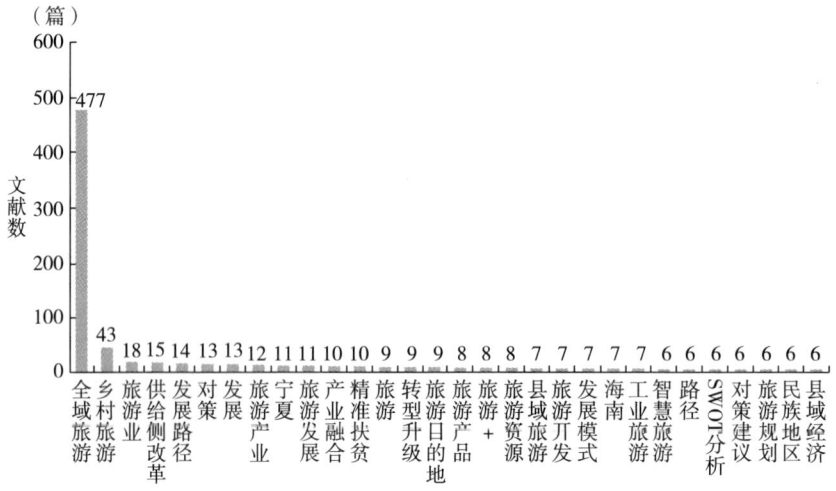

图 1-1　排名前 30 位的全域旅游相关期刊文献关键词分布柱状图

如图 1-2 所示，研究全域旅游的领域关注度最高，其所属范畴是旅游，这个是由其本身性质决定的。除旅游之外农业经济领域对全域旅游关注度为最高，这表明全域旅游的发展与农业密不可分，或是学者更为关注农村地区的全域旅游发展。除了农业领域之外，服务业、建筑业、交通、信息与邮政、工业、金融、林业对全域旅游关注度也相当高。全域旅游是一种经济发展的综合体，从各领域对全域旅游关注度来看，也间接地验证了我国全域旅游发展的进程。除此之外，教育、文化、地理、政治等多方领域对全域旅游也有所关注。

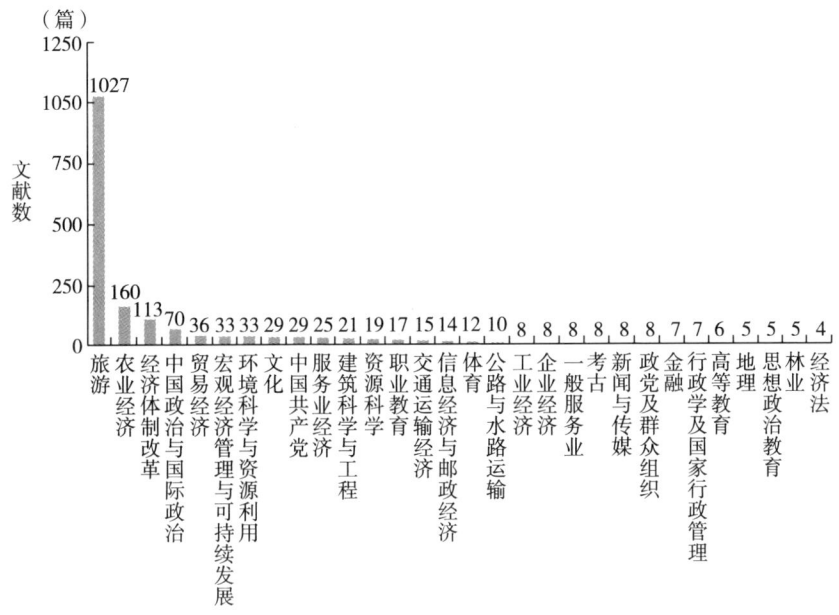

图 1-2　排名前 30 位的全域旅游相关期刊文献研究领域分布柱状图

如图 1-3 所示，发表全域旅游最多的机构为当代贵州杂志社，这和贵州省贯彻国家全域旅游工作方针是有直接关系的。此外，还有贵州民族大学和贵州师范学院两所高校以及中共贵州省荔波县委也出现在发表全域旅游篇数前 30 的排行表中，这表明贵州省政学两界积极关注全域旅游的研究。海南大学对全域旅游研究文献数量排名第二位，另外海南师范大学、海南热带海洋学院发文数量也位居前列。除此之外，四川省也表示出对全域旅游研究的高度关注，包括四川旅游学院、成都理工大学、四川大学、四川省社会科学院等单位。

如图 1-4 所示，全域旅游研究层次最多的是基础研究（社科），占 39.42%。其次为政策研究（社科），占 27.04%。行业指导（社科）和职业指导（社科）紧跟其后。从排名前四的研究层次来看，全域旅游研究主要集中在社会科学领域。自然科学领域对全域旅游研究相对较少，主要集中在工程技术（自科）、行业技术指导（自科）、政策研究（自科）等方面。

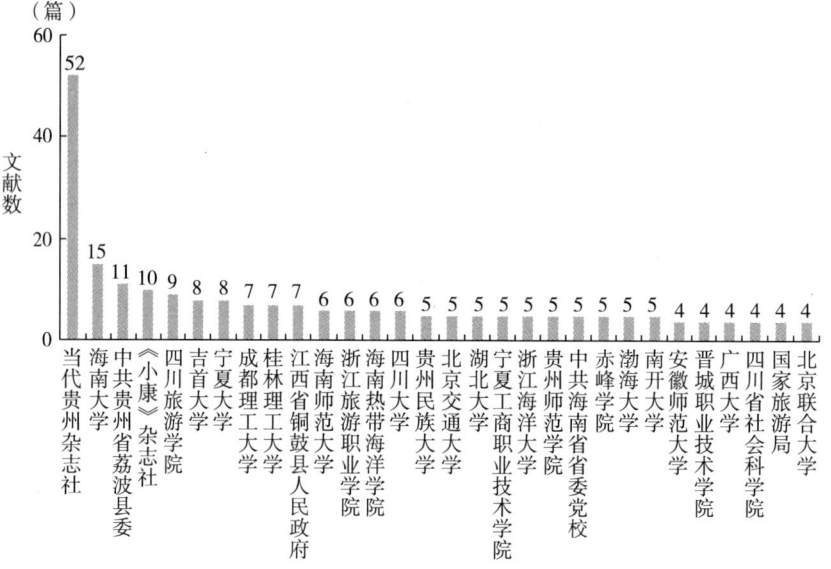

图1-3 排名前30位的全域旅游相关期刊文献研究机构分布柱状图

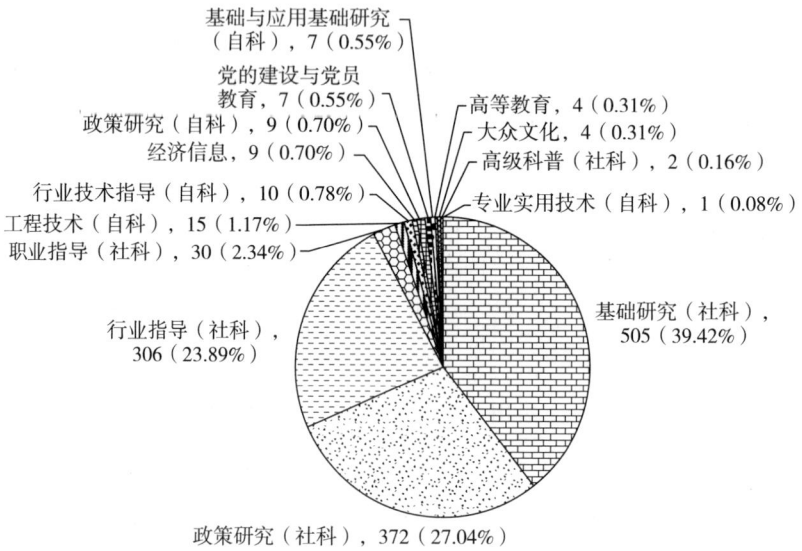

图1-4 全域旅游相关期刊文献研究层次分布

2. 反贫困的研究

国外关于反贫困研究成果十分丰硕，从早期什么是贫困，为何产生贫困，如何脱贫，到经济增长与贫困的关系等方面都有很多的建树。如马尔萨斯、蒲鲁东、库兹涅茨、古德温、马克思等学者，都留下了其经典论述。其中，马尔萨斯（1789）的"人口理论"在19世纪末传入中国，与当时尚处于封建社会的中国传统思想碰撞，表达出"中国在过去的历史进程中一直会出现暴乱行为，是由中国人口太多造成的"观点，1918年出版的陈长蘅的《中国人口论》也肯定了该理论。而后出现的蒲鲁东在《经济矛盾的体系，或贫困的哲学》中提出的贫困理论也成为西方反贫困理论的基础理论。

在第二次世界大战结束时期，经济逐步复苏，著名经济学家西蒙·库兹涅茨（1955）集中精力关注人均收入的增加与不平等程度的变化，首先提出了经济不平等与扶贫之间的关系。在接下来的几十年中，根据西蒙·库兹涅茨提出的理论开始了有关扶贫的系列研究，代表学者有戈登（1965）、科沃特（1969）、米达尔（1971）、利普顿（1988）等，侧重点是经济增长下如何建立发展贫困地区的经济机制，以及相关的影响因素、政策系统、理论模型等的探讨。

随着世界经济的快速发展，贫困问题成为人类共同关心的话题。世界银行（World Bank，1980—1990）在全球范围内开展扶贫实践，于1990年提出"广泛基础的增长"，其后进一步提出"对穷人友善的增长"的理论，引发了世界各国学者对这两种增长方式的研究浪潮，以支持反贫困开发。例如，拉瓦林（2005）聚焦于"产业发展与经济增长"对贫困者的影响，以及两者之间的机理、机制、问题、模式、路径研究。随着经济的增长，反贫困理论日益成熟，国外学者对反贫困多模式进行了综合探讨。例如：阿格尼丝（2011）、苏里亚达玛（2013）、诺兰（2015）等。这些学者将反贫困理论运用到旅游、交通、社会科学等多领域研究之中。

在国内研究中，以"反贫困"为关键词在CNKI（中国知网）上进行检索（查询截至时间2017年12月30日），反贫困相关期刊文献的研究机构、层次和领域如图1-5、图1-6、图1-7所示。

如图1-5所示,从关注反贫困研究排名前30位的机构中来看,贵州大学和北京大学领先于我国其他高校。北京市有五所大学在排行当中,包括北京大学、中国人民大学、中国农业大学、中央民族大学、北京师范大学。四川省高校也是研究反贫困的主要阵地之一,包括西南财经大学、四川大学、四川农业大学。另外湖北、湖南、福建、新疆等省份相关高校对反贫困研究关注度也比较高。

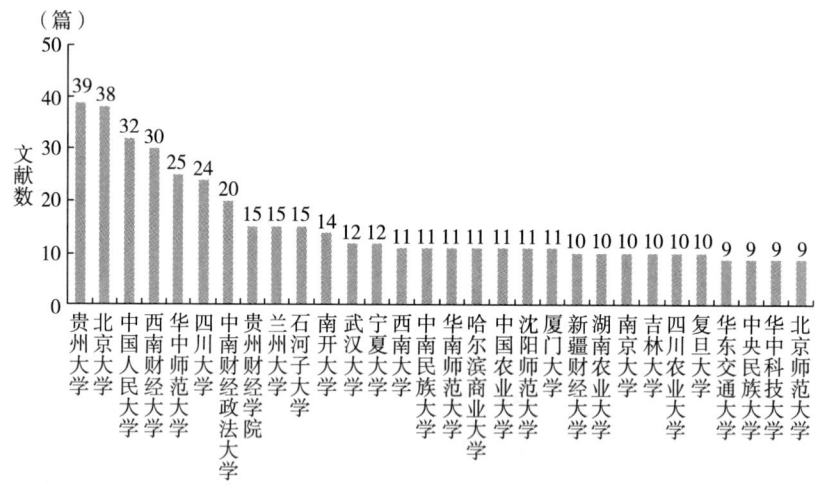

图1-5 排名前30位的反贫困相关期刊文献研究机构分布柱状图

如图1-6所示,反贫困相关期刊文献研究层次主要集中在基础研究(社科)、政策研究(社科)、行业指导(社科)等方面,合计占比95.06%。其中,基础研究(社科)占比68.05%。自然科学对反贫困研究也有所涉及,主要包括基础与应用基础研究(自科)、行业技术指导(自科)、工程技术(自科)几个方面。

如图1-7所示,对反贫困相关期刊文献研究领域最多的是农业经济,其次是经济体制改革,而后是行政学及国家行政管理。除了农业领域和经济体制改革领域对反贫困研究关注度较高之外,金融、旅游、医学、林业等行业领域对反贫困研究的关注度也相对较高。

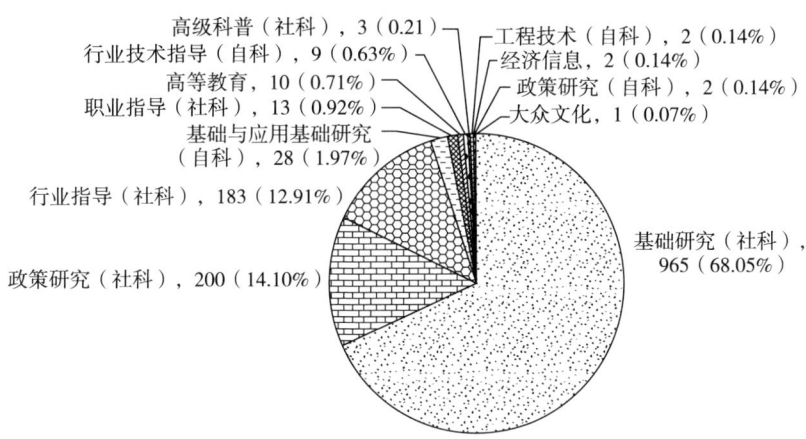

图 1-6 反贫困相关期刊文献研究层次分布

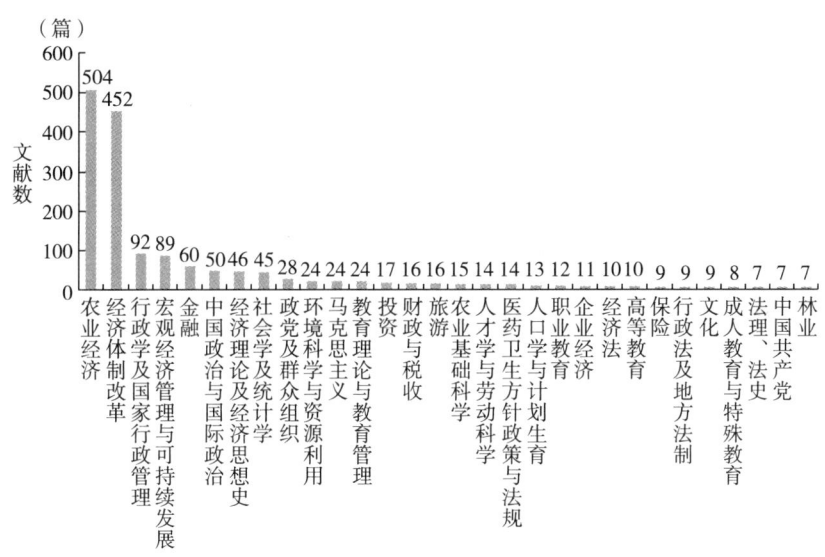

图 1-7 排名前 30 位的反贫困相关期刊文献研究领域分布柱状图

3. 旅游扶贫的研究

国外对旅游扶贫的研究主要包括以下三个方面：

一是关于旅游扶贫参与主体的研究。例如，古德温（2009）回顾十年之前关于旅游扶贫的研究，他认为旅游扶贫的实施对象为当地贫困人民，他们需要政府政策扶持，企业提供获得管理市场和资源的机会，让社区居民拥有旅游开发相关技能。布莱登·汉恩（2011）发现在贫困地区，参与旅游产业经济的经营企业对旅游扶贫工作有直接的帮助，企业作为帮扶主体，能提供较多的就业机会。扎帕塔等（2011）通过对尼加拉瓜旅游产业扶贫的案例研究，探索了社区居民参与旅游扶贫的效果和可持续性。阿克耶姆蓬（2011）以加纳卡库姆国家公园为例，通过调查当地居民在旅游扶贫过程中的期望、经验和想法，分析了旅游扶贫战略的方法。

二是关于旅游扶贫的可行性问题研究。例如，斯蒂芬妮和吉姆（2007）认为旅游产业就是扶贫过程的工具，并具体分析了旅游扶贫的关键问题以及旅游扶贫的可行性。巴特勒和柯兰（2013）以格拉斯哥戈万为例，探索了通过实施城市规划进而实现旅游扶贫的可行性。纱布（2015）通过研究20世纪90年代秘鲁一个贫困岛屿旅游业的发展发现，尽管旅游业给当地带来可观的总净收入，但也带来了社会难题，当地贫富差距问题是不可规避的事实，环境也随之遭到了破坏。

三是关于旅游扶贫相关的典型案例研究。例如，曼瓦（2014）以博茨纳瓦为例，发现通过设立生态自然保护区发展旅游，可实现旅游扶贫的功能。索利曼和索蒂里亚迪斯（2015）通过定量方法发现旅游扶贫在埃及法尤姆贫困具实施时的障碍，并提出相应的解决方法。苏亚达纳和苏迪亚塔（2017）以坦兰根和卡拉坎塞区为例，运用目的抽样的方法对旅游扶贫进行了研究，分析了旅游产业发展对穷人收入的影响。

对于国内旅游扶贫相关研究而言，以"旅游扶贫"为关键词在CNKI（中国知网）上进行检索（查询截至时间2017年12月30日），关键词涵括了期刊文献关键信息，统计出现频次前30的关键词，如图1-8所示。

国内关于旅游扶贫研究相比于国外起步晚，大多数研究成果集中在改革开放以后。近年来，国内关于旅游扶贫主要包括以下三个方面。

一是关于旅游扶贫相关理论关系的探讨。例如，魏小安、李劲松

(2009) 提出贫困与旅游行业的关系,他们认为,旅游业自身特点决定了旅游在扶贫过程的积极作用。刘丽梅 (2013) 对旅游与贫困问题进行了系统分析,提出了旅游扶贫的基本定义。李会琴、侯林春 (2015) 通过研究国外对旅游扶贫相关概念认知、实行方法和实践效果的文献,对旅游扶贫理论关系作出了详尽概述。

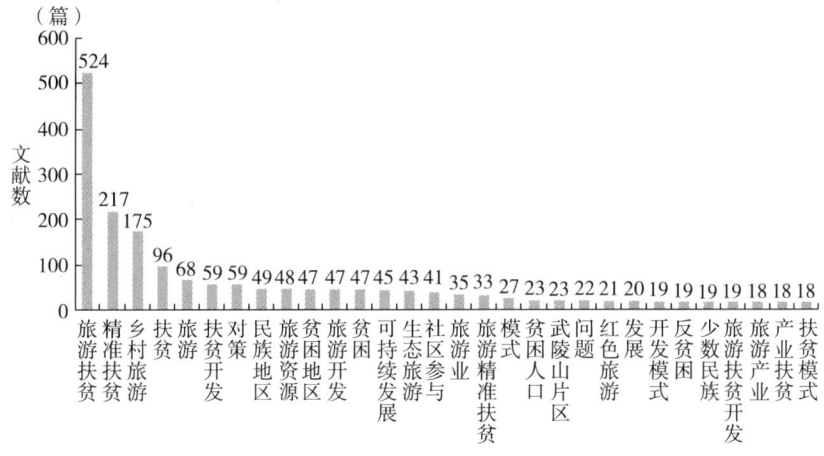

图 1-8 排名前 30 位的旅游扶贫相关期刊文献关键词分布柱状图

二是基于民族地区、贫困地区、武陵山片区等典型案例研究旅游扶贫的主要模式。例如,李燕琴 (2015) 以中俄边境室韦村为例,提出了旅游扶贫村寨社区压力应对的 ABCD-X 模式。王超、王志章 (2013) 以贵州省六盘水补雨村为例,提出了旅游包容性发展的扶贫开发模式。郭舒 (2015) 探索了旅游扶贫产业链的发展模式。黄渊基、匡立波 (2017) 以武陵山区为例,构建了经济欠发达地区生态文旅融合的扶贫模式。

三是关于旅游精准扶贫的研究。例如,邓小海、曾亮 (2015) 分析了我国关于旅游精准扶贫识别的相关问题,并提出了相应的解决方法。彭华、冉杰 (2016) 以巴中市恩阳区万寿村为例,构建了秦巴山片区旅游精准扶贫的系统路径。邓小海、曾亮 (2017) 基于国内精准扶贫视角,分析了旅游精准扶贫的运行机理。

如图1-9所示,对旅游扶贫研究最关注的领域为旅游,其次是农业经济类,在很大篇幅中经济类领域关注度较大,例如:经济体制改革、宏观经济管理与可持续发展、贸易经济、金融、服务业经济、文化经济、企业经济、经济法等。社会科学领域对旅游扶贫研究也有一定的关注,例如:社会学及统计学、人才学与劳动科学和社会科学理论与方法。另外文化、政治学科领域对旅游扶贫也有所涉及。

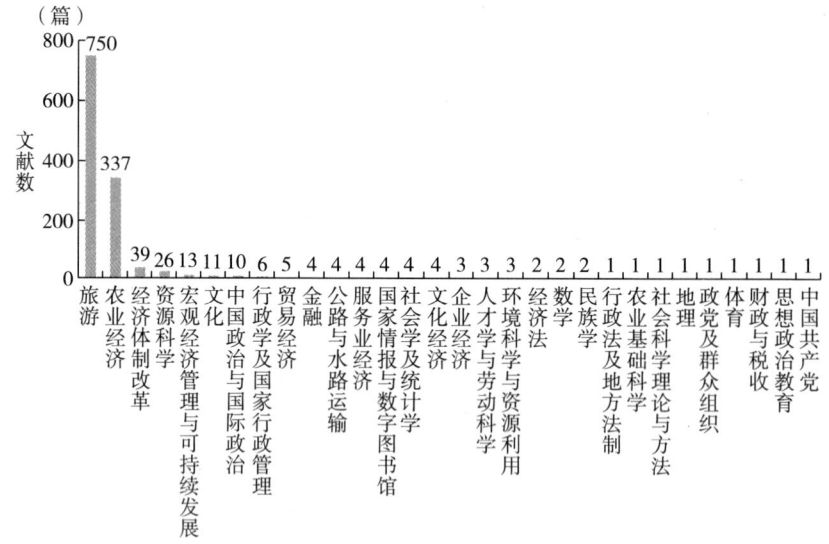

图1-9 排名前30位的旅游扶贫相关期刊文献研究领域分布柱状图

如图1-10所示,对旅游扶贫研究关注度最高的机构是云南大学,云南省还有云南师范大学一所高校在旅游扶贫研究排名前30之内。西南地区贵州省、广西壮族自治区、四川省等地区对旅游扶贫研究力度较大。贵州省有贵州大学、贵州财经大学、贵州师范大学、贵州省社会科学院、当代贵州杂志社五所机构对旅游扶贫研究关注度较高。四川省有西南民族大学、成都理工大学、西华师范大学、绵阳师范学院、四川农业大学五所机构在旅游扶贫研究前30排行榜中。广西壮族自治区有桂林理工大学、桂林工学院、广西师范大学三所机构对旅游扶贫研究力度较高。位于武陵山片区的吉首大学也十分关注旅游扶贫相关研究,位居第二。

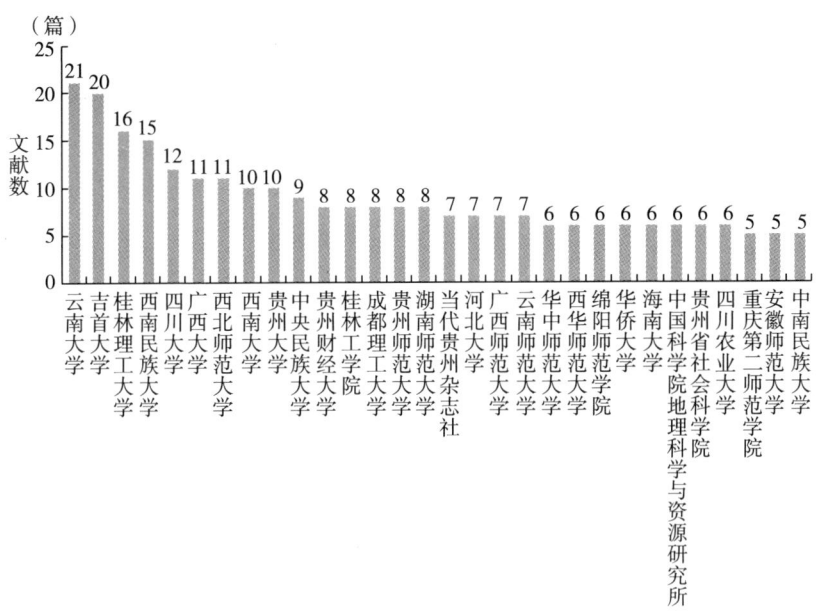

图 1-10　排名前 30 位的旅游扶贫相关期刊文献研究机构分布柱状图

如图 1-11 所示，旅游扶贫的研究层次主要集中在基础研究（社科）、行业指导（社科）、政策研究（社科）、职业指导（社科）等社会科学领域层次上。其中，排名前四的社科领域研究占总数的 97.65%。

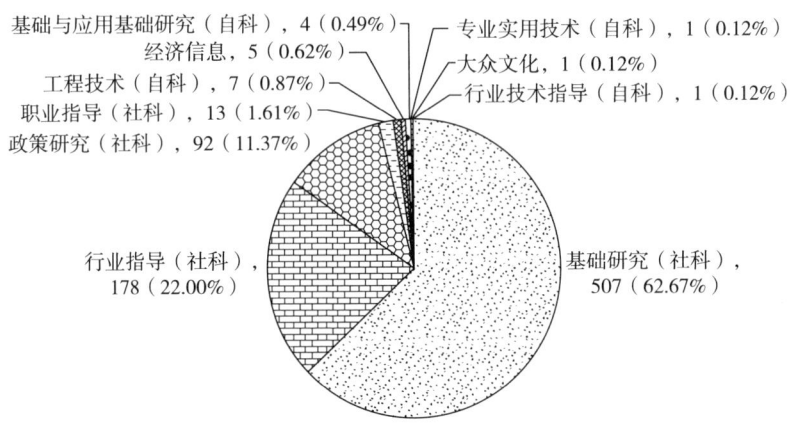

图 1-11　旅游扶贫相关期刊文献研究层次分布

自然科学领域对旅游扶贫研究也有所涉及，主要包括工程技术（自科）、基础与应用基础研究（自科）、专业实用技术（自科）、行业技术指导（自科）等领域层次，但总体研究发文数量偏少。

4. 研究评述

首先，对于全域旅游研究而言，全域旅游在国内研究尚处于起步阶段，对全域旅游的理论阐释并没有统一。大部分学者都是基于长时间对旅游发展研究概括总结，概念尚未清晰界定。大部分研究成果还是根据政策导向，对全域旅游相关策略进行探讨，内容偏向于乡村旅游、生态旅游、旅游产业等方面的讨论。由于全域旅游是中国提出的概念，国外少有相关研究成果。其次，对于反贫困研究而言，国内外学者相关研究的起步时间不同，研究进展也有所不同。就时间来说，国外学者对反贫困理论专注时间更为久远，从马尔萨斯（1789）的"人口剩余致贫理论"和蒲鲁东的"无产阶级的贫困问题"到西蒙·库兹涅茨（1955）的收入不平等论，都给国内学者研究反贫困提供了理论基础。就反贫困研究而言，国内外研究仍存在一些短板，包括：一是反贫困理论尚未统一，业内有多种说法来阐释反贫困。二是跨学科研究效果不明显，对反贫困研究仍处于经济管理领域范畴来研究。三是多数关于反贫困的研究聚焦在某个机制或某个产业，然而一种多机制研究或跨产业融合研究促进反贫困问题的研究成果相对较少。再次，对于旅游扶贫研究而言，国内外对旅游扶贫研究已有一定的成果，但仍存在一些不足：一是旅游扶贫研究范围较窄，目前尚未提出较为统一的理论基础，另外在全域旅游助力旅游扶贫方面的研究较少。二是对旅游扶贫研究案例大多数集中于民族地区、贫困山区、边疆地区，对全域旅游助力精准扶贫方面少有学者涉及。三是旅游扶贫研究大部分集中于对某一种旅游扶贫模式的探讨，缺乏一个全局和系统的思考角度。因此，以贵州省为例，研究全域旅游助力反贫困的系统路径，具有一定的学术价值和现实意义。

二　研究的意义

1. 理论意义

一是基于贵州省相关全域旅游发展的典型案例研究，探索全域旅游发展在生态脆弱地区和贫困地区的反贫困机制,进一步完善全域旅游发展的理论体系,并提供了实践案例的有效支撑。二是构建贵州省全域旅游助力反贫困的指标体系,对全域旅游助力反贫困这一研究拟解决的关键问题,提供了一个理论分析框架。三是厘清全域旅游助力反贫困的内在逻辑关系,通过理论层面的设计,尝试提高全域旅游发展效益及其在精准扶贫方面的作用,这对于更好地认识和理解旅游反贫困,完善贵州省相关全域旅游发展助力脱贫攻坚的政策体系提供了理论参考。

2. 实践意义

一是进一步贯彻习近平总书记关于精准扶贫工作的重要论述,并对贵州省全域旅游助力反贫困的实践经验进行积极总结,提炼出全国相关地区发展可以参考的全域旅游助力反贫困工作的系统路径。二是通过对贵州省全域旅游助力反贫困发展的理论研究,不仅有利于基于旅游反贫困逐渐解决在经济发展过程中造成的贫富差距问题,找准其根源为对症下药提出建议对策,而且有助于探索出一条脱贫富民的全域旅游发展之路。三是通过研究成果的积极宣传,在一定程度上提高了政府、企业和社会大众对全域旅游、反贫困、旅游扶贫相关理论研究的关注度,把全域旅游助力反贫困的发展理念深入到贫困地区,为政府制定相关政策提供一个理论研究参考。

第三节 研究的内容与方法

一 研究的内容

本书采用定性研究与定量研究相结合的思路。定性研究侧重点在关于贵州省全域旅游、反贫困、旅游扶贫发展有关前期研究成果的梳理、总结和分析,以及相关概念的基本内涵、理论基础和分析框架,全域旅游助力反贫困的系统路径,国内外典型案例研究等方面。定量研究侧重点在对贵州省全域旅游发展取得脱贫效果的典型案例研究,对全域旅游助力反贫困的测评指标体系进行设计,确定指标之间的权重和不同案例地区指标之间的结构方程模型等方面。按章节分布的研究内容与方法，如表1-1所示。

表1-1　　　　　　按章节分布的研究内容与方法

章节	研究内容	拟采用的方法
第一章　绪论	研究的科学立题依据与总体框架设计	文献计量法 文献资料法
第二章　相关概念的基本内涵与理论分析框架	研究的相关概念的基本内涵、反贫困的理论基础和理论分析框架	文献资料法
第三章　贵州省全域旅游发展的现状、模式与成绩	通过历史透视与考证，摸清贵州省全域旅游发展的现状，全域旅游助力反贫困的发展模式和取得的突出成绩	文献资料法
第四章　贵州省全域旅游助力反贫困的实证研究	全域旅游助力反贫困测评指标体系的设计，指标权重与测评标准的确定，并对贵州省六盘水普古乡、毕节市星宿乡和贵阳市花溪区三个全域旅游示范区进行问卷调查，对调查结果进行统计分析和结构方程分析，发现存在的相关问题	层次分析法 问卷调查法
第五章　国内外相关典型案例的研究	国内典型案例研究了新疆维吾尔自治区、福建省、湖南省三地全域旅游助力反贫困发展的路径。国外典型案例研究了印度包容性旅游反贫困的主要路径、泰国民族特色旅游产业反贫困的主要路径、美国旅游乡镇开发及其反贫困的主要路径。这些案例的分析，为构建贵州省全域旅游助力反贫困的系统路径提供了经验参考	案例分析法
第六章　贵州省全域旅游助力反贫困的系统路径	从政府服务、企业参与、贫者努力、社会支持、社区建设、游客共创六个方面，构建了贵州省全域旅游助力反贫困的系统路径	阐释理论法 系统分析法
第七章　研究的结论、不足与展望	研究的主要结论与存在的不足，以及对未来深入研究的展望	阐释理论法

二　研究的方法

1. 文献计量法

文献计量法是基于文献资料法的一种扩充，是指一种定量的方法，文献计量法注重量化统计，通过对所查询的相关文献进行整合量化处理，明确大量文献之间的逻辑关系。文献计量法在本书的运用主要是对国内全域旅游、反贫困以及旅游扶贫在中国知网发表的期刊文献进行计量化分析，进而找出相关研究的聚焦点和研究的高地。

2. 阐释理论法

阐释理论法是对研究的内容以合适的理论进行解释，将观察的结果充分表达出来的一种定性方法。它是对研究观点进行阐释，是一种将现有研究结果系统分析的过程，进而找出研究的学术价值。本书研究中的系统路径构建和研究的结论、不足与展望，正是这种创造性解释行为。

3. 层次分析法

本书在确定全域旅游助力反贫困的测评指标体系相关权重部分，运用了层次分析法构建了相关层次结构模型，并基于评价层、因素层、因子层等层次架构，通过专家问卷调查打分，确定了相关指标体系的权重。

4. 问卷调查法

问卷调查法是国内外社会调查中较为广泛使用的一种方法。问卷是指为统计和调查所用的、以设问的方式表述问题的表格。问卷法就是研究者用这种控制式的测量对所研究的问题进行度量，从而收集到可靠的资料的一种方法。问卷法大多用邮寄、个别分送或集体分发等多种方式发送问卷。由调查者按照表格所问来填写答案。该方法主要应用在对贵州省三个典型案例的实证研究之中。

5. 系统分析法

系统分析法是把研究对象视为一个完整的系统，通过对系统内各要素的剖析和结构关系的阐释，得出系统的关键要素和关系的方法。本书在对全域旅游助力反贫困的系统路径构建时，使用了系统分析方法。

6. 案例分析法

案例分析法又称个案研究法，它是由哈佛大学于1880年开发完成，后被哈佛商学院用于培养高级经理和管理精英的教育实践，逐渐发展为今天的"案例分析法"。案例分析法主要是指结合文献资料对单一对象进行分析，得出事物一般性、普遍性规律的方法。本书在对国内外相关典型案例进行分析时，采用了该方法。

第四节 研究的思路与创新

一 研究的思路

本书以贵州省全域旅游助力反贫困为研究对象，阐释了贵州省全域旅游发展的现状，设计了全域旅游助力反贫困的测评指标体系和量化方法，并基于贵州省三个典型全域旅游示范区案例研究，发现了贵州省全域旅游助力反贫困存在的主要问题。在借鉴国内外相关典型案例经验启示的基础上，探索了全域旅游助力反贫困的系统路径。本书研究的基本思路如图1-12所示。

二 研究的创新

一是对全域旅游助力反贫困相关核心概念的科学内涵作了界定，并对全域旅游与反贫困之间的关系进行了深入的剖析，设计了全域旅游助力反贫困的测评指标体系，突破以往单单局限于全域旅游或者反贫困的单一研究视角。同时本书还根据贵州省全域旅游发展的现状、模式与成绩，从多个方面对贵州省全域旅游助力反贫困的实践路径进行了解读。

二是初步论述了全域旅游助力反贫困的系统路径。目前世界上关于反贫困的研究多是基于经济角度展开的研究，很少从全域旅游的视角研究反贫困的理论路径问题。全域旅游究竟通过哪些途径，以何种方式、何种作用来实现反贫困？本书从多个实证案例研究和系统构建进行了阐释。

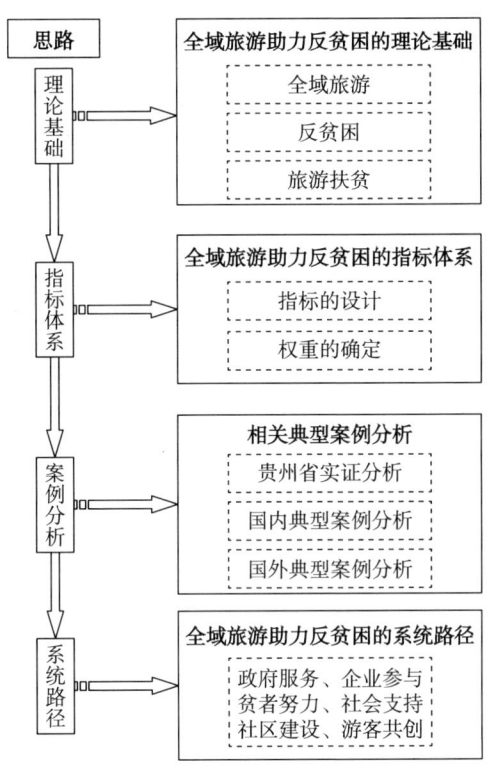

图1-12 研究的基本思路

三是拓宽了全域旅游与反贫困的研究范围和应用领域。现有关于反贫困问题的研究多是基于某个方面，如农村的反贫困、产业的反贫困、景区的反贫困等，关于生态脆弱区和西部民族地区的全域旅游助力反贫困方面的研究，没有相关学者进行系统阐释。而本书以贫困程度较深但全域旅游发展势头良好的贵州省为例，探索了贵州省在实践全域旅游助力反贫困的主要问题，进一步总结了全域旅游助力反贫困的系统路径，这不仅拓宽了全域旅游和反贫困的研究范围，还探索了全域旅游助力反贫困新的应用领域。

综上所述，全域旅游发展是基于我国旅游发展现状而提出的新的发展理念，符合新时代的发展要求。对于旅游资源丰富但发展现状贫困的地区而言，全域旅游与反贫困之间存在密切的联系，全域旅游助力反贫困也在实践中走出了一条可行之路。本章分析了研究的背景和拟解决的关键问题，并通过对全域旅游、反贫困和旅游扶贫三方面的相关文献的研究，总结了现有研究成果的优缺点，提出了研究的理论价值和实践意义，阐释了研究的主要内容和方法，明确了研究的主要思路和创新点，为研究的深入开展夯实了基础。

第二章

相关概念的基本内涵与理论分析框架

第一节 相关概念的基本内涵

一 全域旅游的基本内涵

什么是全域旅游？刘玉春（2015）、左文君（2016）、谢璐（2016）认为：全域旅游就是将旅游作为区域内优先主导产业。在这个背景之下，将与旅游产业发展相关的其他产业与环境，在政策主导下进行有机分配、协调统一，进而促进区域经济的发展。李志飞（2016）认为：全域旅游是旅游业发展从小众范围扩充到大众范围的产业转型，将旅游资源充分挖掘和整合后，形成的创新型旅游发展模式。全域旅游是在旅游产业多种模式共同发展的前提下形成的，是全球化背景下衍生出来的旅游发展新态势。从国家层面解释而言，全域旅游是指在一定区域内，以旅游业作为优势产业，通过对区域内经济资源、社会资源与旅游资源、相关产业、生态环境、公共服务、体制机制、政策法规、文明素质等进行全方位、系统化的协同优化，实现区域资源有机整合、产业融合发展、社会共建共享，以旅游业带动和促进经济社会协调发展的一种新的区域协调发展理念和模式（李金早，2016）。综上所述，本书认为：全域旅游就是以旅游产业作为抓手，实现相关惠民政策在旅游目的地的有效落地，促进居民共建旅游发展事业，共治旅游发展环境，共享旅游发展成果的一种可持续旅游发展状态。

二 反贫困的基本内涵

"反贫困"这一术语最先由冈纳·缪尔达尔提出，他认为从政治层面出发治理贫困就是反贫困。曹扶生（2008）、闫坤（2013）、鲁钊阳（2016）等认为：反贫困是在三个层面进行脱贫，即保障贫困人口的基本生活、缩小贫富差距以及提高贫困人口的生存能力。只有在这三个方面同时实现，才是反贫困的表现。唐钧（2016）认为：反贫困是一个系统大工程，应该从认识和理解贫困定义开始思考反贫困。他提出贫困是在社会层面和自身能力层面中发展出来的，而反贫困的最终产物就是消除这些层面上的贫困。反贫困的定义就是在政治、经济、文化以及生态等多方面得到充分治理，使社区居民能够在一个良好的经济和社会环境中生活。综上所述，本书认为：反贫困是人类社会发展中一个长期话题，是解决相对贫困问题的一种发展理念。反贫困与社会主义国家的奋斗目标一致，是为实现人民共同富裕，减少贫富差距而采取一系列治理措施和致富办法的一项工作。

三 旅游扶贫的基本内涵

旅游扶贫从国外研究到国内研究，已经经历了漫长岁月。什么是旅游扶贫？国外古德温博士团队已经提出了具有世界高度认同的旅游扶贫概念。他认为：旅游扶贫就是一种游客通过旅游消费，促进旅游地区贫困者增收的一种旅游发展方式。对于国内研究而言，丁焕峰（2004）、李佳（2009）、卡茜燕（2017）等认为：旅游扶贫就是在旅游资源丰富地区，依托可循环利用的旅游资源，兴办旅游实体经济，获取旅游收入，促进地区经济稳定增长，达到居民脱贫的效果。龙祖坤（2015）、张侨（2016）认为：旅游产业发展与扶贫之间就经济层面和社会层面而言存在一致性，它们高度融合符合经济发展规律，尤其是可持续发展规律。旅游扶贫是在一定区域内以旅游产业为主导产业实现地区脱贫的一种发展方式。综上所述，本书认为：旅游扶贫的实质是通过开发贫困地区丰富的旅游资源，以旅游产业为抓手，增加旅游就业岗位，做好旅游优质服务，让贫困者有业可就，让游客体验满意愿意消费，进而促进旅游经济可持续发展，实现贫困地区居民收入和地方财政收入增加的一种旅游发展方式。

第二节 反贫困的理论基础

一 马克思主义治贫哲学理论的分析

马克思主义治贫哲学理论是由马克思、恩格斯等社会主义践行者在论述如何建设社会主义时形成的智慧结晶。随着蒲鲁东的"人口理论"学说被提出，人们开始探索人口的增长与反贫困的关系。马克思和恩格斯对这种观点进行强烈批判，指出：人类贫困的根源在于资本主义私有制。在私有制的体系下财富积累就是资本在少数人手中的集聚，唯有革命才能铲除一切贫困。此后，马克思主义学者用无产阶级革命思想来指导减贫工作，在贫困学术研究历史中占据了重要地位。列宁提出资本主义的高级表现就是帝国主义，无产阶级只有夺得政权，才能推翻资本主义的压榨，扭转贫困局面。

中国走出了马克思主义治贫哲学理论的一条特色之路。在革命建设时期，以毛泽东同志为代表的中国共产党人认为："农民问题是我国当下必须注重的问题，是新时期的重要任务"，于是在当时就提出了农村包围城市、农村土地改革、重视农村发展等与时俱进的思想，成为新中国成立初期关于农村扶贫问题学界研究的重心。进入社会主义建设初级阶段，以邓小平同志为代表的中国共产党人和马克思主义中国化践行者积极思考什么是社会主义，如何建设社会主义，提出"改革开放，发展生产力，提升经济水平，解决贫困问题"是中国共产党建设社会主义的首要任务。邓小平在社会建设总结时，表示："建设社会主义首先应将经济发展起来，让更多的贫困人口富裕起来。"紧接着，以江泽民同志为代表的中国共产党人提出"三个代表"重要思想，指导我国减贫工作的有序开展。我国正处于并将长期处于社会主义发展初级阶段，立足于该国情，以胡锦涛同志为代表的中国共产党人提出科学发展观重要思想，强调消除贫困问题是中国迫切需要解决的国民问题。

正是站在马克思主义践行者历史使命的肩膀上，以习近平同志为核心的党中央，面对中国新时代建设中出现的新问题和新矛盾，秉承"全面实现小康社会，促进中华民族共同富裕"的精神，心系贫困群众，重视贫困问题，提出精准扶贫的指导方针，并在党的十九大报告中指出实施"乡村振兴"战略全面推进广大农村地区建设发展。精准扶贫是基于中国长期致力于反贫困实践中提炼出来的治贫关键手段。精准扶贫是习近平同志结合我国长期处于社会主义初级阶段国情，为减少中国贫困人口数量实现两个"一百年"奋斗目标而提出的反贫困指导方略。习近平同志有关减贫工作的重要论述，正是中国共产党人积极探索马克思主义中国化的智慧结晶。精准扶贫理论是反贫困理论的深度总结与概括，是促进人类文明发展进步的重要工作措施，是实现乡村振兴的关键步骤之一。在党中央的指导下，随着国家扶贫开发战略的不断推进，新情况、新问题不断涌现，亟须学者聚焦中国扶贫开发，深入贫困地区开展调研，贡献破题的智慧和方案。

二 包容性增长益贫理论的分析

包容性增长的"益贫理论"是对包容性增长理论的深入解读，在思考包容性增长与减贫之间的联系时，由于这两者存在高度相关性，进而有学者提出了包容性增长相关的益贫理论。包容性增长理论是经过许多学者从不平等增长到益贫增长发展出来的理论。著名经济学家西蒙·斯密斯·库兹涅茨最先提出的不平等增长理论奠定了包容性增长益贫理论的基础，他认为：人类的不平等待遇是随经济收入增加而加剧的，到达一定程度之后会有所减缓。克拉维斯（1960）、奥什马（1962）、阿德尔曼和莫里斯（1971）、鲍克尔特（1973）、阿鲁瓦利亚（1976）等对前人研究提出的不平等增长理论进行了检验，并对不平等增长理论进行了系统总结。2000年联合国制定了千年发展目标，旨在2015年之前将全世界贫困人口降低一半，形成一个和谐的发展环境。随着反贫困行动在全世界范围内广泛展开，亚洲开发银行（ABD）在2007年正式提出"包容性增长"理论。以亚行首席经济学家林毅夫和美国国家经济委员会主任劳伦斯·萨默斯伟为代表的一批经济学家致力于包容性增长理论与实践的探索。他们认为：经济发展能有助于保障妇女、残疾人等弱势群体的收入，并让弱势贫困人群能够抓住均等的发展机会，实现自我劳动就业，分享经济发展的成果，这种经济增长就是一种益贫的发展方式，是经济包容性增长的一种体现。"包容性增长理论"通过亚洲开发银行在国际减贫领域中的积极倡导，目前逐步被世界认可。

三 旅游反贫困理论体系的分析

旅游反贫困理论是以反贫困理论为重要依据，以旅游扶贫和旅游包容性增长理论为战略目标的综合性理论。它既包括旅游减贫过程中实践形成的宝贵经验，又包括人类社会反贫困发展理念的智慧结晶。旅游反贫困理论是在反贫困理论的基础上与社会发展现状的条件下凝练出来的，故而它也包含了反贫困理论中"三步走"的内容，即通过旅游产业的发展，首先减少区域内贫困人口数量，其次减缓区域内贫困情况，最后消除贫困。

旅游反贫困的理论脉络形成主要是从旅游扶贫理论思想中总结出来的。旅游扶贫指的是旅游资源丰富地区依靠旅游产业发展，实现区域经济稳定上涨，贫困人口在这种机制中获取收入以实现脱贫致富。旅游扶贫理论产生于20世纪90年代，以哈罗德·金为代表的学者开始研究旅游产业发展与消除贫困之间的关系。1999年随着旅游扶贫理论逐渐被广大学者关注，英国国际发展局（DFID）正式提出了PPT（Pro-poor Tourism）这一概念，这标志着旅游扶贫理论已经被国际社会逐步认可。旅游扶贫理论的形成充分说明了旅游业发展能给旅游资源较好的地区带来经济增长效应，也能实现当地消除贫困的目标。

旅游反贫困的理论随着旅游扶贫效果的明显提升逐步受到学者的关注，尤其是一些脱贫难度大的困难人群的扶贫问题。因此，学者尝试对旅游包容性增长的理论研究进行探索，助力旅游脱贫功能的实现。这一理论的出现直接丰富了旅游反贫困理论的内涵。旅游包容性增长理论是旅游扶贫理论可持续化的进一步提炼，它是旅游扶贫与经济包容性增长协同发展的理论思想。旅游包容性增长是指旅游资源丰富地区，可依托旅游产业发展增加经济收入，惠及贫困人群，推动旅游经济的可持续发展。旅游包容性增长理论是从包容性增长理论中衍生出来的。2007年亚洲开发银行经过长时间关于经济增长理论的探索，发现了包容性增长理论，从此全球旅游界的学者开始聚焦于旅游包容性增长理论的探索。例如，斯科特（2009）基于对弱势群体的研究验证了旅游发展需要包容性增长。中国学者王志章（2012）、王超（2015）、王京传（2011）等认为：旅游包容性发展是社会贫困治理的重要方式之一，并对"包容性旅游"理论观点进行提炼。包容性旅游是指以政府规划为服务主体，旅游企业为经营载体，旅游社区居民为主要受益者，社会各界为参与发展者（包括游客和公民组织），基于政府政策保障，实现弱势群体话语权，鼓励社会力量参与旅游发展，让更多的贫困人口获得均等就业的机会，实现旅游经济成果的相对公平分配，减少旅游目的地的社会贫富差距，营造良好的旅游环境，最终实现旅游的包容性发展（王超、王志章，2015）。

精准扶贫为旅游反贫困理论又增加了新的一层含义，即旅游精准扶贫。以邓小海为代表的国内学者对旅游精准扶贫做出了明确的阐释，他认为：旅游精准扶贫指的是旅游资源丰富地区依托旅游产业发展，以精准到个人的发展方式实现经济稳定上升，从而实现贫困户在旅游扶贫机制中精准脱贫，一般包括精准识别、精准帮扶和精准管理三个方面。旅游精准扶贫是反贫困理论在我国长期致力于脱贫工作中总结出来的，旅游精准扶贫实质是旅游助力反贫困的一种发展方式，与包容性旅游减贫观点的理论目标一致，只是侧重点有所不同而已。

第三节　理论分析框架

一　全域旅游的理论分析框架

2016年，全域旅游被时任原国家旅游局局长的李金早同志提出后，于2017年出现在国务院政府工作报告中。全域旅游发展的要素主要包括以下三个方面。

一是全域旅游理论要素的分析。全域旅游理论的出现打破了传统旅游产业的概念，人们惯有的"景区旅游"方式固化了旅游产业发展的思路。过去游客的旅游方式是以国家 A 级景区为参照物来选择旅游地点进行观光式旅游，这给旅游产业发展带来了限制。随着人们生活水平的日益提升，旅游市场引来了一批不再是仅仅追求视觉享受，而是对精神物质的追求欲望更加浓烈的游客，精品旅游、自驾旅游、小众旅游、探险旅游等多种旅游新业态的出现，给传统景区观光旅游带来了挑战。于是，随着不断涌现的新旅游业态的出现，在传统的旅游市场理念中催生出了全域旅游发展理念，同时也引起了学者的高度关注。例如：张辉（2016）认为全域旅游理论要素的研究应先认清全域旅游的核心是什么。他发现全域旅游发展的侧重点是对"域"的打造。所谓"域"指的是"空间域、产业域、要素域和管理域"的综合，在这些要素都具备的情况下，便能形成全域旅游发展的基础。另外，他还认为全域旅游作为一个城市或者一个区域旅游的发展目标，需要营造"旅游化"社会经济发展环境，"旅游化"就是将旅游产业作为某城市或者某区域的核心产业发展，各方主体之间应协调合作共同发展旅游产业，使旅游业成为支柱性产业。厉新建（2016）认为，关于全域旅游的发展重点应该是聚焦休闲化、网络化、二元化、平台化四个方面。他以四个全域旅游根本需要提出全域旅游的理论需求，进一步完善了全域旅游相关理论假设。

二是全域旅游实践要素的分析。邢剑华（2016）从科技创新视角出发，提出了以科技创新推动落实全域旅游发展，并从四个方面着手对全域旅游进行打造，即增加科技化旅游资源、科技化开发旅游模式、串联旅游吸引物和打通全域旅游交通体系。另外，学者也全域旅游实践发展测评指标体系进行了探索，如刘栋子通过将乡村旅游发展评价体系与全域旅游融合，建立了全域乡村旅游综合评价指标体系。该指标体系设立了三个系统层，即乡村旅游开发能力、乡村旅游发展管理能力、乡村旅游发展环境质量，及其对应的要素层、指标层，如表 2-1 所示。

表2–1　　　　　全域乡村旅游综合评价指标体系

目标层	系统层	要素层	指标层
全域乡村旅游综合评价指标体系（P）	乡村旅游开发能力（A1）0.572	乡村旅游综合效益（B1）0.158	乡村旅游总收入占地区GDP比重（C1）
			年人均用电量（C2）
			旅游从业人数占本地就业总数的比重（C3）
			农村居民旅游收入占可支配收入比重（C4）
			因发展乡村旅游而实现脱贫的农村人口数占建档立卡贫困人口数的比重（C5）
		乡村旅游吸引力（B2）0.175	乡村旅游点数量（C6）
			常设性特色旅游节庆数量（C7）
			3A级以上旅游景区数量（C8）
			"三品一标"农产品数量（C9）
		乡村旅游服务能力（B3）0.667	二级公路里程数（C10）
			公交线路数量（C11）
			主要景区景点及交通路口是否有规范化的旅游标识（C12）
			有无游客（集散）中心（C13）
			标准化旅游厕所数量（C14）
			星级农家乐及乡村民宿数量（C15）
			三星级以上标准农村酒店数量（C16）
			旅游示范村数量（C17）
			旅游服务从业人员培训率（C18）
			有无在线旅游服务（C19）
			停车位数量（C20）
			符合国家标准的乡镇卫生院数量（C21）
			公共休闲娱乐广场数量（C22）
			自驾车、房车补给点数量（C23）
	乡村旅游发展管理能力（A2）0.254	综合管理（B4）0.416	有无乡村旅游发展规划（C24）
			有无乡村旅游管理机构和完善的乡村旅游管理制度（C25）
			有无乡村旅游专项发展资金（C26）

续表

目标层	系统层	要素层	指标层
全域乡村旅游综合评价指标体系（P）	乡村旅游发展管理能力（A2）0.254	旅游市场秩序（B5）0.334	食品安全事件发生率（C27）
			旅游投诉结案率（C28）
			游客满意度（C29）
		旅游安全（B6）0.250	有无旅游安全应急管理机制（C30）
			一般安全隐患整治率（C31）
	乡村旅游发展环境质量（A3）0.175	乡村旅游生态环境质量（B7）0.808	森林覆盖率（C32）
			自来水入户率（C33）
			空气质量满足Ⅱ级的天数（C34）
			生活污水集中处理率（C35）
			生活垃圾清运率（C36）
		乡村旅游社会环境质量（B8）0.192	居民对发展乡村旅游的满意度（C37）
			案件发生率（C38）

资料来源：刘栋子：《乡村振兴战略的全域旅游：一个分析框架》，《改革》2017年第12期。

三是全域旅游益贫要素的分析。全域旅游与反贫困之间具有耦合性和互动性，这一客观认知为全域旅游助力脱贫攻坚提供了可行性的依据。殷治琼（2018）认为全域旅游益贫要素主要包括四个方面：首先，全域旅游共享机制符合脱贫目标。其次，全域旅游作为新常态经济背景下衍生的产物，是保障经济稳步提升的战略手段，与脱贫方式异曲同工。再次，全域旅游与脱贫都是资源的优化整合。最后，全域旅游助力脱贫攻坚依据的要素可以包括以乡村旅游为主线带动其他旅游模式发展、以自驾游为载体激活全域旅游、基础设施建设盘活旅游资源等几个方面。齐丹（2017）认为全域旅游益贫要素主要包括优化资源、突出文化氛围、突出当地主题，上述三点要素是促进民族旅游在全域旅游背景下实现精准脱贫的重要方式。刘丽娟（2018）认为全域旅游益贫要素包括建设旅游交通、扶业扶智、梯度推进、多业联动、注重特色产业打造五个方面。本书认为：全域旅游益贫要素应该围绕旅游发展的均等机会、旅游成果的共享机制、旅游利益的平衡路径三个方面，从政府、企业、居民、游客、社会第三方等相关利益主体共建共治共享的角度出发，寻找贫困人口参与全域旅游发展的经济获益途径，实现旅游助力区域经济发展和帮助贫困人口建立脱贫渠道的发展目的。

二 反贫困的理论分析框架

反贫困自 20 世纪以来，一直是学者热烈讨论的话题。反贫困理论是属于经济范畴理论的旁系理论，它是基于后凯恩斯主义经济学等理论系统中概括总结出来的。反贫困是经济学发展的最终目标之一。19 世纪马尔萨斯提出的"人口理论"与马克思主义理论下的无产阶级贫困理论的相互辩驳都可以视为反贫困理论发展的前身。随着反贫困理论的初步原型被挖掘，经济学者在实践中对反贫困理论进行不断完善，纳克斯提出的"贫困的恶性循环"和纳尔逊在不断探索中发现的"低水平均衡陷阱"等理论为反贫困理论提供了理论依据。反贫困学说是在众多学者的共同努力下提炼出来的，是人类社会科学的智慧结晶。反贫困理论产生了一批优秀成果，例如，涓流理论、益贫性增长理论、包容性增长理论、绿色增长减贫理论、包容性绿色增长理论、多元发展理论等。反贫困研究的领域也从经济层面扩展到了社会层面、政治层面和文化层面。

部分学者提出了反贫困与扶贫之间的辩证关系，将反贫困与扶贫关系视为两种不同状态的社会现象。反贫困是社会各阶级主体之间共同发展的目标，是促进经济稳定提升的常用方式。反贫困并非公益性行为，更多的是政府为完善社会发展结构，促进社会达到和谐关系状态而提出的战略性目标。而扶贫是基于以中国为代表的发展中国家，为保障社会弱势群体的福利，缩小贫富差距，促进良好社会治理而提出的减贫方式。国内学者也提出扶贫是反贫困的重要措施，是中国特色社会主义建设的重要组成部分，并在经济社会发展总体战略及扶贫开发政策实践中形成了中国特色的扶贫开发理论体系。例如，凌文豪（2016）探讨了中国特色扶贫理念下实现反贫困的主要方式，他将中国扶贫实践分为四个阶段，即新中国成立初期的广义扶贫阶段、改革开放初期的开发式扶贫阶段、21世纪初的参与式扶贫阶段和2013—2020年的精准扶贫阶段。建立政府、市场、社会协同发展的扶贫主体结构是反贫困的基本要素。

反贫困理论在我国发展内容日益创新,随着精准扶贫理论的正式提出,反贫困理论增添了新的内涵,反贫困与精准扶贫之间存在本质的联系,都是以实现区域脱贫为根本目的。对于精准扶贫与反贫困之间的关系,一些学者进行了阐释说明。例如,赖力(2017)研究妇女反贫困问题时发现,在精准扶贫背景下,妇女反贫困问题的解决有了新的契机,他提出从关注妇女贫困的特殊性、构建妇女反贫困专门机构、增加妇女主体与决策者机会、提升妇女自身素质、增加妇女的自信等方面来解决妇女贫困问题。陈辉(2016)认为精准扶贫是反贫困的重要手段,并基于多维贫困测度模型,精准制定出扶贫所用资金、家庭贫困程度、贫困扶持方式等方面的反贫困措施。孙国峰(2017)从农村反贫困末端治理层面进行研究,构建精准扶贫视角下的反贫困路径,提出从治理人才、治理资源和自治制度三个方面来促进村级组织的可持续、促进村级组织与政府关系的可持续、促进村级组织与村民关系可持续,构建一个良好的村级政治生态,推动精准扶贫助力反贫困工作的开展。

三 旅游扶贫的理论分析框架

20世纪90年代哈罗德·金提出了旅游产业发展能消除贫困的相关理论学说,由此打开了旅游扶贫理论的新大门。目前,国内关于旅游扶贫评价体系研究已日渐成熟。邢慧斌(2017)就国内旅游扶贫绩效专门做出了研究述评,他认为旅游扶贫绩效评估的研究进展分为四个阶段,即萌芽阶段、探索阶段、成长阶段和发展阶段,如表2-2所示。从数量来说我国旅游扶贫绩效相关研究成果产量也相当可观,内容逐渐丰硕,研究范围逐渐拓展,旅游扶贫研究在我国成绩日益突出。就旅游扶贫绩效评价体系来说,主要有以下三种体系。

一是旅游扶贫初级评价体系。旅游扶贫评价内容在开始有所关注时,国外学者在评价体系中强调了旅游扶贫经济效益出现的"乘数效应"实际情况是不乐观的,他们认为游客的到来会大幅度地提高当地物价，从而与预想的经济利益产生差异。例如，萨格瑞特（1967）和布莱德（1971）认为在研究旅游扶贫绩效或影响因素时，应该更为注重旅游扶贫的经济效益的差异。

表 2-2　　　　　我国旅游扶贫绩效评估的研究历程

阶段	时间	文献规模	研究特征	评估方法
萌芽阶段	1995—2000	共 8 篇，年均 1.6 篇	强调经济绩效评估	定性描述和简单统计
探索阶段	2001—2005	共 22 篇，年均 4.4 篇	评估更全面、客观	定性的案例研究增加
成长阶段	2006—2010	共 61 篇，年均 12.2 篇	贫困人口研究加强	定性和定量案例研究
发展阶段	2011—2016	共 161 篇，年均 26.8 篇	研究事业不断拓展	定量的案例研究

资料来源：邢慧斌：《国内旅游扶贫绩效评估理论及方法研究述评》，《经济问题探索》2017 年第 7 期。

二是旅游扶贫效益评价体系。步入 20 世纪 70 年代，旅游产业的发展日益兴盛，人们对旅游活动越发热衷。仅仅依赖经济效益评价旅游扶贫局限了旅游扶贫发展的实际影响，会导致人们对旅游扶贫影响范围的认知越来越偏颇。学者认为旅游扶贫效益评价体系内容应包含经济效益、社会效益和生态效益三个范畴。例如，粟娟（2009）以武陵源旅游扶贫效益测评为例，探索了我国旅游扶贫效益的评价指标体系，如表 2-3 所示。在该评价指标体系中，经济效益评价由区域经济、

表 2-3　　　　　旅游扶贫效益评价指标体系

经济效益评价	区域经济
	产业结构变化
	农民收入变化
	旅游带动就业情况
社会效益评价	基础设施
	教育事业发展
生态绩效评价	自然生态效益
	人文生态效益

资料来源：粟娟：《武陵源旅游扶贫效益测评及其优化》，《商业研究》2009 年第 9 期。

产业结构变化、农民收入变化和旅游带动就业情况构成。社会效益评价由基础设施和教育事业发展构成。生态绩效评价由自然生态效益和人文生态效益构成。蒋莉、黄静波（2015）以湖南汝城国家森林公园九龙江地区为例，从当地居民感知探究旅游扶贫效益。如表2-4所示，研究指出社会效应包括提供了更多的就业机会，改善了村里的基础设施，提高了居民素质，提高了本地的知名度，促进了和外界信息的交流，保护和传承了当地特色和传统文化，占用了耕地、林地和造成了用地紧张，引起了交通拥挤、旅游者的参观打乱了居民的日常生活和使本地治安恶化。经济效应包括促进了地区经济的发展，提高了居民的个人收入，使土地、房租价格上涨和使农产品比以前好卖。环境效应包括使当地噪声增多、使生态环境遭到破坏和引起村里环境污染加重。

表2-4　　　　　　　　　旅游扶贫效益的因子分析

公因子	变量	载荷量	特征值	方差贡献率	累计方差贡献率
F1 社会效应	提供了更多的就业机会	0.835	7.731	45.474	45.474
	改善了村里的基础设施	0.826			
	提高了居民素质	0.808			
	提高了本地的知名度	0.894			
	促进了和外界信息的交流	0.913			
	保护和传承了当地特色和传统文化	0.955			
	占用了耕地、林地和造成用地紧张	0.931			
	引起交通拥挤	0.936			
	旅游者的参观打乱了居民的日常生活	0.782			
	使本地治安恶化	0.863			
F2 经济效应	促进了地区经济的发展	0.897	3.229	18.993	64.467
	提高了居民的个人收入	0.873			
	使土地、房租价格上涨	0.880			
	农产品比以前好卖	0.774			

续表

公因子	变量	载荷量	特征值	方差贡献率	累计方差贡献率
F3 环境效应	使当地噪声增多	0.951	2.842	16.718	81.185
	使生态环境遭到破坏	0.985			
	引起村里环境污染加重	0.975			

资料来源：蒋莉、黄静波：《罗霄山区旅游扶贫效应的居民感知与态度研究——以湖南汝城国家森林公园九龙江地区为例》，《地域研究与开发》2015年第4期。

三是旅游扶贫效益的主体评价。基于利益主体角度构建的旅游扶贫评价体系，如图2-1所示。旅游扶贫主体主要包括政府、旅游企业、当地居民以及旅游者。其中，政府主要影响因子包括观念误区、扶贫目标被置换和扶贫资金被非法占用。旅游企业影响因子包括旅游漏损、科技介入、急功近利和产品同质化。当地居民影响因子包括区位的先天约束和受益不均。旅游者影响因子包括空间行为分析和大众旅游。

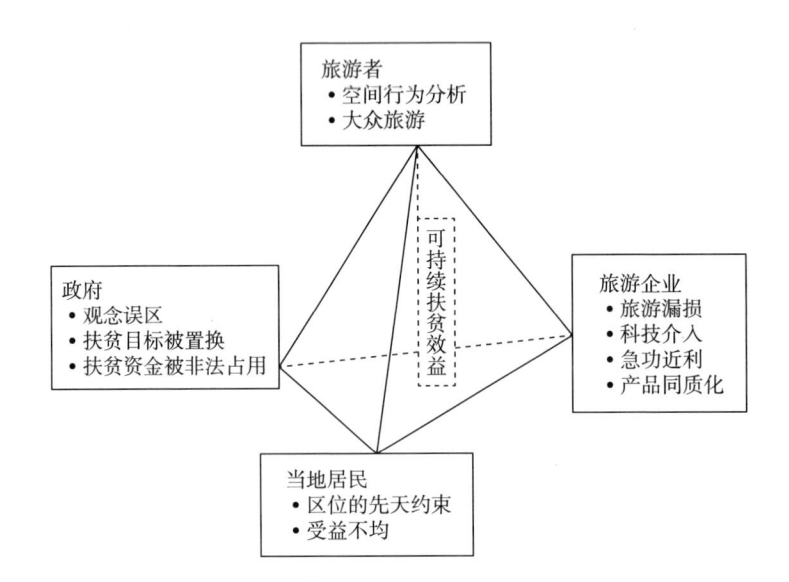

图2-1 影响我国可持续旅游扶贫效益的因子分析框架

资料来源：李刚、徐虹：《影响我国可持续旅游扶贫效益的因子分析》，《旅游学刊》2006年第9期。

本章内容首先对全域旅游、反贫困和旅游扶贫的相关基本概念进行了系统梳理。

全域旅游就是从旅游产业作为抓手，实现相关惠民政策在旅游目的有效落地促进居民共建旅游发展事业，共治旅游发展环境，共享旅游发展成果的一种可持续旅游发展状态。

反贫困是人类社会发展中的一个长期话题，是解决相对贫困问题的一种发展理念，是实现共同富裕，减少贫富差距而采取一系列治理措施和致富办法的一项工作。

旅游扶贫的实质是通过开发贫困地区丰富的旅游资源，以旅游产业为抓手，增加旅游就业岗位。做好旅游优质服务，让贫困者有业可就，让旅客体验满意、愿意消费，进而促进旅游经济可持续发展，实现贫困地区居民收入和地方政府收入增加的一种旅游方式。

然后，对全域旅游助力反贫困相关理论进行了阐释，包括马克思主义哲学、包容性增长的益贫理论和旅游反贫困理论。

最后，系统分析了全域旅游助力反贫困研究的理论分析框架，包括全域旅游发展的理论分析、反贫困的理论分析以及旅游扶贫的理论分析。在全域旅游助力反贫困的发展过程中，从全域旅游发展要素、反贫困的核心问题到旅游扶贫效益的评价与测评，这三个理论分析都是围绕减少贫困这一核心命题而展开的，不仅为本书研究的深入开展夯实了理论基础，也明确了研究深入的分析思路。

第三章

贵州省全域旅游发展的现状、模式与成绩

第一节 发展的现状

当前，全域旅游已经成为新形势下转变旅游发展思路、变革旅游发展方式、创新旅游发展理念，带动经济持续发展的突破口。近几年来，贵州省一直围绕全景式规划、全季节体验、全社会参与、全产业发展、全方位服务、全区域管理的全域旅游发展要求，坚守生态和发展两条底线，大力实施全域旅游，并取得了突出的成绩。

一 贵州省全域旅游发展的资源基础

贵州省旅游资源丰富，生态环境优美，人文气息浓厚，多民族文化交融，给全域旅游发展提供了得天独厚的资源条件，世界旅游组织称赞贵州是"生态之州、文化之州、歌舞之州、美酒之州"。贵州省景点众多，空间分布较为均匀，2A级及以上景点将近200个，其中5A级景区共6个，分别是安顺市黄果树风景名胜区、安顺市龙宫风景名胜区、贵阳市花溪青岩古镇景区、黔南州荔波樟江风景名胜区、毕节市百里杜鹃景区、铜仁市梵净山风景区。贵州省旅游资源分布广、类型多、品位高。高原山地，山水难分，有山必有水，有水必有景。贵州省旅游资源主要类型构成基本情况，如表3-1所示。

表 3-1　　　　　　　貴州省旅游资源主要类型及典型代表

主要类型		典型代表
自然资源	地貌资源（名山、峰林、谷地、洞穴等）	梵净山、云台山、泥函石林、回水石林、万峰林、舞阳河小三峡谷、马岭河峡谷、织金洞、九洞天等
	水景资源（瀑布、河流、湖泊、泉等）	黄果树瀑布、乌江、盘江、草海、百花湖、红枫湖、天河潭、黔灵湖、鸳鸯湖、夜郎湖、息烽温泉、绥阳温泉、石阡温泉、金沙岩孔温泉等
	生物资源（林木、花卉、野生动物等）	荔波香草园、高坡云顶万亩草场、鹿冲关国家森林公园、百里杜鹃、金丝楠木、桫椤、金丝猴、华南虎、黑颈鹤、娃娃鱼等
人文资源	古人类遗址	水城硝灰洞、黔西观音洞、桐梓岩灰洞等
	寺庙	黔灵山弘福寺、仙人洞等
	墓葬	贵州杨粲墓、明初奢香墓、明末十八先生墓等
	故居、历史纪念地	邓恩铭故居、王若飞故居、王阳明故居、何应钦故居；遵义会议、四渡赤水、镇远、安龙等
	风土民情（节日、建筑、风俗、饮食等）	西江千户苗寨、苗族"四月八"、布依族跳地戏、侗族"抢花炮"、土家族哭嫁等
	现代工程	乌江电站、贵州省平塘县大射电望远镜（FAST）、六广大桥等
	旅游商品	肠旺面、丝娃娃、乌江片片鱼、贵州蜡染、天麻等

从空间分布来看，贵州省全域旅游资源按区域大致可分为四大类型。以北部遵义市为中心的"红色旅游+生态体验"区，其中包括娄山关、赤水、遵义会议会址等景区。以南部黔东南州、黔南州、黔西南州为主的"民族风情+生态山水体验"区，其中包括苗族、侗族、布依族等村寨，比如西江千户苗寨、郎德上寨等景区。以毕节市和铜仁市为主的特色生态区，其中包括威宁草海、梵净山等景区。以贵阳市和安顺市为中心的综合旅游区，其中包括花溪区、高坡苗寨、黄果树瀑布等景区。

贵州省的旅游资源种类多，分布范围广，旅游已开发的资源几乎涉及省内绝大多数地区，而且与独特的自然生态、民族风情、历史文化等资源融合发展，优势互补，相互彰显，呈现出全域旅游发展的多种特征：自然生态的奇特性、气候条件的宜人性、民族文化的多样性、历史文化的厚重性、乡村旅游的普遍性。特别是以遵义会议、强渡乌江、四渡赤水等重大历史事件所形成的长征文化，具有更高的震撼力和号召力。

（一）自然生态的奇特性

贵州省地处中国西南，位于云贵高原上，地势西高东低，山地和丘陵占全省总面积的92.5%。贵州省是世界上喀斯特地貌发育最典型的地区之一，岩溶地貌面积约10.9万平方千米，占61.9%。岩溶由于岩溶发育的内外力共同作用，地形演进过程的变化十分复杂，其分布范围广泛，形态类型齐全，地域分布明显，构成了一种特殊的岩溶生态系统。因为其漫长而奇妙的结构发育过程，地表的石芽、漏斗落水洞、洼地、峰丛、天生桥、岩溶湖、瀑布，与地下的暗河、溶洞等纵横叠置，形成了无数地上地下贯通，动态静态结合的自然奇观。全省分布的千姿百态的奇山秀水、飞瀑异洞，著名的黄果树大瀑布、龙宫、织金洞、马岭等，就是岩溶奇特自然景观的典型代表。

（二）气候条件的宜人性

贵州省优越的气候条件是珍贵和稀缺的生态环境资源，成为贵州旅游发展的独特优势。贵州省气候温暖湿润，冬无严寒，夏无酷暑，属于亚热带湿润季风气候，气温变化小，气候宜人，全省年平均气温在15℃左右，夏季平均气温度为22—25℃，为典型的夏凉地区。全省年均降水量约为1300毫米，全省年平均日照时数在1200小时左右。再加之达50%的森林覆盖率，形成了天然的"空调"，一年四季皆是旅游的胜地。特别是贵州省省会贵阳市，"爽爽贵阳"闻名国内，是避暑旅游的胜地。

（三）民族文化的多样性

贵州省是多个少数民族共同居住的省份，全省民族成分共有56个，其中世居民族有苗族、侗族、仡佬族、彝族等17个，这些少数民族在长期的历史发展及生活中，创造了多姿多彩的贵州民族文化。各个民族在长期的相互交流和调适当中，逐渐形成了不同的建筑、服

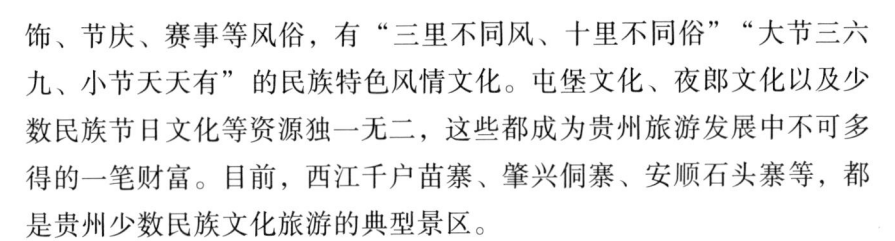

饰、节庆、赛事等风俗，有"三里不同风、十里不同俗""大节三六九、小节天天有"的民族特色风情文化。屯堡文化、夜郎文化以及少数民族节日文化等资源独一无二，这些都成为贵州旅游发展中不可多得的一笔财富。目前，西江千户苗寨、肇兴侗寨、安顺石头寨等，都是贵州少数民族文化旅游的典型景区。

（四）历史文化的厚重性

贵州省不仅有着多姿多彩的民族文化，还拥有深厚的历史文化。贵州省历史文化底蕴深厚，如三国文化、阳明文化、红色文化、非物质文化遗产等。虽然贵州建省以来仅有五百多年的历史，但是根据考古发现，中国南方主要的旧石器时代文化遗址80余处，大多位于贵州境内，这证明了早在24万年前，贵州地域各族人民的祖先就已经在这块土地上繁衍生息，创造了贵州地域特色的远古文化。例如，位于黔西南州的龙光观音洞文化遗址，它与山西西侯度、北京周口店一起成为中国旧石器时代早期的三个代表。战国、春秋时期，贵州省成为夜郎文化的中心，留下了现今散落各地的有关夜郎文化的传说和故事。此外，贵州省还是一片红色土地，具有光荣的革命文化传统，赤水、息烽、黎平、遵义等都是历史上的革命根据地，1935年，中国工农红军在遵义召开了"遵义会议"，会议确立了毛泽东同志在全党全军的领导地位，奠定了中国革命胜利的基础，也成为贵州省红色旅游最为宝贵的资源财富。

（五）乡村旅游的普遍性

乡村旅游现已成为国内外旅游发展的重要方向，具有巨大的潜力和魅力。贵州省由于地理、历史、文化等各方面的因素形成了相对分散的大大小小的民族村落，除美丽的自然风光外，少数民族文化风情也别具一格，吸引着全国各地的众多游客。2017年，国家层面公布的传统村落，贵州省就有546个名列其中，成为仅次于云南的第二大传统村落省份。贵州省村落多，分布广，保留了较为传统的文化特色，这些村落成了乡村旅游最为典型的旅游目的地，具有很高的旅游价值。乡村旅游参与性强，投资少，花费少，经营灵活，回报率高，乡村特色的自然风光、民族风尚习俗是观光、休闲、采风、度假、科考、探险、养老的理想之地，可进行观赏、休闲度假、参与体验、专题调研等旅游开发，若合理利用规划，贵州省乡村旅游将成为带动村民脱贫致富的一条可行路径。

二 贵州省全域旅游发展的政策体系

旅游业作为贵州经济发展的支柱性产业，全面实施全域旅游发展，对贵州未来经济和社会发展有积极的意义。贵州省旅游资源丰富，分布广，吸引力强。如何合理规划促进贵州省全域旅游蓬勃发展，实现全景式规划、全季节体验、全社会参与、全产业发展、全方位服务、全区域管理的全域旅游事业的建设，离不开政府政策体系的支持。近几年来，旅游业的发展日益受到各级政府部门的重视，政府部门出台了一系列有利于全域旅游发展的政策文件，推动了贵州旅游业呈现出"井喷式"增长，提高了人民的生活水平，推动贵州省经济和社会发展迈上了新的台阶。

2000年，贵州省与世界旅游组织、国家旅游局共同制订了《贵州省旅游发展总体规划》，明确了贵州省应该大力发展旅游的主导思想，旅游业在贵州得以迅速发展。2015年国家旅游局下发了《关于开展"国家全域旅游示范区"创建工作的通知》，将全域旅游的理念上升到国家层面。同年8月，时任原国家旅游局局长的李金早从国家旅游战略发展层面，首次明确提出全面推动全域旅游发展的战略部署。2016年，在全国旅游工作会议上，李金早提出了全域旅游的概念，即全域旅游是指在一定区域内，以旅游业为优势产业，通过对区域内经济社会资源尤其是旅游资源、相关产业、生态环境、公共服务、体制机制、政策法规、文明素质等进行全方位、系统化的优化和提升，实现区域资源有机整合、产业融合发展、社会共建共享，以旅游业带动和促进经济社会协调发展的一种新的区域协调发展理念和模式，并明确了全域旅游是我国新时期旅游发展的总体战略。各地迸发出发展全域旅游的源源动力，地方政府纷纷制定各项政策法规，采取各项行动，推动全域旅游的发展。2016年初，贵州省提出了"十三五"期间做强大数据、大旅游、大生态"三块长板"的发展目标，强调要把旅游业培育壮大成为新的重要支柱性产业，全域旅游在贵州省的发展渐入佳境。通过将旅游业与贵州省山地特色结合，加强立体交通网的建设和与互联网的融合。同时促进旅游服务规范化、旅游服务品牌化、旅游服务智能化发展。有关贵州省发展全域旅游的主要政策、行动和国务院指导文件，如表3-2所示。

表3-2　　　有关贵州省发展全域旅游的主要政策、行动和国务院指导文件

时间	部门	主要事件	主要内容
2016.02	国家旅游局	公布首批创建"国家全域旅游示范区"名单	贵州有遵义市、安顺市、贵阳市花溪区、六盘水市盘县、铜仁市、江口县、毕节市百里杜鹃旅游区、黔西南州兴义市、黔东南州雷山县、黎平县、镇远县、黔南州荔波县11个地区入选
2016.03	—	贵州省第十二届人民代表大会常务委员会第二十一次会议通过《贵州省旅游条例修正案》	新颁布施行的《贵州省旅游条例修正案》，将全域旅游纳入地方法规，为贵州正在大力推进的全域旅游"护航"
2016.04	贵州省旅游发展委员会	贵州省旅游发展委员会在贵阳正式挂牌，孙志刚讲话并揭牌	旅游业做大做强，丰富旅游生态和人文内涵。贵州旅游业坚持创新、坚持精准、坚持实干，促进贵州经济社会发展和人民生活水平的全面提高
2016.04	贵州省人民政府	关于开展旅游资源大普查	对全省范围内对旅游全面查清和掌握全省旅游资源状况，进一步发现、拓展和整合旅游资源，构建旅游资源保护和开发体系，为我省高标准编制各级各类旅游发展规划、动态管理旅游资源、宣传促销旅游产品、招商推介旅游项目、旅游行业管理提供科学依据。开展旅游资源大普查，打造"山地公园省、多彩贵州风"

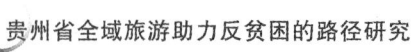

续表

时间	部门	主要事件	主要内容
2016.05	—	第十一届贵州旅游产业发展大会暨"唱响多彩贵州"旅游文化展示推介会在遵义市茅台镇1915广场举行	会议强调，要深入贯彻习近平总书记系列重要讲话精神，特别是视察贵州时的重要指示要求，全面落实五大新发展理念，强力推进旅游供给侧结构性改革，大力发展全域旅游、山地旅游、乡村旅游、文化旅游、智慧旅游、满意旅游，打造"山地公园省·多彩贵州风"旅游品牌，推动旅游业实现"井喷式"增长，努力将贵州建设成为世界知名山地旅游目的地和山地旅游大省
2016.06	贵州省旅游发展委员会、紫光智能集团	在贵阳举行"智慧旅游云"建设运营项目合作协议签署仪式	明确2016—2017年，完成基础平台搭建，到2019年，全面完成旅游一站式服务平台建设，实现旅游大数据的"聚、通、用"，为游客、旅游企业、旅游管理部门提供全面、高效的旅游信息服务
2016.08	贵州省人民政府办公厅	关于印发推动金融机构"十延伸"和金融产品"十服务"实施方案的通知	支持各金融机构不断开拓创新，加大对产业扶贫、旅游扶贫和生态扶贫项目贷款的支持力度
2016.08	贵州省人民政府办公厅	关于加快发展生活性服务业促进消费结构升级实施方案	加快完善"快旅慢游"体系，不断提升旅游接待服务层次和水平，深化旅游体制改革，抓好旅游供给侧结构性改革，创新旅游管理体制机制，深化景区经营体制和旅游投融资体制改革。持续优化旅游服务环境，推动旅游环境整治常态化
2016.09	贵州省人民政府	关于推进旅游业供给侧结构性改革的实施意见	围绕全域旅游总体要求，全面优化大旅游总体布局。加快完善旅游管理体制机制。深入推进投融资体制改革。加大中高端旅游产品的有效供给。创新旅游监管服务体系

续表

时间	部门	主要事件	主要内容
2016.09	—	贵州省第十二届人大常委会第二十四次会议通过《贵州省大扶贫条例》	明确规定了各级人民政府及有关部门应当把美丽乡村建设和发展乡村旅游、山地旅游作为精准扶贫的重要途径，推动乡村旅游全域化、特色化、精品化发展，带动贫困人口创业就业，增加贫困人口资产、劳动等权益性收益，实现脱贫致富
2016.10	贵州省交通运输厅	关于做好地方高速公路项目建设管理的实施意见（试行）	推动打造"山地公园省·多彩贵州风"旅游品牌，有力支撑和开启了贵州全域旅游新时代
2016.11	贵州省人民政府	关于印发贵州省全民健身实施计划（2016—2020年）（黔府发〔2016〕26号）	努力实现体育生活化、生活体育化、体育生态化、生态体育化、体育旅游化、旅游体育化，让多彩贵州动起来，打造山地民族特色体育大省强省，加快推进健康贵州建设
2016.11	国家旅游局	发布第二批创建"国家全域旅游示范区"名单	贵阳市，铜仁市，黔西南州，黔东南州，六盘水市六枝特区、钟山区、水城县入选国家第二批创建"国家全域旅游示范区"名单
2017.07	贵州省人民政府	关于印发《贵州内陆开放型经济试验区建设规划》（黔府发〔2017〕12号）	大力发展大旅游、大数据、大生态、大健康等旅游产业。创新乡村旅游扶贫模式，创新开放式扶贫资源共享机制，推动全域对内对外开放发展
2017.04	贵州省旅游发展委员会与贵州省气象局	签订《合作开展旅游气象服务框架协议》	加强旅游气象观测系统建设。加强旅游气象服务系统建设，加强信息数据共享。完善旅游气象信息发布机制，联合研究建立完善旅游景区气象信息发布渠道，增加节假日期间旅游气象信息发布的时效和发布频次。提升旅游气象预报服务质量。建设旅游气象服务示范景区，打造贵州全域旅游升级版提供气象保障

续表

时间	部门	主要事件	主要内容
2017.09	贵州省人民政府办公厅	关于印发贵州省发展茶产业助推脱贫攻坚三年行动方案（2017—2019年）（黔府办发〔2017〕48号）	将贵州茶全面植入贵州3A级及以上旅游景区，大力发展"贵茶生态旅游"
2017.09	贵州省人民政府办公厅	关于印发贵州省发展旅游业助推脱贫攻坚三年行动方案（2017—2019年）（黔府办发〔2017〕44号）	整合旅游资源，大力发展全域山地旅游，以旅游带动扶贫
2018.04	国务院办公厅	国务院办公厅关于促进全域旅游发展的指导意见	发展全域旅游，将一定区域作为完整旅游目的地，以旅游业为优势产业，统一规划布局、优化公共服务、推进产业融合、加强综合管理、实施系统营销，有利于不断提升旅游业现代化、集约化、品质化、国际化水平，更好满足旅游消费需求
2019.09	贵州省文化和旅游厅	2019年工作要点	按照《国家全域旅游示范区创建工作导则》《国家全域旅游示范区认定整体要求和验收细则》抓好落实全力创建国家全域旅游示范省

从表3-2可以看出，贵州省将发展全域旅游与脱贫攻坚相结合，出台了相关的政策文件，如贵州省人民政府办公厅印发的《关于发展茶产业助推脱贫攻坚三年行动方案》，其内容之一是将贵州茶产业打造为旅游产业，发展"贵茶生态旅游"，构建"省级公用品牌（母品牌）+核心区域品牌+企业品牌（子品牌）"的"贵州茶"品牌体系，开拓市场，引导农户茶园通过入股、联合等方式，向合作社、龙头企业、家庭农场等集聚，让茶园资源变资产，让茶农变股东，从而让茶农获得一定的股份收益。同时积极引导其他社会资金投向茶产业，增

加茶产业的资金投入，整合茶产业，适度发展"茶叶庄园"，吸引消费者成为"茶园主"，推动茶产业与第一、第二、第三产业的融合发展，有效带动农户脱贫致富。此项政策以大力发展茶产业进行扶贫，将茶产业与农户、其他产业相结合，转变传统的农业生产模式，从而助推脱贫攻坚任务如期完成。再如省人民政府办公厅出台的《关于贵州省发展旅游业助推脱贫攻坚三年行动方案（2017—2019年）》，以整合贵州省旅游资源，创新全域旅游的发展模式，大力发展全域旅游带动贫困人口脱贫致富，等等。从这些政策可以看出全域旅游在贵州已经得到了政府的大力支持，政府部门出台了一系列促进全域旅游发展的政策文件，带动贵州省经济和社会的全面发展。贵州是一个贫困省，贫困问题是经济发展急需解决的重要问题，而发展全域旅游是带动脱贫致富的重要手段，因此要将旅游与反贫困相结合，突出贵州省旅游资源的产业发展潜力和市场竞争优势，充分发挥"旅游+"的多产业融合发展的全域旅游发展态势，增强贫困地区的"造血"功能，实现助力精准扶贫脱贫攻坚任务的完成。

三 贵州省全域旅游发展的产业融合

贵州省旅游产业起步于20世纪80年代初期，先后经历了自我发展（1990年以前）、不断扩张（1991—1999年）、迅速发展（2000年至今）三个阶段。尤其是最近几年，旅游产业发展突飞猛进，全域旅游发展产业的优势正在凸显，拉动了经济的快速增长。在全域旅游发展背景下，贵州省旅游产业所涵盖的行业非常广泛，可分为直接产业和间接产业。直接产业是从旅游业自身角度出发，包含景观业、旅行社、接待业等，即旅游十二大要素对应的产业——"吃、住、行、游、购、娱、商、养、学、闲、情、奇"。间接产业是与旅游相联系的产业，即"旅游+"，包括农业、工业及其他产业。

从直接产业角度来看，贵州的景观业、旅行社、接待业等发展迅速。就景观业而言主要体现在以下几个方面：一是全域旅游示范区申报工作逐步推进。截至2017年，原国家旅游局公布两批贵州省"国家全域旅游示范区"名单包括遵义市、安顺市、贵阳市花溪区、六盘水市盘县（现改名"盘州"）、铜仁市、黔西南州、黔东南州等共18

个地区。二是旅游景区逐渐打造升级，呈现新的发展亮点和趋势。诸如田园体验、温泉养生、观光索道、低空飞行、风情小镇成为景观打造的特色。三是景观的建设逐渐偏向于乡村地区。随着国家乡村振兴、脱贫攻坚等政策的出台，旅游景观的发展逐渐偏向乡村地区，2016年全省乡村旅游完成投资123.61亿元，占100个旅游景区投资的31.5%。到2020年，贵州省乡村旅游将带动5万贫困人口脱贫受益增收，列入全国乡村旅游重点村20个以上，省级乡村旅游重点村100个以上，达标乡村旅游村寨、客栈、经营户等达1800家以上，新推出乡村旅游村（点）1710个以上，乡村旅游接待人次和收入年均增长22%以上，乡村旅游收入占全省旅游总收入比重达20%以上（《经济日报》，2019）。贵州省通过打造乡村旅游，成功激活了乡村发展的市场，吸引了众多游客前来观光，有效促进了乡村的发展。

目前，在发展乡村旅游方面，贵州省出台实施了乡村旅游建设管理三个省级标准，从旅游设施、旅游安全、主题特色等方面对乡村旅游服务质量进行"更新换代"，已建成标准级以上乡村旅游村寨、客栈、农家乐等1515家。通过优先推动贫困地区旅游资源开发助力精准脱贫行动，在66个贫困县开发旅游资源19495处，其中，在16个深度贫困县开发旅游资源4490处，建成旅游项目3105个。旅游扶贫作为贵州省产业扶贫的重要抓手，越来越多的贫困乡村和群众，通过旅游实现了脱贫致富。2019年上半年，贵州省乡村旅游接待游客25943.33万人次，实现收入1381.98亿元，乡村旅游人次、收入同比增加28.35%、33.78%（中国新闻网，2019）。

另外，贵州省的旅行社和接待业随着全域旅游发展的推进也逐年增加。如图3-1所示，贵州省旅行社数量呈逐年稳定上升趋势，由2012年的302个增加到2016年的364个。年末客房数总体呈上升趋势，由2012年的29358间增加到2016年的33840间。旅行社数量和年末客房数的增加，直接反映出贵州旅游人数的不断增加。

从间接产业来看：一是全域旅游与农业的融合，带动农业转型升级。以旅兴农，农业基地变身休闲景区，提升了农业附加值。旅游业与农业的结合是落实旅游扶贫工程，推动"三农"问题解决欠发达地

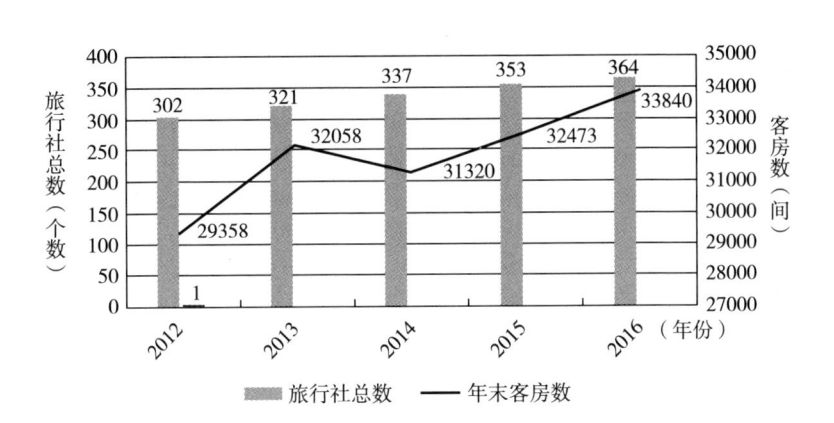

图 3-1　2012—2016 年贵州省旅行总数及年末客房数

资料来源：2017 年版《贵州统计年鉴》。

区经济发展的重要途径。在贵州最为典型的就是生态农业的发展，包括优质蔬菜、茶叶、精品水果、高山花卉等生态农业产业。2016年，贵州省100个旅游景区中，就有71个景区及旅游综合体与86个山地现代高效农业示范园区建设实现互融互通。以织金县为例，全县高效农业示范园发展到45个，其中，省级5个、市县级8个、乡级32个。园区累计建优质农产品生产基地10.28万亩，依托园区开展产业精准扶贫，园区扶持带动12.54万贫困人口参与从事蔬菜、生态畜牧业、竹荪的产业建设，解决8629人脱贫。织金县竹荪蔬菜产业示范园区、织金县黔洪休闲生态农业观光园区等园区每年共接待社会团队参观游览50000余人。这些农业生态园区以优美的乡村自然山水为背景，以厚重的民族文化为底蕴，集田园观光与农耕文化体验等多种功能于一体，形成了旅产互动、农景互动发展的格局。有效地带动了农民脱贫致富，形成了众多的农业休闲观光基地，培育了一批农业龙头企业。

二是旅游与工业的融合，加速工业转型升级。近年来，贵州省正在发展低空旅游飞行器、索道、高科技旅游设施、体育运动装备、户外野营装备、旅游工业品等旅游制造产业，加速工业的转型升级。2016年贵州省100个旅游景区建设以"五一""十一"和全省第十一届旅发大会为契机,在68个景区中推出了燕子岩景区索道、百里杜鹃低空飞行、万峰林水上飞机、万山玻璃栈道等192个新景点、新业态。2017年贵州拟建设的美国温德克飞机制造公司落户毕节市、奥地利多贝玛亚索道公司落户六盘水市。另外旅游加工业发展增收明显,包括以茅台酒厂为重点的特色食品、药品等加工业。例如,仁怀市2016年白酒总产值达到590亿元,累计完成规模工业增加值504亿元。仁怀市有500万元规模以上地方白酒企业91户,2000万元规模以上企业64户,产值上亿元企业33户,共有窖池约5.7万口,产能达40万千升,形成以国酒工业园、茅台镇古镇文化产业园、名酒工业园和配套产业园为核心的产业格局,促进了旅游业的大力发展。

三是旅游业与其他产业的融合,其中就包括旅游业与文化业、服务业、大数据、商业的融合。这实现了要素优化配置,资源重新整合,延长了产业链,开辟了全域旅游发展新空间。以大数据为例,2016年贵州省旅游发展委员会与贵州经济和信息化委联合印发了《关于进一步促进全省旅游大数据产业发展的指导意见》,发展旅游大数据产业。同时利用大数据对景区、交通、天气、电商、旅游路线等信息进行公开发布,提升全域旅游的服务质量。

产业融合是现代旅游业发展的必然趋势,也是全域旅游发展中的关键步骤和重要抓手。着力推动全域旅游和产业融合发展,要把大旅游理念融入贵州省经济社会发展全局之中,一方面促进传统服务业改造升级,另一方面创造出新的业态,加快休闲康养、健康护理等新兴服务业的发展速度。但在这一过程中传统产业必须要在保留自身职能的基础上融入旅游当中进行改造升级,其过程是相互融合、相互促进的。虽然旅游业可以与多种产业融合发展,但不能盲目融合,需要有所侧重。从国内外成功经验看,产业的融合应着重推动旅游产业与特色、优势产业的融合,并结合自身优势,以特色产业为重点,对旅游业进行合理定位,突出旅游业中的特色产业和优势产业,如此才能取得事半功倍的效果。

四　贵州省全域旅游发展的游客人数

贵州省在国家旅游发展战略的指导下,积极推进全域旅游,依赖得天独厚的自然资源,利用大数据、大生态、大健康、大交通、大公园、大品牌六大优势,市场逐步扩展,旅游经济呈现"井喷式"增长,来黔旅游的人数越来越多。从贵州省接待游客的总数看,如图3-2所示,贵州省旅游总人数由2012年的21401.18万人次增加到2017年的74400.00万人次,六年的时间里增长了3倍多。游客人数的逐年高速增长,市场总量的持续增长,为贵州全域旅游发展带来了良好的发展前景。

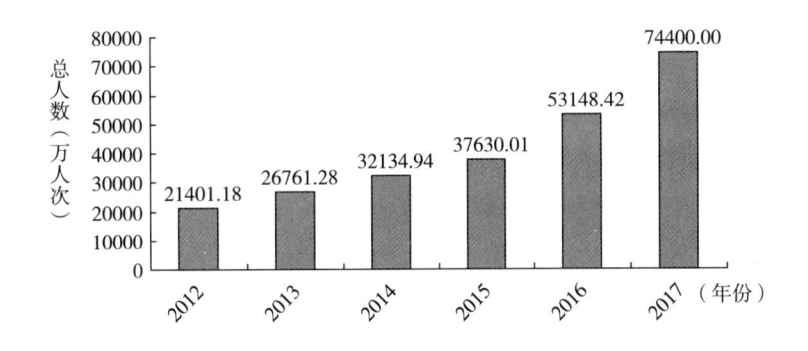

图3-2 2012—2017年贵州省游客总人数

资料来源:2012—2016年数据来源于《贵州统计年鉴》;2017年数据来源于贵州省统计局官网。

从入境游客人数来看,如图3-3所示,2012—2016年,贵州省接待入境游客人数呈现逐年增长的趋势。全省的入境游客人数由2012年的70.5万人次增加到2016年的110.19万人次,增长率为11.81%,入境游客人数逐年增多。贵州省的入境客源市场包括外国人、我国的港澳台同胞,如图3-4所示,外国人入境已经成为贵州省旅游较大的市场。贵州省以舒适宜人的气候条件、美丽的自然环境、民族文化氛围浓郁的特色村寨、水流瀑布奇特秀美的山水景色,吸引着大批外国人前来观光。

同时,从境外游客来贵州省旅游的时间周期和旅游经济增长情况方面看,境外游客的逗留天数虽然正在逐年增加,但总体逗留天数仍然较短。如表3-3所示,从2012年的平均每人逗留1.43天到2016年

(万人次)

```
120 ┤                                    110.19
100 ┤                          94.09
 80 ┤              85.5
    │      77.7
 60 ┤ 70.5
 40 ┤
 20 ┤
  0 ┼────┬────┬────┬────┬────
     2012 2013 2014 2015 2016  (年份)
```

图 3－3　2012—2016 年贵州旅游入境游客人数

资料来源：2017 年版《贵州统计年鉴》。

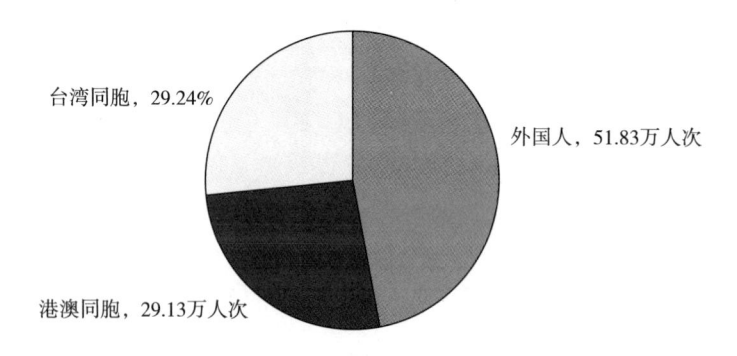

台湾同胞，29.24%

外国人，51.83万人次

港澳同胞，29.13万人次

图 3－4　2016 年贵州省旅游入境外国人及我国港澳同胞、台湾同胞分布

资料来源：2017 年版《贵州统计年鉴》。

表 3－3　　　　　　　贵州省境外游客逗留天数及消费支出

年份	平均每人逗留天数（天/人）	平均每人每天消费支出（美元/人、天）
2012	1.43	167.13
2013	1.41	181.05
2014	1.44	180.65
2015	1.51	201.01
2016	1.85	189.29

资料来源：2012—2016 年《贵州统计年鉴》。

的平均每人逗留1.85天，五年的时间仅仅平均每人增加了0.42天，增长量较小。此外，平均每人每天的消费支出也比较低，增长较慢，2012年平均每人每天消费支出为167.13美元，到2016年是189.29美元，只上涨了22.16美元，而且2015年到2016年呈现降低趋势。如果考虑通货膨胀和外汇汇率等因素，游客实际上的消费支出增长幅度不尽如人意。

就贵州省的海外客源地来看，如表3－4所示，其总体格局是：亚洲市场为主要海外客源市场，2012—2016年逐年递增，分别为122958人次、131790人次、138688人次、144649人次和197080人次。其次是欧洲市场，欧洲虽然是世界上最主要的客源输出地，但由于历史文化、生活方式、价值观念差距等因素，欧洲市场的旅客量在贵州省境外客源市场中所占比重小于亚洲市场的游客量，是次要客源市场。非洲、拉丁美洲和大洋洲每年入境游客量所占比重皆不到1%。总体来说，贵州省境外客源市场发展有很大的上升空间，要持续加大开拓力度，加大宣传，整合各个地区的旅游资源，严格按照全域旅游的发展要求，制定符合自己的客源市场发展目标，以刺激国际客源市场得到快速发展。

表3－4　　　　　　　　贵州省入境客源　　　　　　单位：人次

年份	亚洲	非洲	欧洲	拉丁美洲	大洋洲	其他
2012	122958	2165	81799	61853	30354	5039
2013	131790	2250	85065	64987	30406	5245
2014	138688	4580	103327	67391	31482	13888
2015	144649	10193	116948	68720	26686	31112
2016	197080	11063	153731	89745	34176	32482

资料来源：2012—2016年《贵州统计年鉴》。

五　贵州省全域旅游发展的配套设施

旅游配套设施决定了旅游服务的质量，直接影响了游客的旅游体验感。旅游配套设施具有公共性、间接性、两重性等特点，一般由在国民经济体系中为社会生产和再生产提供一般条件的部门和行业负责，主要包括交通运输、社会服务、人才配备等。全域旅游的发展需要以延长游客停留时间为核心任务，不断提升配套设施水平，为贵州省旅游优质服务夯实基础条件。

贵州省于20世纪80年代初开始发展旅游业，当时经济十分落后，交通闭塞，旅游业发展缓慢。随着社会条件的改善及相关政策的实施，贵州省旅游产业规模在"十一五"期间迅速扩大。2013年，贵州省启动实施"100个景区建设工程"，推动贵州旅游逐渐向深度游、品质游、个性游和主题游转型升级。截至2017年年底，全省100个旅游景区累计建设项目4140个，总投资达到1582.68亿元。以公路运输基础设施建设为例，2015年12月，贵州省就已经实现了88个县（市、区）全部建设有高速公路网的目标，成为西部地区第一个县县通高速的省份。2016年贵州省完成公路水路建设固定资产投资1500亿元，同比增长20%，占全省投资的12%、全国交通投资的8%，投资总额位居全国第一，实现历史性突破。共筹集交通建设资金1559亿元，其中高速公路建设融资到位资金1018亿元。2017年，贵州省深入开展高速公路攻坚战、启动农村"组组通"公路三年大决战，全省交通运输和邮政业投资2233.99亿元，比上年增长5.2%。其中，公路投资1882.39亿元，增长13.2%。高速公路网的建设使贵州快速融入长江经济带、成渝经济带、泛珠三角经济区及周边经济圈，成为助推贵州经济快速发展的"加速器"。

尤其是在2016年，贵州省上下认真贯彻中央和省委、省政府重大决策部署，定向精准做大做强大数据、大旅游、大生态"三块长板"，补齐脱贫攻坚、基础设施、教育医疗等事业的"短板"。贵州省发展与改革委员会同有关部门共同发布了2016年第一批三大基础设施建设和大数据发展两个工程包，共1183个项目（三大基础设施1108个项目、大数据发展75个项目），总投资达到5639.48亿元（三大基础设施5121.28亿元、大数据发展518.2亿元）。

在三大基础设施建设工程中，第一大类为经济基础设施领域，内容涉及交通基础设施、水利基础实施、旅游基础设施等，包含了贵阳至南宁客运专线、荔波至榕江高速公路等，总投资4625.63亿元。第二大类为社会基础设施领域，内容涉及"四在农家·美丽乡村"六项行动计划、文化基础设施等，总投资340.57亿元。第三大类为生态基础设施领域，内容涉及环境保护设施、生态建设设施等，总投资155.08亿元。

在大数据工程包中，第一大类为新一代信息基础设施领域，包含了贵州省"宽带乡村"示范工程，总投资58.12亿元。第二大类为大数据生产流通设施领域，包括了大数据应用，总投资53.3亿元。第三大类为大数据创新应用领域，包括物流、民用航空制造业，总投资356.76亿元。第四大类为大数据端产品制造领域，包含了ARM服务器芯片研发项目，总投资50亿元。两大工程包的发布，极大地促进了贵州省全域旅游发展所需各个领域基础设施的建设，助力贵州省拥有便捷的旅游通勤条件，成为海内外游客休闲度假、防寒避暑的旅游目的地。

第二节 存在的模式

全域旅游助力反贫困的模式是指在旅游资源较丰富的贫困地区通过全域旅游产业的发展带动该地区经济和社会的发展，实现增加贫困人口的收入，达到脱贫致富目的的一种经济发展模式。全域旅游助力反贫困更大程度上是依赖于旅游产业的发展，促进贫困地区摆脱贫困。根据不同贫困地区基础条件的优劣、旅游资源开发价值的大小、贫困人口的多少等因素的影响，其采用的反贫困模式有所不同。因此，在构建全域旅游助力反贫困模式时，需要因地制宜，制定适合当地实际情况的反贫困模式。长期以来贵州省以发展旅游业作为贫困地区脱贫致富的重要方式之一，在"三变"模式和农村产业革命的推动下，旅游业渐渐成为贵州省的新兴支柱产业。目前贵州省全域旅游助力反贫困主要包括四种模式，如表3-5所示。

一 政府主导型全域旅游发展的反贫困模式

在此模式中，政府是旅游经济发展的重要保障，也是助推反贫困工作取得成功的重要前提。在旅游产业发展过程中，政府制定有利于开展全域旅游发展的反贫困政策，为旅游产业发展提供良好的平台和

表3-5　　　　　贵州省全域旅游助力反贫困的四种模式

类型	内涵	特点	案例
政府主导反贫困模式	政府利用政策手段、法律手段、行政手段和经济手段对旅游开发给予引导和支持，营造旅游环境，有意识地发展旅游业，引导贫困地区旅游业健康发展，从而促进旅游业发展的一种模式	政府是旅游反贫困的开拓者、协调者、规范者	雷山千户苗寨、黄果树瀑布景区、花溪青岩古镇等
企业主导反贫困模式	企业在政府指导下，以自身为核心开展旅游项目投资、开发、建设与维护，从而促进贫困地区的旅游发展，带动脱贫	企业追求利润最大化，带动地方经济的同时较少考虑贫困人口与当地环境	开阳南江大峡谷、荔波小七孔等
居民自主反贫困模式	在旅游发展过程中，贫困地区居民主要以自身、社区等形式参与到旅游项目的规划、决策开发以及实施过程中	此模式注重政府引导，农户自愿参与，易于被农户所接受，具有可操作性	镇山村、朗德上寨等
联合合作反贫困模式	由政府、企业、村民、社会组织等多方合作形成的旅游反贫困发展模式	参与度高、村民投资旅游风险小、景区发展速度快	天龙屯堡、贵阳花画小镇等

优越的政策环境。政府通过规划旅游发展前景目标，对旅游带动当地反贫困进程做出有效地评估和预测，同时协调好旅游发展与环境保护的关系。政府还通过宏观调控实现资源的优化配置，为贫困人口参与旅游就业提供便利，切实增加贫困人口的经济收入。

政府主导不等于政府全包，政府只是处于主导位置，对全域旅游助力反贫困提供支持、引导和管理。因此，政府要履行好职责，权衡和协调旅游发展中各类参与主体之间的利益。政府主导型的典型景区有雷山千户苗寨、黄果树瀑布、花溪青岩古镇等，其建构的模式如图3-5所示。

例如，位于贵州省贵阳市花溪区的青岩古镇，其旅游发展主要依托于政府主导的旅游开发。首先，政府通过对青岩古镇的旅游资源、人口、经济等方面进行实地调研勘察，对旅游资源进行合理规划，设

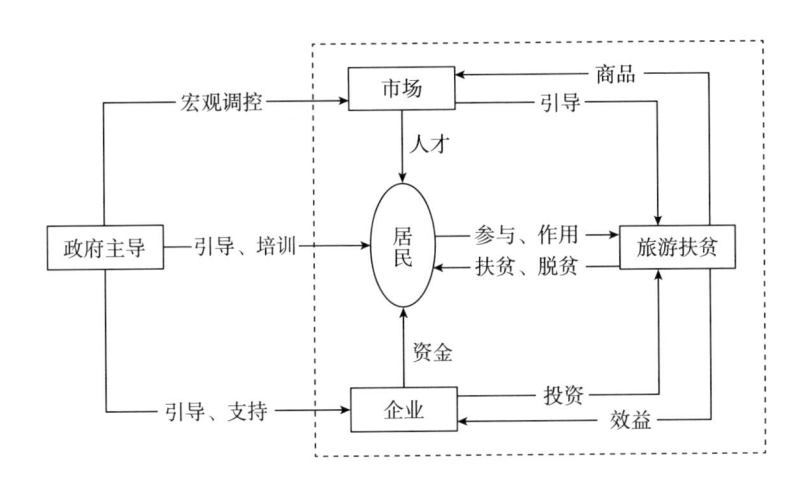

图3-5 政府主导型全域旅游发展的反贫困模式

计旅游产品,逐步推出青岩古镇旅游项目。同时,青岩古镇政府在上级政府部门的指导下出台了一系列促进旅游发展增加人民收入的政策文件,如包括《青岩镇总体规划》《青岩镇旅游发展规划》《贵阳市青岩历史文化名镇保护管理办法(草案)》《青岩历史名镇保护与整治规划》等,在开发青岩古镇旅游资源也进行有力地保护。其次,政府大力实行刺激旅游产业融合发展的政策,发展生态农业旅游产业、乡村旅游产业、民族文化旅游产业、饮食文化旅游产业、工艺制品旅游产业,多渠道、多方式地调动居民参与旅游建设的积极性,提升青岩古镇的旅游质量,带动青岩古镇人民增收致富。再次,青岩古镇政府不断拓宽旅游发展的市场,积极申报国家星级景区资质的评定。2017年青岩古镇荣获了国家5A级景区的认定旅游品牌获得提升,知名度大大提高,客源市场更加广阔。最后,政府注重古镇文化的保护与传承。青岩古镇以政府为主导依托建设非物质文化中心、博物馆等设施,对古镇文化进行保护。此外,政府大力从当地居民中培养相关旅游从业人员,提高他们的从业素质,激励他们保护和传承当地文化,并把民间传统手工艺品融入旅游市场的开发与经营之中。

二 企业主导型全域旅游发展的反贫困模式

这种模式是指在旅游反贫困中,由企业为贫困地区发展旅游业投入大量资金,让各个利益主体参与到其中,包括乡镇企业和旅游企业。在这种模式下贫困居民的参与形式主要包括以下几个方面：一方面企业通过雇用居民，特别是为当地贫困人口提供就业岗位，解决他们的基本生活问题，增加收入，提高他们的生活水平。另一方面是企业以股份合作的方式，让当地居民参与其中，居民通过土地、资本、自有旅游资源等参与到旅游发展中，按期分红，得到收益。这种模式间接地转换了传统贫困人口的角色，把居民自身的发展与旅游发展结合起来，让居民在旅游反贫困中承担相应的义务。在企业主导反贫困模式中企业的地位是举足轻重的，它可以为当地居民提供就业岗位，运用本身的专业力量，开发当地旅游市场发展的潜力，促进旅游产业的发展。企业通过投资建设，获取利益报酬，维持企业发展。反过来，企业的发展也可以提供更多的资金用于旅游社区的教育、卫生、道路交通等基础设施的建设。企业主导型的典型景区有南江大峡谷、荔波小七孔等，其建构的模式如图3-6所示。

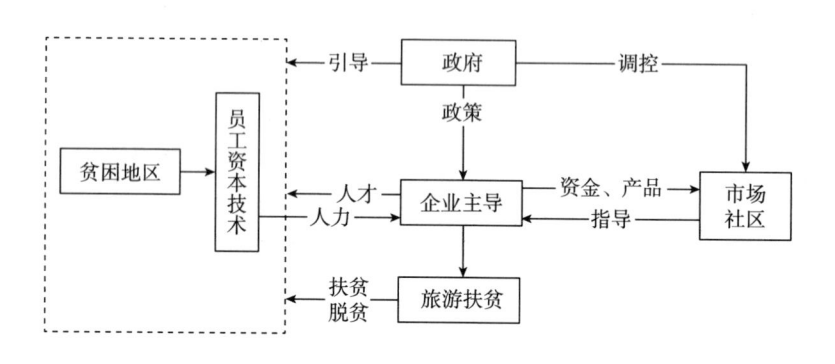

图3-6 企业主导型全域旅游发展的反贫困模式

例如，贵州省贵阳市开阳县南江大峡谷就属于企业主导型模式。在政府的指导和支持下，南江大峡谷景区是由福建省兴龙公司进行旅游投资开发的风景区。这家旅游公司接手经营南江大峡谷后，立即投入3000余万元对景区进行包装打造，一个集漂流、休闲、娱乐、观光、度假为一体的峡谷景区随即出现。一方面该公司整合旅游资源，推进香火岩、紫江地缝等景区的深度开发，着力打造精品旅游战略，促进"喀斯特风光、漂流、温泉+布依文化、土司文化"优势资源组合升级。同时加强接待设施的建设,提升服务质量和档次,建设成为依山傍水、环境优美,有特色、有品位的旅游休闲胜地,促进贵阳市旅游业转型升级。另一方面承办大型赛事活动,加大旅游宣传,扩大影响力,提高景区的知名度。2006年,南江大峡谷被专家和群众共同评为"贵阳新八景"之一。2008年,被国际旅游联合会评为"中国最佳绿色生态景区",同年,被国家旅游局评定为国家4A级旅游景区。2009—2010年度位居贵州十大魅力景区榜首,享有"世界喀斯特生态博物馆"的美誉。南江大峡谷的开发,极大地改善了当地的基础设施,拉动了旅游业甚至其他第三产业的快速发展,当地居民也参与其中,解决了居民的就业问题,带动了当地居民生活水平的提高。

三 居民自主型全域旅游发展的反贫困模式

居民自主反贫困模式是指居民依靠自身或者是通过当地社区参与到旅游发展中,增加经济收入,实现生活的富裕。这种模式在旅游开发中存在一定的难度,主要是因为:一是大多数居民缺乏旅游从业的相关生存技能和专业知识。二是在旅游开发投入中大多数居民缺乏旅游基础设施建设和旅游产品开发与宣传的启动资金。因此,这种模式少不了政府、组织机构的协调帮助。为了更好地让居民参与到旅游的开发中,政府要为居民营造良好的旅游发展政策环境,比如降低贫困居民参与到旅游发展中的门槛,给予他们参与到旅游业中的资金支持和技术支持。其他部门或者组织机构需要为他们提供和创造脱贫致富的旅游发展渠道,比如商品贩卖店、餐饮、家庭旅馆接待等,使贫困人口能够从事旅游行业而获取收益。旅游者可以对当地居民主导的旅游行业进行宣传,可以给予贫困居民一定的援助,转变当地居民的旅游发展观念,促进他们自主脱贫致富。居民自主型的典型景区有花溪镇山村、郎德上寨等,其建构的模式如图3-7所示。

例如,郎德上寨的旅游开发就属于这种模式。郎德上寨位于贵州省黔东南州雷山县西北部,是集自然风光与少数民族风情为一体的民族村寨。早在1985年,郎德上寨就被作为黔东南民族风情旅游点率先对外开放;次年,被国家文物局评为"全国第一座露天苗族风情博物馆"。2001年被列为"全国重点文物保护单位",闻名中外。郎德

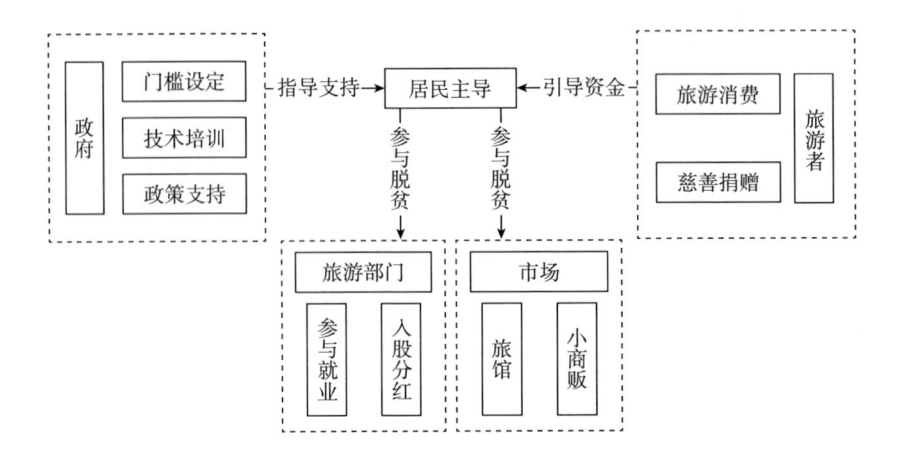

图3-7　居民自主型全域旅游发展的反贫困模式

上寨在政府的引导下，逐步完善相关的配套设施。居民在旅游开发中采用"公分制"的旅游发展模式，具有人民公社时期的特征。该模式主要包括以下几个方面：一是全寨村民通过民族歌曲演唱或者舞蹈表演等形式参与到旅游发展中，人人各司其职，平等参与，共同协作，热情迎接远道而来的游客。二是按劳分配，按分计酬，多劳多得，少劳少得，按照村民参与的不同角色和工作量的不同，进行合理记分，每月月底进行结账，将旅游收入及工作情况张榜公示，接受他人及社会的监督。三是村委会用公分进行严格考核，确保村民能够主动积极遵守相关规定并参与到旅游发展中，包括是否按时到岗、工作是否热情、穿戴是否整齐、表演是否符合标准等方面，同时村民对村委会及人员的计分、登记、分红进行监督，确保人人公平。通过严格的考察和监督，从而提高旅游者的旅游满意度，增加居民的经济收入。

四　联合合作型全域旅游发展的反贫困模式

联合合作反贫困模式是指组织社会各界多方力量参与到旅游发展当中共同进行旅游开发，遵循"共建共治共享"的原则使各方利益诉求获得满足时，帮助当地居民实现脱贫致富的一种旅游反贫困模式。这种发展模式一般是由政府、企业、村民、社会组织等多方合作形成的旅游开发模式，各个部门各司其职，互补短板，通力合作，建立有效的合作平台，该模式具有社会参与度高、投资旅游风险小、景区发展速度快等特点，是旅游配套基础设施建设相对薄弱的贫困人口聚居区快速发展旅游产业并有效减少旅游投资风险的一种常见模式。联合合作型的典型景区有天龙屯堡、贵阳花画小镇等，其建构模式如图3-8所示。

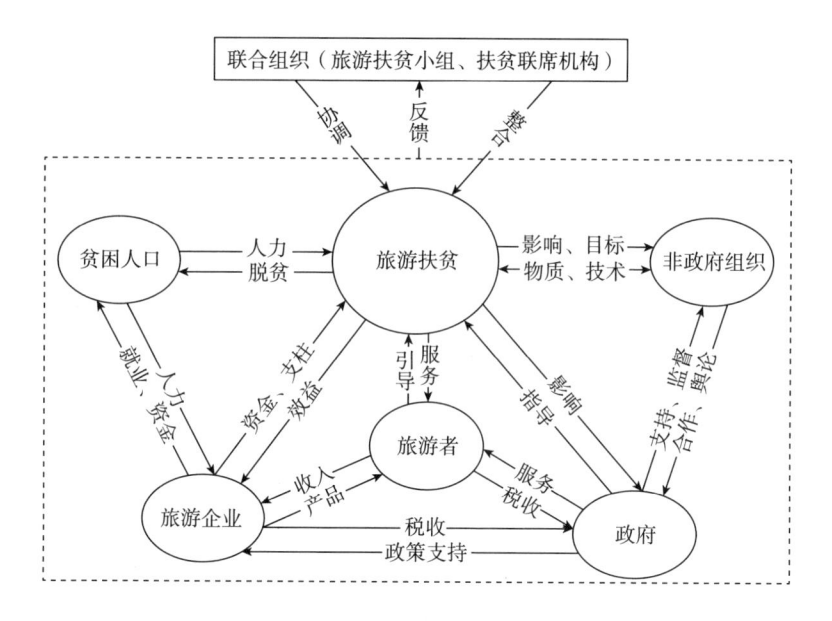

图3-8 联合合作型全域旅游发展的反贫困模式

例如，位于贵州省安顺市的天龙屯堡景区、就属于这一模式。天龙屯堡景区是由政府、旅游协会、旅游公司和旅行社联合开发和管理的"四位一体"旅游景区。首先，由政府做好规划，发挥公共服务的职能，大力建设旅游发展的基础设施，为旅游公司的发展创造良好的环境，同时加强旅游地区的保护和管理。其次，由旅游公司对天龙屯堡旅游景区进行开发和投资，并负责对天龙屯堡进行商业化经营管理，以门票收入作为其收益。此外，旅游公司雇用当地村民为务工人员，解决了村民的就业问题，增加了村民的经济收入同时也负责各类民族特色文化活动的策划和表演，吸引游客。再次，由旅行社积极组织团队，加强同其他旅行社的合作，扩大宣传，提高知名度，增加游

61

客数量。最后,由旅游协会代表村民参与到政府决策和旅游管理中,并负责组织村民参与到旅游公司的各项活动表演之中,处理好村民参与旅游开发的各种关系,同时从门票收入中分成。

第三节 取得的成绩

一 旅游经济快速增长的效果明显

旅游经济的发展不仅促进了经济社会的快速发展和人民生活水平的提高,而且还能助力人们对传承和发扬优秀传统文化保持一颗热情的心。贵州省作为少数民族人口众多的省份,不仅拥有优美的自然风光,还拥有丰富多彩的民族文化。但是,贵州省贫困人口数量多,脱贫难度大,是一个长期被贫困所困扰的省份。因此,勤劳智慧的贵州人民因地制宜走上发展旅游脱贫的发展道路,为贵州经济社会的发展注入了活力,并取得了突出成绩。如图3-9所示,贵州省旅游收入逐年增加,占生产总值的比重显著提高,旅游业发展呈现"井喷式"增长的趋势。2012年贵州省的旅游业总收入为1860.16亿元,到了2017年增长到7116.81亿元,增长了约4倍,尤其在2015年以后贵州省旅游业增长速度极快。

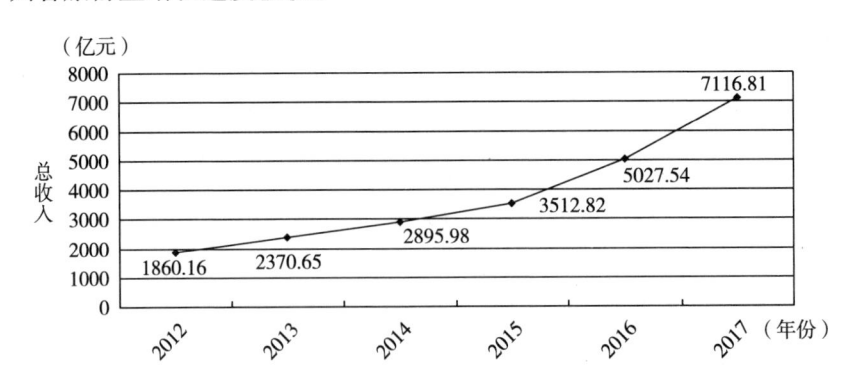

图3-9 贵州2012—2017年旅游业总收入增长

资料来源:2012—2016年数据来源于《贵州统计年鉴》;2017年数据来源于贵州省统计局官网。

贵州省旅游业占贵州省生产总值的比例越来越大,如表3-6所示。2012年贵州省旅游业总收入为1860.16亿元,贵州省生产总值为6878.78亿元,占比仅为27.04%。到了2017年,贵州省旅游业总收入增长到7116.81亿元,占全省生产总值的比例达到52.56%,超过了一半。这说明贵州省旅游业在众多产业中所占比例越来越重,尤其是贵州在发展全域旅游以来,贵州的旅游业已经逐步成为贵州省的支柱性产业。

表3-6　　　贵州旅游总收入及其在生产总值中的占比

年份	贵州省旅游业总收入（亿元）	贵州省生产总值（亿元）	占总收入比重（%）
2012	1860.16	6878.78	27.04
2013	2370.65	8115.47	29.21
2014	2895.98	9299.45	31.14
2015	3512.82	10539.62	33.33
2016	5027.54	11776.73	42.69
2017	7116.81	13540.83	52.56

资料来源：2012—2016年数据来源于《贵州统计年鉴》；2017年数据来源于贵州省统计局官网。

从贵州的各个地市州来看,如表3-7所示,以2016年数据为例,贵州省各个地级市旅游总收入都有所增加,其中收入最高的是贵阳市,为1389.51亿元。旅游总收入占各个地区生产总值的比例都呈现正向增加,有五个地区的占比超过了40%。占比最大的地区是安顺市,旅游总收入占生产总值的比例达到了77.84%。

表3-7　　　2016年贵州省各地市州旅游总收入及其
在生产总值中的占比

地区	地区生产总值（亿元）	地区旅游总收入（亿元）	旅游总收入占生产总值的比例（%）
贵阳市	3157.70	1389.51	44.00
六盘水市	1313.70	124.65	9.49
遵义市	2403.94	792.73	32.98

续表

地区	地区生产总值（亿元）	地区旅游总收入（亿元）	旅游总收入占生产总值的比例（%）
安顺市	701.35	545.96	77.84
毕节市	1625.79	444.37	27.33
铜仁市	856.97	347.30	40.53
黔西南州	929.14	226.21	24.35
黔东南州	939.05	553.68	58.96
黔南州	1023.39	603.04	58.93

资料来源：2017年《贵州统计年鉴》。

二 旅游促进精准脱贫的成绩突出

全域旅游作为一种反贫困形式，不但在推动旅游发展方面发挥着重要作用，而且还有力地促进了旅游目的地经济、社会、文化的发展。如贵州省73%的面积为喀斯特地貌，是中国最大的喀斯特分布区，贫困和环境问题纠缠在一起，形成"生态脆弱—贫困—难以发展—更贫困"的境地。现有实践已经证明了旅游发展是解决这一恶性循环难题的一种有效途径。通过近几年的实践，贵州省旅游促进精准脱贫的成绩非常显著。

一是乡村旅游如雨后春笋般蓬勃发展，收益不断增加，脱贫效果显著。据统计，2016年贵州省乡村旅游接待游客2.42亿人次，同比增长52.2%，占全省接待游客的45.6%；实现乡村旅游总收入1070.87亿元，同比增长51.7%，占全省旅游总收入的21.3%；旅游带动就业233.5万人，其中带动建档立卡贫困人口17.9万人。2017年，贵州省乡村旅游共完成投资127.77亿元，接待游客3.46亿人次；实现总收入1572.79亿元，占旅游总收入的22.1%；通过旅游发展带动25.4万贫困人口就业。乡村旅游资金的投入，有效激活了乡村旅游发展的动力。目前，乡村旅游已成为贵州省农村增收致富的有效途径，也被认为是精准扶贫脱贫最有效的手段之一。

二是旅游助推产业脱贫不断加快，人民生活水平不断提高。贵州省大多数贫困地区，过去皆是以传统的农耕生产为主，自给自足的农业生产要想让农民走上富裕的道路，其可能性是微乎其微的，特别是农村低经济价值作物的种植，更是不能促进农民增收。因此，要想农民脱贫致富，必须要转变传统的农业生产方式。在贵州省农村产业革命的推动下，全域旅游作为一种新的产业发展选择，以生态农业和观光农业为抓手，有效地将农业与旅游业结合起来。例如，2016年贵州省省级农业示范园区发展到431个，完成签约项目975个，签约资金达到1548.9亿元。入驻园区新型经营主体8802家，优质农产品生产基地达1355.4万亩。园区覆盖贫困人口150.58万人，园区产业扶持带动85.44万人，年度脱贫41.2万人，扶持带动57.4万贫困人口脱贫。实现总产值1976.2亿元，实现销售收入1709.0万元。农业园区的建设与旅游发展相结合，进一步增加了农民的收入。据统计，水城猕猴桃、凯里云谷田园等79个园区成为休闲观光与乡村旅游的主要目的地，年度接待游客4803.8万人次，实现销售收入171.2亿元。此外，农业园区的建设也正在逐步转变农民的农业经营方式，部分地区农民通过土地流转、入股等方式获得了更大的收益。

三是贵州省旅游的发展助推精准脱贫攻坚取得了良好的成绩。例如，2017年全年贵州省减少贫困人口120万人，赤水市成为贵州省首个脱贫摘帽县，90个贫困乡镇"减贫摘帽"、2300个贫困村退出，贫困发生率下降到8%左右。贵州省各地市州精准脱贫攻坚的成绩突出，如表3-8所示（不分排名）。

表3-8　　　　　贵州省各地市州精准脱贫的成绩

地区	脱贫攻坚成果
贵阳市	2015年，在全省率先消除绝对贫困的基础上，2016年，贵阳市按照省委、省政府"高一格脱贫、快一步致富、早一点现代化"的要求，深入推进大扶贫战略行动，为建成更高水平的全面小康社会奠定良好基础，为全市经济社会发展提供了有力支撑
遵义市	2016年完成5个贫困乡镇摘帽，实现116个贫困乡镇全部"减贫摘帽"，完成300个贫困村出列和21万农村贫困人口脱贫；2017年完成345个贫困村出列，实现871个贫困村全部出列，完成12.57万农村贫困人口脱贫，基本消除绝对贫困现象，贫困县农村居民人均可支配收入达到9000元以上

续表

地区	脱贫攻坚成果
六盘水市	2014年以来，六盘水共整合扶贫开发类资金1.71亿元，推动5.13万贫困户16.6万贫困人口参与"三变"，带动22万贫困群众脱贫，贫困人口从2013年的62万人减少到2015年的38.99万人，全市农民人均可支配收入从2013年的5934元增长到7522元
毕节市	2016年，按照每人每年3146元（2013年不变价）的农村贫困标准计算，毕节市年底农村贫困人口为92.43万人，比上年同期减少23.02万人
铜仁市	2016年，全年共减少贫困人口152566人，其中易地扶贫搬迁脱贫32576人，产业帮扶脱贫78955人，社会保障兜底脱贫6343人，生态补偿脱贫9550人，教育帮扶脱贫25142人。贫困人口发生率由15.54%下降到11.46%，实现159个贫困村出列，巩固了125个贫困乡镇的"减贫摘帽"成果
黔西南州	2016年，全州实现3个贫困乡镇"摘帽"，132个贫困村出列，10.02万贫困人口脱贫
黔南州	2015年，全州减少农村贫困人口20.7万人。完善社会保障体系，帮扶救助一批困难群众。城镇、农村常住居民人均可支配收入增长10.2%和10.8%
安顺市	2017年，全市减少农村贫困人口6.67万人以上，贫困发生率下降到8.4%，西秀区、平坝区将按国定标准退出贫困，137个贫困村按国定标准出列，6个贫困乡镇按省定标准摘帽
黔东南州	2017年，全州减少贫困人口20.01万人，贫困发生率从2016年年底的18.08%下降到13.6%；261个贫困村贫困发生率下降至3%以内，全州贫困村减少到1510个；农民人均可支配收入增长10.6%，达到8388元，圆满完成了2017年度脱贫攻坚各项工作任务

三 旅游基础设施建设飞速发展

旅游基础设施是指为适应游客在旅行游览中的需要而建设的各项物质设施的总称，是发展旅游产业不可缺少的基础条件。旅游基础设施主要包括所有地上和地下开发的建设设施，如供水系统、排污系统、供气系统、供电系统、排水系统、道路、通信网络和许多商业设施（查尔斯·R. 格德纳，2014）。贵州省由于地理环境的限制，交通、通信等基础设施一直是制约经济快速发展的短板。但是，随着全域旅游的全力推进和农村产业革命向的纵深发展，贵州省相关旅游基础设施得到了飞速发展。

(一) 公路

公路资金的投入，使贵州省公路里程数逐年递增，为全域旅游的发展奠定了基础。如图3-10所示，贵州省公路线路的里程总数由2012年的164542千米增加到2016年的191626千米，增加了27084千米。贵州省公路线路里程数所占长度最长的是村级道路，村级道路在2015—2016年出现了下降的趋势，如图3-11所示，由2015年的134600千米下降到2016年的79744千米，2016年比2015年减少40.8%。而全省的省道、县道、乡道公路里程数逐年增加，其中增长最快的是乡道，尤其是在2015年到2016年，增加了27315千米，2016年比2015年增加了147.6%。

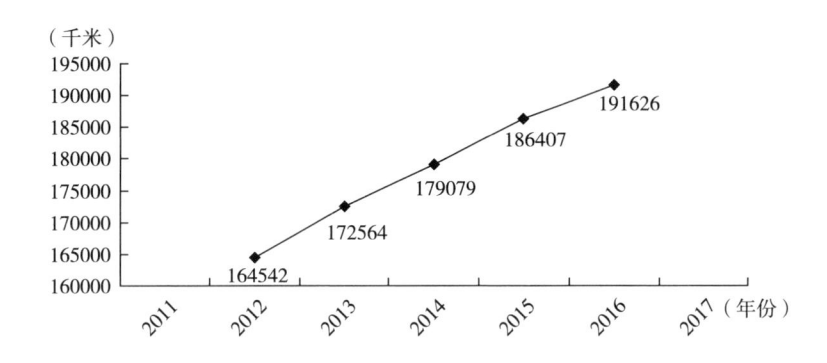

图3-10　贵州省公路线路里程总数

资料来源：2012—2016年《贵州统计年鉴》。

由此可见，县县通高速，村村有乡道，组组有硬化的贵州省公路交通网已经不再成为经济发展的主要制约因素。公路里程数的快速增加，打开了贵州对外"走出去"，对内"引进来"的发展大门，为贵州省整合各个地区的资源发展全域旅游奠定了基础。但是要以旅游带动各个乡村的经济发展，实现各个乡与村、村与村互联互通，增加村民的经济收入，仍然需要继续加强村道的建设。

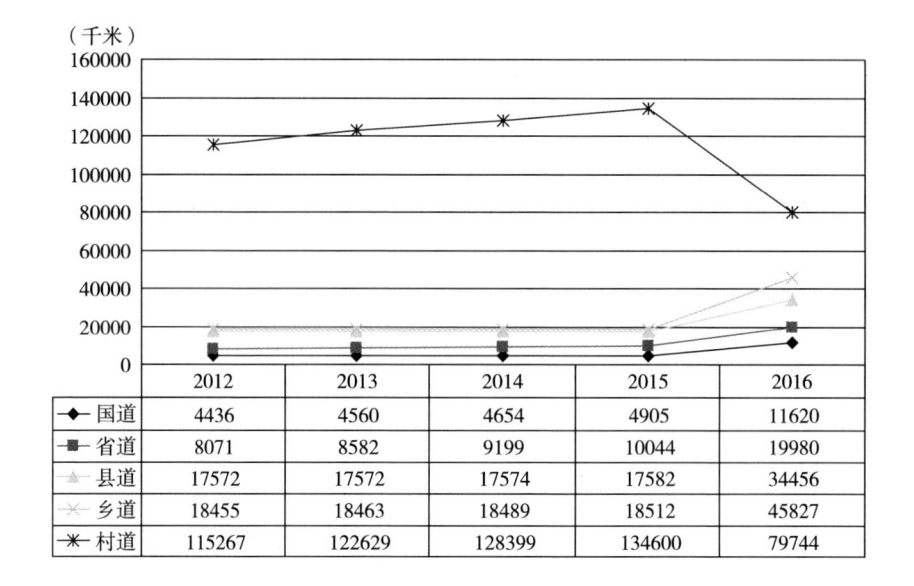

	2012	2013	2014	2015	2016
国道	4436	4560	4654	4905	11620
省道	8071	8582	9199	10044	19980
县道	17572	17572	17574	17582	34456
乡道	18455	18463	18489	18512	45827
村道	115267	122629	128399	134600	79744

图 3-11 贵州省公路线路里程总数（按行政等级划分）

资料来源：2012—2016 年《贵州统计年鉴》。

（二）铁路

在铁路运输方面，铁路线路的里程数与公路线路里程数的长度相比较短，但同样是逐年增长的。如图 3-12 所示，由 2012 年的 2058 千米增长到 2016 年的 3270 千米，增长率为 12.27%，同比增长 16.4%。随着贵州省高铁时代的到来，2014 年，贵州省首条高速铁路贵广高铁建成通车，贵阳市到广州市的旅行时间缩短到 4 个小时，贵州迈入了高铁时代。2015 年，沪昆高铁贵州东段正式开通，贵州省由此融入了全国高铁这张大网，极大地缩短了贵州省与中部和东部城市的时间和距离。2017 年，黔渝高铁全线正式通车，贵阳市到重庆市的时间缩短为 2 个小时。贵州省铁路大通道的建设，提高了运营能力，扩大了路网的覆盖面，使贵州省旅游业的发展具备了良好的发展前景。2019 年，贵阳市直达成都市的高铁也通车，川黔通道已经迎来高铁的畅通，意味着贵州省已经成为西南重要交通枢纽，东西南北全面贯通高铁，进入了高铁助力经济跨越式发展的新时代。

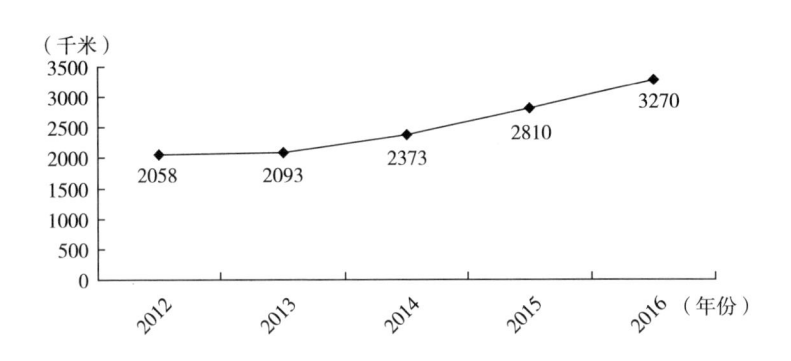

图 3-12　贵州省铁路线路里程总数

资料来源：2012—2016年《贵州统计年鉴》。

（三）航空

在航空方面，如表3-9所示，贵州省的机场个数由2012年的6个增长到2014年的10个。2013年，建成了遵义、黄平、毕节、六盘水等机场，形成了以贵阳龙洞堡机场为枢纽的"一枢九支"新格局，机场直线距离100千米范围内民航运输覆盖80%以上的县级行政单位和90%以上的人口。2014—2016年机场个数基本持平，但是通航城市、运输航班、进出港旅客逐年增长，通航城市由2012年的59个上升到2016年的92个，增加了33个。其中，2016年，贵州省陆续开通了贵阳至韩国航线共计4条，分别为贵阳—仁川、贵阳—釜山、贵阳—济州、贵阳—清州。2016年，贵州省接待韩国游客47743人次，

表 3-9　　　　　　　贵州省民用航空运输情况

年份	机场个数（个数）	通航城市（个数）	运输航班（架次）	进出港旅客（万人次）
2012	6	59	81928	890.99
2013	9	68	107450	1125.46
2014	10	81	140219	1420.68
2015	10	81	155688	1563.28
2016	10	92	186999	1873.81

资料来源：2012—2016年《贵州统计年鉴》。

同比增长103.1%。截至2016年年底，贵阳市龙洞堡机场已通航国内72个城市、通航国际及地区20个城市，开通国内航线152条、国际地区航线21条。进出港旅客人数，在2012年仅有890.99万人次，2016年增加到1873.81万人次。

（四）通信

一是贵州省加大对通信基础设施的投入。仅在2015年，贵州省已完成通信基础设施投资351亿元，占三年500亿元投资目标的70%。同时贵州省实行信息基础设施与城乡建设、重点工程项目同步规划、同步设计、同步施工、同步验收"四同步"，深入开展"满格贵州"行动。截至2016年年底，全省3G/4G基站总数达到11.63万个，高速公路3G/LTE信号覆盖率达到99.3%，已实现高铁沿线4G信号全覆盖，城区消除信号盲区、盲点和弱覆盖点12737个。

二是"光网贵州""宽带乡村"等建设持续推进。截至2016年，贵州省互联网出省带宽能力5280GbpS，城市地区互联网宽带接入端口中20M及以上端口数达到971万个，占互联网宽带接入端口数的比重达到88.7%，同比增长49.8%。农村地区互联网宽带接入端口中4M及以上端口数达到176.5万个，同比增长9.0%。高速率宽带、光纤宽带的能力提升明显，助力游客来黔旅游满意度的提升。

三是贵州省不断推进无线监测配套设施的建设。2016年，投入建设固定监测站33座，累计监测时间3590小时，出动移动监测车10辆，累计监测时间613小时，全省固定和移动监测共计保存有效数据1.21TB。全年检测无线电发射设备51台（套），为贵州境内高铁沿线、机场和部队等新建雷达站址电磁环境测试12次，无线监测实施的投入建设，极大地提升了游客的旅游安全系数。

综上所述，全域旅游整合了贵州省各地市州的旅游资源，统筹了区域的协调发展，打开了贵州省旅游发展的市场，成为促进经济发展新常态下"稳增长、调结构、增就业、惠民生"的新引擎。贵州省全域旅游实现了旅游资源的扩容，把一些新兴资源挖掘出来，扩展了旅游发展的空间和市场竞争的实力，以100个景区建设为核心，融入健康养生、休闲体验等新型旅游方式，凸显了田园风光和乡村旅游的发展优势。另外，贵州省将各个区域之间的旅游资源进行了合理的规划布局，避免"同质化"，实现了旅游目的地吸引物发展的多样化、互补化，促进了旅游产业全域化的协同发展，实现了各大参与主体之间的联合，打造出了具有生态、休闲、文化、创意等特色产业体系，走出了"政府主导""企业主导""村民主导""联合合作"多种全域旅游助力反贫困的模式，并通过旅游产业与其他产业的深度融合，促进了贵州省旅游经济的快速增长，基础设施建设不断完善，精准脱贫工作的效果十分突出。总之，贵州省这几年全域旅游的发展建设，汇聚了社会各界的力量，提高了人民的生活水平，当地居民逐步踏上了全面建成小康社会的致富之路。

第四章

贵州省全域旅游助力反贫困的实证研究

第一节 测评指标体系的设计

根据前文理论基础分析,贵州省全域旅游助力反贫困指标构建是一个动态的系统工程。建立衡量指标体系是评价贵州省全域旅游助力反贫困实施成效的测评工具,其设计的科学性直接影响评估结果的准确性。评价指标选取的原则是以尽量少的指标,反映最主要和最全面的信息。因此,按照系统性、科学性、可行性、可操作性的原则,结合相关学术研究已有成果,将全域旅游助力反贫困的指标筛选出来,如表4-1所示。

表4-1　　　　全域旅游助力反贫困的测评指标体系

编码	一级指标	编码	二级指标	指标性质
A	全域旅游发展基础	A1	旅游资源网点布局	正指标
		A2	旅游资源吸引能力	正指标
		A3	生活设施建设情况	正指标
		A4	服务设施配套情况	正指标
		A5	交通网络架构情况	正指标
		A6	安全设施建设情况	正指标

续表

编码	一级指标	编码	二级指标	指标性质
B	全域旅游反贫模式	B1	政府主导	正指标
		B2	居民自营	正指标
		B3	企业经营	正指标
		B4	多方联合	正指标
C	贫困家庭参与能力	C1	可参与旅游人口	正指标
		C2	旅游政策知晓度	正指标
		C3	旅游参与积极度	正指标
		C4	旅游发展认识度	正指标
D	参与旅游就业情况	D1	劳动参与	正指标
		D2	资本参与	正指标
		D3	资金参与	正指标
		D4	自主创业	正指标
E	全域旅游反贫效果	E1	旅游经济规模	正指标
		E2	生态环境保护	正指标
		E3	居民生活水平	正指标
		E4	社区社会风气	正指标
		E5	持续生计状况	正指标

一 "全域旅游发展基础"指标的阐释

全域旅游发展基础是贵州省全域旅游助力反贫困的重要前提。全域旅游助力反贫困是将区域内所有旅游资源整合优化，形成有市场吸引力的旅游目的地，它涵括人文旅游资源与自然旅游资源。在政治、经济、文化、社会和生态各个要素都满足全域旅游发展的前提条件之下，全域旅游助力反贫困才有了可持续的发展。全域旅游发展基础既包括单个景区旅游的发展要素，也包括旅游目的地之间形成的旅游经济圈。全域旅游发展基础主要包括旅游资源网点布局、旅游资源吸引能力、生活设施建设情况、服务设施配套情况、交通网络架构情况、安全设施建设情况六个方面的建设。

（一）旅游资源网点布局

旅游资源网点布局指的是全域旅游发展条件下，充分了解人文旅游资源和自然旅游资源的分布情况。了解旅游资源网点布局主要是针对全域旅游建设一个旅游资源要素库的储存，这个要素库是打造区域旅游景区的关键性吸引物。在全域旅游发展背景下，这个要素库所储存的旅游资源与传统的观光旅游资源不一样，这些旅游资源有了全新的定义，观光只是满足一部分的游客需要，更多的特点是个性化和新奇化，或者说是休闲化。日益沉重的工作生活，忙碌的游客急需一片能提供他们享受生活的旅游目的地，追求轻松和独特是当前客源市场的需求。

这里所指的旅游资源包括三个方面：一是自然资源。自然资源一般是指地理生态环境的宜人气候、奇花异石、绿水青山、秀林良木等自然景观。二是文化资源。文化资源一般是指特色的民间工艺、风俗节庆、文字语言、服饰歌舞、建筑餐饮、祭祀礼节等人文景观。三是设计创造。所谓设计创造吸引物就是当具有一定自然和人文资源基础，但不够凸显特色，经过旅游规划和设计，人工创造出的特色吸引物，例如生态农艺、歌舞表演、奇特工艺等。

（二）旅游资源吸引能力

旅游资源吸引能力指的是旅游目的地所拥有的旅游资源对游客的吸引程度。全域旅游发展背景下，旅游资源的吸引能力直接反映该区域未来环境发展的情况，影响该地区旅游收入，从而影响全域旅游助力反贫困的效果。旅游资源的吸引力影响因素主要包括两个方面：一是旅游目的地本身旅游资源的丰富性和独特性。丰富的旅游资源是区域发展旅游经济得天独厚的条件，如贵州省的黄果树瀑布、安徽省的黄山、广西壮族自治区桂林的漓江等。它们是自然界的馈赠，是可遇不可求的神奇，这样的旅游资源不用人工的雕刻便是游客所向往的美景。旅游资源本身散发的魅力是旅游资源强大吸引力的表现。二是媒体的传播增添的一份神秘感，旅游资源的吸引能力不仅仅只是依靠本身所拥有要素的特色吸引，还包括人为的包装与传播，这也能增强旅游资源的吸引能力。媒体的传播既包括传统媒体电视、广播、报纸的宣传，又包括微信、微博、直播软件等自媒体的宣传。另外，近年来影视剧、电影拍摄地的宣传影响力也不容小觑。

（三）生活设施建设情况

生活设施是指区域内能满足居民现代生活的基础设施。全域旅游不同于普通单个旅游景区建设，它包含了一个社区内居民生活系统，故而生活设施建设也应包含在全域旅游发展建设所需的基础设施之中。现代生活设施建设情况主要包含七个方面：一是教育设施，教育设施指的是社区内学校的幼儿教育、基础教育、高职教育、高等教育等。二是医疗卫生设施，以保障居民或游客的医疗卫生需求，在旅游目的地医疗保障是必需的，这是确保游客生命安全的必要手段之一。三是文化体育设施，社区内应建有一定规格的体育娱乐设施和文化设施，如篮球场、足球场、网球场、图书馆、阅览室等。四是商业服务设施，满足社区商业条件基础，建设一些贸易商场、社区超市、生活商圈等。五是金融邮电设施，设置银行、邮局、快递服务点等，方便居民和游客办理金融邮电业务。六是社区服务设施，建立社区服务中心方便居民和游客能在社区内享受公共福利。七是行政管理设施，主要是保障社区内社会治理问题的解决，社区可设立街道办事处、派出所与巡察等机构。

（四）服务设施配套情况

一个地区要发展旅游，服务设施配套十分重要，它决定了该地区前期旅游建设需要投入的资金，以满足旅游星级景区建设的标准和要求。对于贫困村寨而言，前期配套基础设施比较薄弱，是打造旅游产业的首要难题。配套基础设施主要包括以下三个方面：一是基本生活设施，即人们日常生活所需的水、电、煤气、通信信号、互联网络等现代生活必备的基础设施。二是公共卫生设施，包括公共厕所、医疗救护站、公共垃圾桶等。三是旅游接待设施，包括酒店、宾馆、农家乐等满足游客住宿需求的设施。

（五）交通网络架构情况

交通网络架构情况是评估旅游是否能实现规模经济效益的重要指标。交通网络的便捷性直接决定了游客在前往旅游目的地体验途中的舒适程度，也影响着旅游景区体验的总体效果和景区发展的水平。除此之外，景区离主要交通网络站点距离的远近，也是影响景区旅游发展的重要因素。较长路程的颠簸,会降低在景区体验的舒适度。一般景区离主要站点超过一小时的车程,会逐渐影响到景区的体验感。因此,对于西部少数民族地区而言,交通网络建设主要包括公路网覆盖率、高铁站距离、火车站距离、飞机场距离、轮渡港距离等几个方面,它是衡量一个地方旅游开发潜力的重要指标之一。

(六)安全设施建设情况

安全设施建设情况是评价全域旅游助力反贫困是否能实现的重要决定因素。全域旅游助力反贫困发展,主要还是依靠乡村旅游建设,其根本目的地是在农村,或者说是经济发展较为慢速的乡村。尽管乡村振兴战略一直在积极响应,然而在乡村安全设施建设情况仍存在一些隐患,主要包括以下三个方面:一是乡村道路安全隐患仍未解决,乡村道路的通达性随着旅游业的发展已有了很大的改善,但是在安全系数上仍需重视,在乡村有些道路缺少警示牌,例如进入村庄的路口,应安置提示游客"前方有村庄,请减速慢行"此类的交通标识牌。二是留守的孤寡老人由于缺少年轻人照顾在使用煤气、煤球时,可能存在安全隐患。另外,不规范化的液化气置换点也是乡村当前安全隐患之一,居民对这些安全防范知识了解较少,使这种隐患爆发的可能性增强。三是发展旅游所需的一些旅游安全设施缺乏,包括应急滑梯、救护器材、消防器材、安全标识等。

二 "全域旅游反贫模式"指标的阐释

全域旅游反贫模式是指全域旅游在以实现助力旅游目的地脱贫致富为现实目标时各利益相关者参与旅游事业发展的关系状态。全域旅游反贫模式是全域旅游助力反贫困的直接动力。全域旅游反贫模式主要依赖于人为手段,依托旅游资源,全面规划旅游发展方式,这种规划是以反贫困为主要目的开展的,保障社区内贫困人口的根本利益是全域旅游助力反贫困的主要方向。全域旅游反贫模式主要包括四个方面的内容,即政府主导、居民自营、企业经营和多方联合。

(一)政府主导

在全域旅游助力反贫困的实现路径上,政府主导型模式注重国家和地方相关政府在贫困地区旅游扶贫开发中的主导地位,从政策制定、资金投入、产业调整以及项目开发运营和后期监督、协调社会利益团体阶段，政府都承担重要角色与占据核心地位，政府主导型模式在全域旅游助力反贫困开发工作中应主要构造良好的旅游发展环境，协调旅游企业与地方居民之间的权益，同时以政策引领地方脱贫致富。政府主导型旅游扶贫策略的优势在一定程度上避免了完全由市场自身缺陷而导致出现的旅游扶贫漏损现象，同时提倡政府主导并不是完全不依靠市场，若在全域旅游助力反贫困过程中单纯依靠政府是达不到反贫目标的。

（二）居民自营

自主经营型模式即社区居民主导的全域旅游助力反贫困模式。社区自主经营社区旅游开发和运营管理乡村旅游的模式，自主经营模式与政府主导和居民参与的经营模式完全不同，有着自身的特色，如在自主经营型中采用工分制管理模式来经营旅游。这种"全民参与、民主决策"为贫困地区全域旅游助力反贫困提供了另外一条可以参考的道路。居民自营模式的直接优势是居民能得到更大的旅游利润，实现区域共同致富。然而这种模式存在一些弊端，乡村居民专业素养不足以支撑一个产业的可持续发展，更何况是涉及多产业融合发展的旅游业，资金融合因素也是极大的困扰。居民自营模式是全域旅游发展反贫困最理想的状态，这需要政府和其他组织的全力协助才有实现的可能。

（三）企业经营

企业经营型全域旅游助力反贫困的实施过程中，注重企业的主体地位，强调企业自身的核心位置，企业在全域旅游助力反贫困中担任总指挥，通过自身经营活动的开展，为贫困者提供就业岗位，助力地方脱贫。在全域旅游助力反贫困中，企业经营主要包括三个方面：一是负责旅游资源与旅游项目的规划、开发和考核。二是向旅游市场提供产品或服务。三是负责经营收益的分配。然而以企业经营为主导的反贫困模式，企业以市场化运作为主要手段，以利益最大化为追求目标，如果较少考虑贫困人口的脱贫致富问题，容易出现权利失衡与利益分配不均的问题，不利于反贫困事业的推进。为此，有学者提出建立利益协调机制和分配机制系统，搭建全域旅游的投入产出效率和利益的均衡点，帮助提高居民满意度和营造良好的景区环境，提高景区社区居民的参与积极性，这是企业经营中应考虑的重要问题。

（四）多方联合

多方联合型模式强调鼓励社会各方力量共同参与全域旅游发展。这种发展模式一般是由政府、企业、当地居民、社会组织等多方合作形成的旅游开发模式，其优点是充分调动社会各界参与贫困地区旅游发展的积极性，更好地挖掘贫困地区旅游发展潜力，提高旅游产品或服务的供给能力，实现社会参与度高、居民投资旅游风险小、景区发展速度快的全域旅游发展的共赢局面。

三 "贫困家庭参与能力"指标的阐释

贫困家庭参与能力指的是贫困家庭能参与到全域旅游助力反贫困开发中的能力高低情况。贫困家庭参与能力是评估全域旅游助力反贫困的重要指标之一。贫困家庭参与性强的区域在一定程度上能更快推动全域旅游发展助力脱贫的实现，保障贫困人口在全域旅游经济中分配到更多的经济利益。贫困家庭参与能力的评估主要包括四个方面，即可参与旅游人口、旅游政策知晓度、旅游参与积极度和旅游发展认识度。

（一）可参与旅游人口

可参与旅游人口指的是在全域旅游发展过程中，贫困家庭参与到旅游建设中的人数。可参与旅游人口的统计直接反映了贫困家庭的劳动数量。参与旅游建设能解决部分农村闲置劳动力问题，尤其是留守老人和文化知识缺乏妇女的劳动力问题。他们通过旅游产品或服务的参与，劳动力可以得到充分利用，改变了以往农业种植为主的微薄收入。旅游开发能够为常年在外务工的精壮劳动力提供就业机会，吸引他们参与到家乡的旅游开发中来，获得稳定的劳动收入。

（二）旅游政策知晓度

旅游政策知晓度是指贫困家庭在全域旅游助力反贫困过程中对旅游相关政策的了解程度。调查旅游政策知晓度能有助于了解到贫困家庭参与旅游开发的意愿。政府政策支持是对旅游目的地发展全域旅游的直接动力源泉，能鼓励贫困人口积极参与到旅游开发中来。当前旅

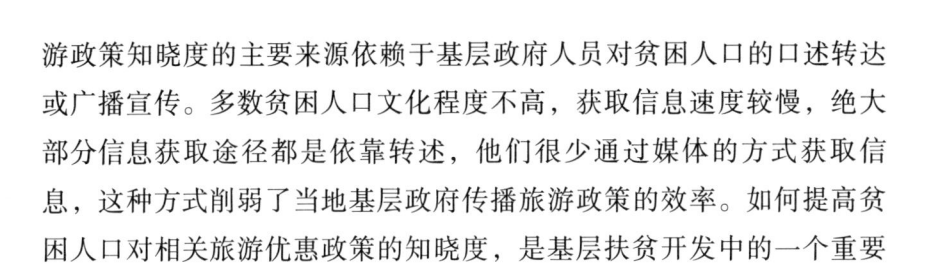

游政策知晓度的主要来源依赖于基层政府人员对贫困人口的口述转达或广播宣传。多数贫困人口文化程度不高，获取信息速度较慢，绝大部分信息获取途径都是依靠转述，他们很少通过媒体的方式获取信息，这种方式削弱了当地基层政府传播旅游政策的效率。如何提高贫困人口对相关旅游优惠政策的知晓度，是基层扶贫开发中的一个重要工作。

（三）旅游参与积极度

旅游参与积极度指的是贫困家庭在全域旅游助力反贫困过程中的主观意愿和行为表现的情况。旅游参与积极指标直接反映了贫困家庭参与全域旅游发展的状态，它是全域旅游发展过程中贫困家庭是否积极响应旅游开发的重要方面。旅游参与积极度也反映了贫困人口对旅游开发的支持程度，包含贫困人口对旅游开发的支持意愿。

（四）旅游发展认识度

旅游发展认识度指的是全域旅游助力反贫困过程中贫困人口对旅游发展的认知情况。旅游发展认识度能间接反映旅游发展在贫困家庭人口心中的支持态度。贫困家庭对旅游发展的认知主要依靠三种方式：一是直接获取信息方式，他们通过媒体介绍，了解到旅游开发能改善生活条件，提供大量就业机会，得到较高的经济收入。二是通过他人的转述，有些贫困家庭对信息获取来源有限，他们自身对旅游开发的认知缺乏，在通过与他人交谈时，能获知旅游发展带来的影响。三是通过直观感受，在旅游发展过程中，贫困家庭大多数对旅游发展是持观望态度，在旅游发展过程中他们会对旅游开发作出评估，这能直接增强其对旅游发展的认知度。

四 "参与旅游就业情况"指标的阐释

参与旅游就业是指全域旅游助力反贫困过程中贫困人口参与到旅游中的就业情况，这个指标能直接反映全域旅游助力反贫困工作的效益。参与旅游就业能让贫困人口得到获取旅游收入的机会，促使该区域提高收入水平，进而实现反贫困。参与旅游就业情况主要包括四个方面，即劳动参与、资本参与、资金参与和自主创业。

（一）劳动参与

劳动参与指的是全域旅游发展反贫困过程中贫困人口以劳动形式参与。全域旅游发展是基于旅游产业发展为主导的多产业融合发展，这个客观事实决定了全域旅游发展能给当地贫困人口带来大量的就业机会，当地居民可以用劳动形式参与到旅游开发中。

（二）资本参与

资本参与指的是全域旅游发展反贫困过程中贫困人口以资本的形式参与。贫困人口以资本参与旅游开发主要是依托于他们拥有的不动资产、土地资源等。在旅游开发中，涉旅企业前来投资，需要将旅游目的地资源进行优化配置，会涉及贫困地区相关用地和房屋问题。因此，资本参与的形式主要包括两个方面：一是房屋、土地、园林等不动产售卖给他人。二是通过租赁不动产的方式获取股份或者租金。

（三）资金参与

资金参与指的是全域旅游发展反贫困过程中贫困人口以资金的形式参与到旅游开发中。贫困人口资金参与方式主要包括三个方面：一是村集体投资，以村集体为单位，投资集体经营。二是投资企业参与获得股权分红，将空闲的资金投入旅游企业开发项目中获取股份。三是投资亲戚朋友，在小本创业中获得经济回馈。

（四）自主创业

自主创业指的是全域旅游发展反贫困过程中贫困人口的创业情况。在全域旅游发展相关产业中，贫困人口自主创业的领域主要包括住宿行业、餐饮行业、零售超市、导游服务、休闲娱乐行业等方面。

五 "全域旅游反贫效果"指标的阐释

全域旅游反贫效果指的是全域旅游助力脱贫成绩的表现。它直观反映了全域旅游助力反贫困的建设情况，主要包括旅游经济规模、生态环境保护、居民生活水平、社区社会风气、维持生计状况五个方面。

（一）旅游经济规模

全域旅游投资建设后，需要对旅游经济发展总体情况进行观测评

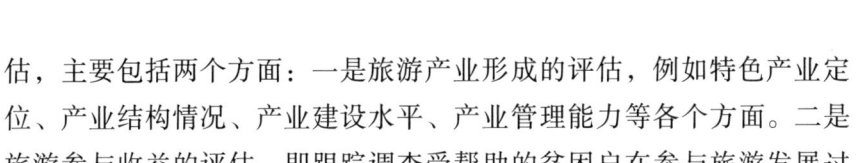

估，主要包括两个方面：一是旅游产业形成的评估，例如特色产业定位、产业结构情况、产业建设水平、产业管理能力等各个方面。二是旅游参与收益的评估，即跟踪调查受帮助的贫困户在参与旅游发展过程中，对参与人数多少、实质获得的收益如何、预期目的是否达到等情况进行了解掌握。

（二）生态环境保护

全域旅游发展可以进一步改善贫困村落的居住环境。特色乡村旅游对环境的打造有着更高的要求。评估全域旅游助力反贫困需要把环境保护提上议程，即帮扶过程中不应该以破坏环境为代价，而是要更好地改造和保护所处环境。因此，对于旅游环境的保护措施，不仅需要用环境保护法律条文来禁止人们的破坏行为，而且需要对违规行为进行有效监督。

（三）居民生活水平

居民生活水平指的是全域旅游助力反贫困过程中居民的生活水平变化情况。全域旅游助力反贫困的根本目的就是提高居民生活水平，了解居民的生活水平是否得以变化提升，是对全域旅游助力反贫困效果观测的关键指标之一。

（四）社区社会风气

社区社会风气是指通过旅游发展实现社会矛盾最小化和公共利益最大化的状态。社区社会风气提高的明显表现就是社区经济纠纷、个人冲突、集体矛盾等社会矛盾的减少，以及当地居民安居乐业能够为游客提供放心舒适的良好社会环境。

（五）持续生计状况

持续生计状况指全域旅游助力反贫困过程中社区居民能保障可持续生计，减少再次陷入贫困的状况。部分居民会出现短暂脱贫，但在缺乏稳定性收入的情况下，也会再次返回贫困，主要原因包括以下三个方面：一是接受就业能力培训不完整，难以获得持续性的就业机会。二是出现突发性的重大经济损失，难以继续参与旅游建设。三是旅游经济发展不景气，相关行业收入大幅度减少，对劳动岗位进行裁员等。

第二节 指标权重与测评标准

一 基于 AHP 分析法的一级指标权重的确定

指标权重初步确定采用的方法是 AHP 层次分析法。由 AHP 层次分析法要求的层次化和条理化,得出递阶层次结构,构建全域旅游助力反贫困的测评指标体系的层次模式。依据层次模型分析软件 YAAHP 制作专家调查问卷,并调查相关领域 10 名专家,收回有效问卷 10 份,根据专家打分的 AHP 层次分析法确定的一级指标权重为最终结果,如表 4-2 所示。

表 4-2 　　基于 AHP 分析法的一级指标权重的确定

编码	分配权重（AHP）				
一级指标	全域旅游发展基础（A）	全域旅游反贫模式（B）	贫困家庭参与能力（C）	参与旅游就业情况（D）	全域旅游反贫效果（E）
	0.5252	0.0446	0.0482	0.1690	0.2130

二 基于因子分析法的二级指标权重的确定

为了进一步科学判断指标体系的权重,根据设计的实证调查问卷（见附录二）,课题组对贵州省贵安新区车田景区进行了试调查,发放问卷 200 份,收回有效问卷 166 份,根据实证问卷调查数据,用 SPSS 软件进行因子分析确定二级指标权重,以便更客观地获得二级指标权重的数值。

表 4-3、表 4-4 是对应一级指标"全域旅游发展基础（A）"及其包含的 6 个二级指标的因子分析结果输出。

根据公式 $N_j = \sum_{i=1}^{k} m_i \times | M_{ij} |$ 计算每一个因子的权重,并进行归一化处理得到指标权重,如表 4-5 所示。(其中,N_j 表示乘积,$| M_{ij} |$ 表示第 j 个因子对应的主成分因子得分 M_i 的绝对值,m_i 表示 >1 的特征根)

表4-3 "全域旅游发展基础"（A）解释的总方差

成分	初始特征值			提取平方和载入		
	合计	方差占比	累计占比	合计	方差占比	累计占比
1	3.140	52.339	52.339	3.14	52.339	52.339
2	0.950	15.837	68.176			
3	0.719	11.988	80.164			
4	0.486	8.108	88.272			
5	0.405	6.755	95.026			
6	0.298	4.974	100			

表4-4 "全域旅游发展基础"（A）成分得分系数矩阵

因子 j	A 指标	主成分（i=1）
		因子得分 M_{ij}（或 M_{1j}）
1	旅游资源网点布局	0.203
2	旅游资源吸引能力	0.222
3	生活设施建设情况	0.202
4	服务设施配套情况	0.260
5	交通网络架构情况	0.248
6	安全设施建设情况	0.241

注：其中，i=1, 2, …, k 且 k 为特征根>1的主成分个数，j=1, 2, …, n 且 n 为一级指标对应二级指标个数。

表4-5 "全域旅游发展基础"（A）因子分析权重

因子 j	特征根 m_i（i=1）	A 指标	因子得分 $\|M_{1j}\|$	乘积 N_j	权重（归一化后）
1	3.140（>1）	旅游资源网点布局	0.203	0.63742	0.14752907
2	0.950（<1）	旅游资源吸引能力	0.222	0.69708	0.161337209
3	0.719（<1）	生活设施建设情况	0.202	0.63428	0.146802326
4	0.486（<1）	服务设施配套情况	0.260	0.81640	0.188953488
5	0.405（<1）	交通网络架构情况	0.248	0.77872	0.180232558
6	0.298（<1）	安全设施建设情况	0.241	0.75674	0.175145349
合计				4.32064	1

表4-6、表4-7分别是一级指标"全域旅游反贫模式（B）"及其包含的4个二级指标的因子分析结果输出。根据公式 $N_j = \sum_{i=1}^{k} \sum_{j=1}^{n} m_i \times |M_{ij}|$ 计算每一个因子的权重，并进行归一化处理得到指标权重，如表4-8所示。

表4-6   "全域旅游反贫模式"（B）解释的总方差

成分	初始特征值			提取平方和载入		
	合计	方差占比	累计占比	合计	方差占比	累计占比
1	2.231	55.779	55.779	2.231	55.779	55.779
2	1.083	27.077	82.856	1.083	27.077	82.856
3	0.577	14.414	97.270			
4	0.109	2.730	100.000			

表4-7   "全域旅游反贫模式"（B）成分得分系数矩阵

因子j	B指标	主成分（i=2）	
		因子得分 M_{ij}（或 M_{1j}）	因子得分 M_{ij}（或 M_{2j}）
1	政府主导	-0.195	0.725
2	居民自营	0.521	-0.107
3	企业经营	0.504	-0.064
4	多方联合	0.047	0.515

注：其中，i=1,2,…,k且k为特征根>1的主成分个数，j=1,2,…,n且n为一级指标对应二级指标个数。

表4-8   "全域旅游反贫模式"（B）因子分析权重

因子j	特征根 m_i（i=2）	B指标	因子得分 $\|M_{1j}\|$	因子得分 $\|M_{2j}\|$	乘积 N_j	权重（归一化后）
1	2.231（>1）	政府主导	0.195	0.725	1.220220	0.280202
2	1.083（>1）	居民自营	0.521	0.107	1.278232	0.293523
3	0.577（<1）	企业经营	0.504	0.064	1.193736	0.274120
4	0.109（<1）	多方联合	0.047	0.515	0.662602	0.152155
合计					4.35479	1

表4-9、表4-10分别是一级指标"贫困家庭参与能力（C）"及其包含的4个二级指标的因子分析结果输出。根据公式 $N_j = \sum_{i=1}^{k}\sum_{j=1}^{n} m_i \times |M_{ij}|$ 计算每一个因子的权重，并进行归一化处理得到指标权重，如表4-11所示。

表4-9　　"贫困家庭参与能力"（C）解释的总方差

成分	初始特征值			提取平方和载入		
	合计	方差占比	累计占比	合计	方差占比	累计占比
1	2.039	50.979	50.979	2.039	50.979	50.979
2	0.934	23.361	74.341			
3	0.591	14.78	89.121			
4	0.435	10.879	100			

表4-10　　"贫困家庭参与能力"（C）成分得分系数矩阵

因子j	C指标	主成分（i=1）
		因子得分 M_{ij}（或 M_{1j}）
1	可参与旅游人口	0.401
2	旅游政策知晓度	0.396
3	旅游参与积极度	0.185
4	旅游发展认识度	0.372

注：其中，i=1, 2, …, k且k为特征根>1的主成分个数，j=1, 2, …, n且n为一级指标对应二级指标个数。

表4-11　　"贫困家庭参与能力"（C）因子分析权重

因子j	特征根 m_i（i=1）	C指标	因子得分 $\|M_{1j}\|$	乘积 N_j	权重（归一化后）
1	2.039（>1）	可参与旅游人口	0.401	0.817639	0.29616
2	0.934（<1）	旅游政策知晓度	0.396	0.807444	0.292467
3	0.591（<1）	旅游参与积极度	0.185	0.377215	0.136632
4	0.435（<1）	旅游发展认识度	0.372	0.758508	0.274742
		合计		2.760806	1

表4-12、表4-13分别是一级指标"参与旅游就业情况（D）"及其包含的4个二级指标的因子分析结果输出。根据公式 $N_j = \sum_{i=1}^{k}\sum_{j=1}^{n} m_i \times |M_{ij}|$ 计算每一个因子的权重，并进行归一化处理得到指标权重，如表4-14所示。

表4-12　　"参与旅游就业情况"（D）解释的总方差

成分	初始特征值			提取平方和载入		
	合计	方差占比	累计占比	合计	方差占比	累计占比
1	2.303	57.580	57.580	2.303	57.580	57.580
2	0.738	18.459	76.039			
3	0.551	13.769	89.807			
4	0.408	10.193	100.000			

表4-13　　"参与旅游就业情况"（D）成分得分系数矩阵

因子 j	D 指标	主成分（i=1）
		因子得分 M_{ij}（或 M_{1j}）
1	劳动参与	0.319
2	资本参与	0.333
3	资金参与	0.346
4	自主创业	0.319

注：其中，i=1, 2, …, k且k为特征根>1的主成分个数，j=1, 2, …, n且n为一级指标对应二级指标个数。

表4-14　　"参与旅游就业情况"（D）因子分析权重

因子 j	特征根 m_i（i=1）	D 指标	因子得分 $|M_{1j}|$	乘积 N_j	权重（归一化后）
1	2.303（>1）	劳动参与	0.319	0.734657	0.242217
2	0.738（<1）	资本参与	0.333	0.766899	0.252847
3	0.551（<1）	资金参与	0.346	0.796838	0.262718
4	0.408（<1）	自主创业	0.319	0.734657	0.242217
		合计		3.033051	1

表 4-15、表 4-16 分别是一级指标"全域旅游反贫效果（E）"及其包含的 5 个二级指标的因子分析结果输出。根据公式 $N_j = \sum_{i=1}^{k} \sum_{j=1}^{n} m_i \times |M_{ij}|$ 计算每一个因子的权重，并进行归一化处理得到指标权重，如表 4-17 所示。

表 4-15　"全域旅游反贫效果"（E）解释的总方差

成分	初始特征值			提取平方和载入		
	合计	方差占比	累计占比	合计	方差占比	累计占比
1	2.345	46.898	46.898	2.345	46.898	46.898
2	1.077	21.544	68.442	1.077	21.544	68.442
3	0.676	13.515	81.957			
4	0.601	12.029	93.985			
5	0.301	6.015	100.000			

表 4-16　"全域旅游反贫效果"（E）成分得分系数矩阵

因子 j	E 指标	主成分（i=2）	
		因子得分 M_{ij}（或 M_{1j}）	因子得分 M_{ij}（或 M_{1j}）
1	旅游经济规模	0.198	0.252
2	生态环境保护	0.008	0.468
3	居民生活水平	0.493	-0.078
4	社区社会风气	-0.252	0.631
5	持续生计情况	0.535	-0.192

注：其中，i=1，2，…，k 且 k 为特征根 >1 的主成分个数，j=1，2，…，n 且 n 为一级指标对应二级指标个数。

表 4-17　"全域旅游反贫效果"（E）因子分析权重

因子 j	特征根 m_i（i=2）	E 指标	因子得分 $|M_{1j}|$	因子得分 $|M_{2j}|$	乘积 N_j	权重（归一化后）
1	2.345（>1）	旅游经济规模	0.198	0.252	0.735714	0.140659
2	1.077（>1）	生态环境保护	0.008	0.468	0.522796	0.099952
3	0.676（<1）	居民生活水平	0.493	0.078	1.240091	0.237089
4	0.601（<1）	社区社会风气	0.252	0.631	1.270527	0.242908

续表

因子 j	特征根 m_i (i=2)	E 指标	因子得分 $\|M_{1j}\|$	因子得分 $\|M_{2j}\|$	乘积 N_j	权重（归一化后）
5	0.301（<1）	持续生计状况	0.535	0.192	1.461359	0.279393
合计					5.230487	1

综上所述，二级指标分配权重汇总表，如表4-18所示。

表4-18　基于因子分析法的二级指标权重的确定

编码	一级指标	编码	二级指标分配权重	权重
A	全域旅游发展基础	A1	旅游资源网点布局	0.1475
		A2	旅游资源吸引能力	0.1613
		A3	生活设施建设情况	0.1468
		A4	服务设施配套情况	0.1890
		A5	交通网络架构情况	0.1802
		A6	安全设施建设情况	0.1751
B	全域旅游反贫模式	B1	政府主导	0.2802
		B2	居民自营	0.2935
		B3	企业经营	0.2741
		B4	多方联合	0.1522
C	贫困家庭参与能力	C1	可参与旅游人口	0.2962
		C2	旅游政策知晓度	0.2925
		C3	旅游参与积极度	0.1366
		C4	旅游发展认识度	0.2747
D	参与旅游就业情况	D1	劳动参与	0.2422
		D2	资本参与	0.2528
		D3	资金参与	0.2627
		D4	自主创业	0.2422
E	全域旅游反贫效果	E1	旅游经济规模	0.1407
		E2	生态环境保护	0.1000
		E3	居民生活水平	0.2371
		E4	社区社会风气	0.2429
		E5	持续生计状况	0.2794

三 指标体系最终权重的确定

根据 AHP 层次分析法确定的一级、二级指标权重，与对试调查问卷数据采用 SPSS 因子分析法得到的权重，二者取平均值，得到最终的指标体系权重，如表 4-19 所示。

表 4-19　全域旅游助力反贫困的测评指标体系的最终权重

编码	一级指标分配权重（AHP）	编码	二级指标	SPSS 权重
A	全域旅游发展基础 0.5252	A1	旅游资源网点布局	0.1475
		A2	旅游资源吸引能力	0.1613
		A3	生活设施建设情况	0.1468
		A4	服务设施配套情况	0.1890
		A5	交通网络架构情况	0.1802
		A6	安全设施建设情况	0.1751
B	全域旅游反贫模式 0.0446	B1	政府主导	0.2802
		B2	居民自营	0.2935
		B3	企业经营	0.2741
		B4	多方联合	0.1522
C	贫困家庭参与能力 0.0482	C1	可参与旅游人口	0.2962
		C2	旅游政策知晓度	0.2925
		C3	旅游参与积极度	0.1366
		C4	旅游发展认识度	0.2747
D	参与旅游就业情况 0.1690	D1	劳动参与	0.2422
		D2	资本参与	0.2528
		D3	资金参与	0.2627
		D4	自主创业	0.2422
E	全域旅游反贫效果 0.2130	E1	旅游经济规模	0.1407
		E2	生态环境保护	0.1000
		E3	居民生活水平	0.2371
		E4	社区社会风气	0.2429
		E5	持续生计状况	0.2794

四 指标体系测评的标准

根据评价要素层的权重数据，由表 4-19 可知，全域旅游助力反贫困的测评指标体系的数学表达公式为：

$$M_{总} = W_A W_{A均} + W_B W_{B均} + W_C W_{C均} + W_D W_{D均} + W_E W_{E均}$$

其中，$W_{A均}$、$W_{B均}$、$W_{C均}$、$W_{D均}$、$W_{E均}$ 分别是 A、B、C、D、E 对应二级指标的求分总和。根据测评指标的数学含义，基于问卷调查数据，以测评调查全域旅游助力反贫困的调查对象的感知状况，问卷调查采用李克特五点量表。评价因子层每一个指标，对应问卷的每一个问题（见附录二）。其五点量表计分范围 $X = \{1, 2, 3, 4, 5\}$ 进行计分，数值分别是"非常同意""比较同意""同意""不同意""非常不同意"五个答案所代表的评分。总评分得分数值越大，不同意倾向越高。统计时，采用取均值衡量的方式计分，即平均值 $W_{均}$，代表每一个因子对在模式中的得分为 $W_{均}$。按照统计后的分数，代入上述评价数学公式，最终获得模式验证的总计分，进行全域旅游助力反贫困的感知状态评价。归一化处理后，模式计分范围为：$1 \leq M_{总} \leq 5$，即模式总平计分的取值范围，即所有调查对象问卷的总平均计分。计分层次按照最高分减去最低分差额进行划分，共计五个层次，表4-20为统计结果计分档次参照表。

表4-20　　　　　　　　统计结果计分档次参照

分档计分	模式评分范围	分数含义
$1 \leq M_{总} \leq Z \times 0.2 + 1$	$1 \leq M_{总} \leq 1.8$	第一层：非常匹配
$Z \times 0.2 < M_{总} \leq Z \times 0.4 + 1$	$1.8 < M_{总} \leq 2.6$	第二层：比较匹配
$Z \times 0.4 < M_{总} \leq Z \times 0.6 + 1$	$2.6 < M_{总} \leq 3.4$	第三层：初步匹配
$Z \times 0.6 < M_{总} \leq Z \times 0.8 + 1$	$3.4 < M_{总} \leq 4.2$	第四层：不匹配
$Z \times 0.8 < M_{总} \leq Z + 1$	$4.2 < M_{总} \leq 5$	第五层：非常不匹配
备注	$M_{总}$是指被验证调查地点全域旅游助力反贫困的测评总分；Z是归一化后的评分最大差值，即评分最高5分，最低1分，因此$Z=4$。	

第一层为非常匹配，表示调查地全域旅游助力反贫困符合设计指标，非常具有全域旅游助力反贫困的典型特征，超过80%的指标获得调查对象的肯定和支持。

第二层为比较匹配，表示调查地全域旅游助力反贫困比较符合设计指标，比较具有全域旅游助力反贫困的特征，60%—80%的指标获得调查对象的肯定和支持。

第三层为初步匹配，表示调查地全域旅游助力反贫困基本符合设计指标，初步具有全域旅游助力反贫困的特征，40%—60%的指标获得调查对象的肯定和支持。

第四层为不匹配，表示调查地全域旅游助力反贫困不符合设计指标，仅有20%—40%的指标获得调查对象的肯定和支持。

第五层为非常不匹配，表示调查地全域旅游助力反贫困非常不符合设计指标，不到20%的指标获得调查对象的肯定和支持。

第三节　案例调查与数据分析

一　六盘水普古乡的调查与分析

（一）案例背景

普古乡又名普古彝族苗族乡，位于贵州省六盘水市盘州市北部，人口分布主要以汉族、彝族、苗族为主。普古乡少数民族人口占据76%之多，民族色彩交织成普古乡独特的人文色彩。盘州市被国家旅游局命名为"全域旅游示范区"，普古乡是盘州全域旅游规划中不可缺失的旅游目的地开发区。普古乡坐拥天生桥、落水洞以及六车河大峡谷等著名景区，丰富的旅游资源和良好的旅游发展基础为普古乡发展全域旅游提供了源源不断的动力。普古乡也建立了若干个农业生态保护区，"旅游+农业"模式是普古乡的主要发展模式，以产业带动经济增长的方式为普古乡脱贫致富提供了动力，2016年普古乡共有605户1867人脱贫，人均收入达8627元，全面小康实现程度达到90.45%。

（二）描述性统计分析与评分

基于研究计划，调研组于2017年7月4日至14日前往普古乡发放问卷200份，收回有效问卷178份。在收回的有效问卷中，男性占据115份，女性占据62份。在参与调查者年龄层方面，18岁以下被调查者占比为 10.67%，19—30 岁被调查者占比为 38.2%，31—60 岁被调查者占比为 46.07%，61 岁及以上被调查者占比为 5.06%，且参与调查者均为符合法定劳动年龄的成年人。调查对象的基本属性如表 4-21、表 4-22、表 4-23 所示。

表 4-21 六盘水普古乡调查对象的年龄×受教育程度交叉制表

项目			受教育程度					合计
			不识字	小学	初中	高中	大专及以上	
年龄	18 岁以下	计数	0	0	8	10	1	19
		(%)	0.00	0.00	42.1	53.63	5.26	100.00
	19—30 岁	计数	0	1	7	28	32	68
		(%)	0.00	1.47	10.29	41.18	47.06	100.00
	31—60 岁	计数	0	11	40	18	13	82
		(%)	0.00	13.41	48.78	21.95	15.85	100.00
	61 岁及以上	计数	0	9	0	0	0	9
		(%)	0.00	100.00	0.00	0.00	0.00	100.00
	合计	计数	0	21	55	56	46	178
		(%)	0.00	11.8	30.9	31.46	25.84	100.00

表 4-22 六盘水普古乡调查对象的年龄×本地居住时间交叉制表

项目			本地居住时间					合计
			不满 1 年	1—3 年	4—6 年	7—9 年	10 年以上	
年龄	18 岁以下	计数	0	0	0	1	18	19
		(%)	0.00	0.00	0.00	5.56	94.44	100.00
	19—30 岁	计数	17	1	10	19	21	68
		(%)	25	1.47	14.71	27.94	30.88	100.00
	31—60 岁	计数	1	2	0	31	48	82
		(%)	1.22	2.44	0.00	37.8	58.54	100.00
	61 岁及以上	计数	0	0	0	0	9	9
		(%)	0.00	0.00	0.00	0.00	100.00	100.00
	合计	计数	18	3	10	51	86	178
		(%)	10.11	1.69	5.62	28.65	48.31	100.00

表4-23　　六盘水普古乡调查对象的年龄×工作情况交叉制表

项目			工作情况						合计
			上学	在家务农	公务员事业单位	乡镇企业打工	个体工商户	其他	
年龄	18岁以下	计数	18	1	0	0	0	0	19
		(%)	94.74	5.26	0.00	0.00	0.00	0.00	100.00
	19—30岁	计数	25	4	3	19	16	1	68
		(%)	36.76	5.88	4.41	27.94	23.53	1.47	100.00
	31—60岁	计数	1	15	8	27	30	1	82
		(%)	1.22	18.29	9.76	32.93	36.59	1.22	100.00
	61岁及以上	计数	0	9	0	0	0	0	9
		(%)	0.00	100.00	0.00	0.00	0.00	0.00	100.00
合计		计数	44	29	11	46	46	2	178
		(%)	24.71	16.29	6.18	25.84	25.84	1.12	100.00

从以上交叉制表中可以看出，被调查对象文化程度主要集中在初中及以下，占被调查者总人数的42.7%；被调查者在盘州市普古乡居住时间超过7年的占76.96%，工作情况为公务员事业单位、乡镇企业打工和个体工商户的被调查者，分别占6.18%、25.84%和25.84%。调查对象对当地发展有比较清楚的认识，其基本属性符合普古乡的人口结构比例和乡落人口成分的基本情况，基本人口统计特征符合调查的预期。另外，根据调查数据，对普古乡进行描述性统计分析，如表4-24所示。

表4-24　　六盘水普古乡调查结果的描述性统计和计分

指标	均值	标准差	分析N	一级指标计分	一级指标权重
旅游资源网点布局	1.78	0.840	178		
旅游资源吸引能力	2.47	0.669	178		
生活设施建设情况	2.65	0.607	178	1.95	0.5252
服务设施配套情况	2.53	0.779	178		
交通网络架构情况	2.81	0.752	178		
安全设施建设情况	2.74	0.814	178		

续表

指标	均值	标准差	分析 N	一级指标计分	一级指标权重
政府主导	2.70	0.724	178		
居民自营	2.62	0.806	178	1.42	0.0446
企业经营	2.77	0.742	178		
多方联合	2.81	0.745	178		
可参与旅游人口	2.80	0.754	178		
旅游政策知晓度	3.35	0.639	178	1.52	0.0482
旅游参与积极度	2.27	0.643	178		
旅游发展认识度	2.90	0.766	178		
劳动参与	2.42	0.804	178		
资本参与	2.61	0.711	178	1.53	0.1690
资金参与	2.69	0.700	178		
自主创业	2.77	0.812	178		
旅游经济规模	1.92	0.616	178		
生态环境保护	2.55	0.653	178		
居民生活水平	2.93	0.587	178	1.62	0.2130
社区社会风气	2.71	0.835	178		
持续生计状况	2.99	0.702	178		

$$M_{总} = W_A W_{A均} + W_B W_{B均} + W_C W_{C均} + W_D W_{D均} + W_E W_{E均}$$

$$= 0.5252 \times 1.95 + 0.0446 \times 1.42 + 0.0482 \times 1.52 + 0.1690 \times 1.53 + 0.2130 \times 1.62$$

$$= 1.764366$$

$$\approx 1.76$$

根据前文设计的评价计分档，$1 < M_{总} \leq 1.8$ 属于非常匹配档，表示贵州省六盘水市普古乡全域旅游助力反贫困现状非常符合设计指标，具有全域旅游助力反贫困的特征，超过80%的指标获得调查对象的肯定和支持。

（三）结构方程分析

首先是样本信度和效度分析。采用 Cronbach's Alpha 系数对178

份量表进行信度检验,如表 4-25 所示。结果显示:Cronbach's Alpha 系数为 0.884,表明数据具有较高信度。

表 4-25　　六盘水普古乡调查结果的可靠性统计量

Cronbach's Alpha	项数
0.884	23

检验变量之间偏相关性的 KMO 统计量数值为 0.652,如表 4-26 所示,表明各变量之间的相关程度无较大差异。Bartlett's 球形度检验的 F 值等于 0.000,说明数据存在良好的结构效度。

表 4-26　　六盘水普古乡调查结果的 KMO 和 Bartlett's 检验

取样足够度的 Kaiser-Meyer-Olkin 度量		0.652
Bartlett's 球形度检验	近似卡方	2047.330
	df	253
	Sig.	0.000

其次是概念模型的建立。一是依据层次分析法的一级、二级指标的设定,确定模型的潜在变量以及观察变量。二是在综合权威的相关研究成果及决策理论的基础上,进行因素构念间关系的设定。三是运用 Amos 软件进行模型的多次拟合检验与修正,并确定最终的概念模型路径图。

再次是影响因素初始概念模型的建立。依据全域旅游发展基础、全域旅游反贫模式、参与旅游就业情况、贫困家庭与能力、全域旅游反贫效果五个潜在变量进行初始路径设定,如表 4-27 所示。

最后是模型运算评价。通过导入五点式李克特量表的问卷调查数据,对初始概念模型进行运算验证,并根据结果进行不断调整和修正,最终得到六盘水普古乡全域旅游助力反贫困影响因素模型(如图 4-1 所示)和模型拟合度指数表(如表 4-28 所示)。

表4-27 六盘水普古乡问卷数据的结构路径图和基本路径假设

设计的结构路径图	基本路径假设
	（1）全域旅游发展基础对全域旅游反贫困模式有路径影响 （2）全域旅游发展基础对贫困家庭参与能力有路径影响 （3）全域旅游发展基础对全域旅游反贫效果有路径影响 （4）全域旅游反贫模式对贫困家庭参与能力有路径影响 （5）全域旅游反贫模式对参与旅游就业情况有路径影响 （6）全域旅游反贫模式对全域旅游反贫效果有路径影响 （7）贫困家庭参与能力对参与旅游就业情况有路径影响 （8）贫困家庭参与能力对全域旅游反贫效果有路径影响

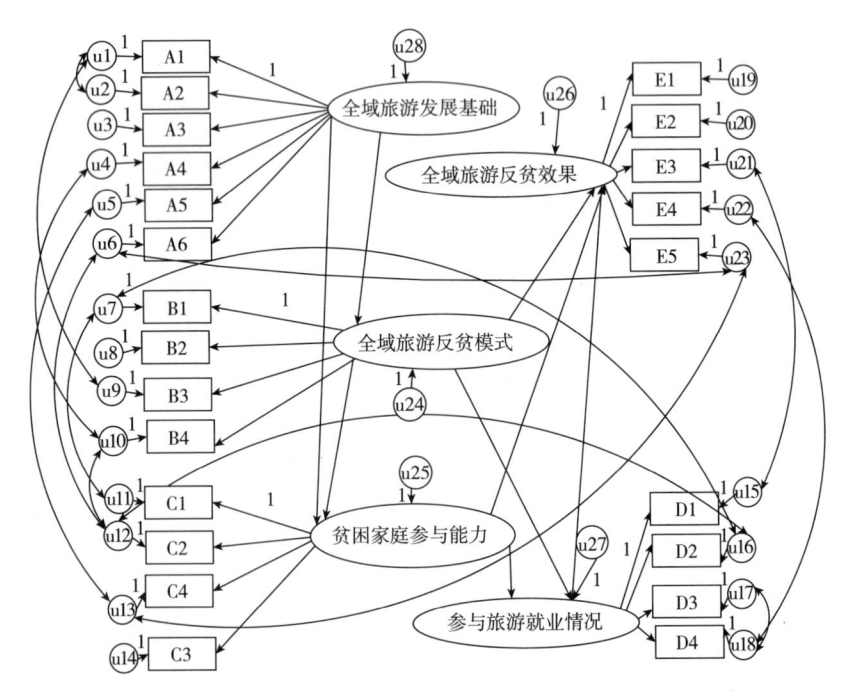

图4-1 六盘水普古乡全域旅游助力反贫困的影响因素模型

表4-28　　　　　六盘水普古乡结构路径模型拟合指数

拟合指数	卡方值（自由度）	CFI	NFI	IFI	RMSEA	AIC	BCC	ECVI
结果	493.4（186）	0.875	0.834	0.835	0.091	634.158	583.143	3.543

结果表明：首先，各显在变量与潜在变量之间路径的标准化参数介于0.138—1.369，且在0.01统计水平上显著，说明各指标对测量模型具有较强解释。其次，初始模型运算结果的各项指数尚可，但从模型参数的显著性检验中可以看出，假设路径"全域旅游反贫模式对全域旅游发展基础""全域旅游反贫效果对贫困家庭参与能力""贫困家庭参与能力对全域旅游反贫模式""参与旅游就业情况对贫困家庭参与能力""全域旅游反贫效果对全域旅游反贫模式"的临界值小于1.96的参考值，且没有达到0.05的显著水平，说明五个假设路径关系可能不成立。最后，全域旅游反贫模式对应的测量指标B2、B3、B4对应方程的测定系数分别为7.677、7.071、4.090，与标准系数相差太大，不在显著范围内。

总结：通过利用Amos软件探索与问卷数据相适配的模型，对其进行分析发现：在结构模型中"全域旅游反贫模式""全域旅游反贫效果"潜变量受到的总效应来源均为"全域旅游发展基础"。"贫困家庭参与能力"潜变量受到的总效应来源于"全域旅游反贫模式""全域旅游发展基础"两个方面，而"参与旅游就业情况"潜变量受到的总效应来源于"贫困家庭参与能力""全域旅游反贫模式"两个方面。在测量模型中，在全域旅游发展基础的测量模型方面，服务设施配套情况和安全设施建设情况对全域旅游发展基础具有突出影响；在全域旅游反贫模式的测量模型方面，居民自营对全域旅游反贫模式具有突出影响；在贫困家庭参与能力的测量模型方面，可参与方式对贫困家庭参与能力具有突出影响；在参与旅游就业情况的测量模型方面，资金参与对参与旅游就业情况具有突出影响；在全域旅游反贫效果的测量模型方面，经济发展情况对全域旅游反贫效果具有突出影响。

因此，根据以上总结分析，提出以下几点建议：一是在发展全域旅游反贫困建设的过程中，要保证全域旅游反贫模式和效果的合理推进，需要加强全域旅游发展基础设施的建设。二是在提高贫困家庭参与能力方面，普古乡应加强村民合作精神，发展旅游产业，更加注重居民自营反贫模式的建立和发展。三是在验收全域旅游反贫效果方面，普古应更加关注经济可持续发展情况。

二 毕节市星宿乡的调查与分析

（一）案例背景

星宿乡位于贵州省毕节市大方县中部，是一个少数民族聚居的贫困地区，居住着汉族、彝族、苗族、白族、布依族、仡佬族等多个民族，拥有的人口总量约为1.49万人，其中彝族、苗族、白族等少数民族人口数量占整个星宿乡人口的51.6%。同时，星宿乡还拥有悬崖峭壁、河流山洞等自然景观，具备气候舒适、环境优美、民风淳朴等特点，是发展旅游的最佳地带。近几年来，星宿乡在政府的引导下，加大了农业产业结构调整和全域旅游发展力度，在农民增收和乡村发展建设方面取得了重大成效。其中，在全域旅游助力反贫困发展方面，星宿乡结合自身的旅游资源禀赋，依据产业发展、景区建设、优质服务、区域管理等全域旅游发展理念，对星宿乡的棕树村、重山村、河山村、麻岭村、云峰村等多个村落进行了高标准、高质量、高品位、高起点的精细规划，推进了全域旅游助力反贫困建设，并在旅游经济发展、生态环境保护、居民生活水平等方面取得了相应成绩。

（二）描述性统计分析与评分

基于研究计划，调研组于2017年5月13日至23日，到星宿乡进行问卷调查。共发放问卷300份，回收有效问卷214份。在有效问卷中，男性占据132份，女性占据82份。在参与调查者年龄层方面，18岁以下被调查者占比为9.8%，19—30岁被调查者占比为36.9%，31—60岁被调查者占比为51.4%，61岁及以上被调查者占比为1.9%，且参与的调查者均是符合法定劳动年龄的成年人。调查对象的基本属性如表4-29、表4-30、表4-31所示。

表4-29　毕节市星宿乡调查对象的年龄×受教育程度交叉制表

项目			受教育程度					合计
			不识字	小学	初中	高中	大专及以上	
年龄	18岁以下	计数	0	0	8	11	2	21
		(%)	0.00	0.00	38.10	52.38	9.52	100.00
	19—30岁	计数	1	1	32	21	24	79
		(%)	1.27	1.27	40.51	26.58	30.37	100.00
	31—60岁	计数	0	11	49	30	20	110
		(%)	0.00	11.30	37.50	31.50	19.60	100.00
	61岁及以上	计数	0	4	0	0	0	4
		(%)	0.00	100.00	0.00	0.00	0.00	100.00
	合计	计数	1	16	89	62	46	214
		(%)	0.48	7.48	41.59	28.97	21.48	100.00

表4-30　毕节市星宿乡调查对象的年龄×本地居住时间交叉制表

项目			本地居住时间					合计
			不满1年	1—3年	4—6年	7—9年	10年以上	
年龄	18岁以下	计数	1	0	1	2	17	21
		(%)	4.76	0.00	4.76	9.52	80.96	100.00
	19—30岁	计数	10	7	11	15	36	79
		(%)	12.66	8.86	13.92	18.99	45.57	100.00
	31—60岁	计数	2	3	9	26	70	110
		(%)	1.82	2.73	8.18	23.64	63.63	100.00
	61岁及以上	计数	0	0	0	0	4	4
		(%)	0.00	0.00	0.00	0.00	100.00	100.00
	合计	计数	13	10	21	43	127	214
		(%)	6.07	4.67	9.81	20.09	59.36	100.00

从以上交叉制表中可以看出，被调查对象文化程度主要集中在初中及以下，占被调查者总人数的49.55%；被调查者在毕节市星宿乡居住时间超过了7年的占79.45%，工作情况为在家务农、乡镇企业打工和个体工商户的被调查者，分别占45.8%、13.6%和12.6%。

调查对象对当地发展有比较清楚的认识，其基本属性符合毕节市星宿乡的人口结构比例和乡落人口成分的基本情况，基本人口统计特征符合调查的预期。另外，根据调查数据，进行相关描述性统计分析，如表4-32所示。

表4-31　毕节市星宿乡调查对象的年龄×工作情况交叉制表

项目			工作情况						合计
			上学	在家务农	公务员事业单位	乡镇企业打工	个体工商户	其他	
年龄	18岁以下	计数	17	4	0	0	0	0	21
		(%)	80.95	19.04	0.00	0.00	0.00	0.00	100.00
	19—30岁	计数	16	36	5	13	6	3	79
		(%)	20.25	45.57	6.32	16.45	7.59	3.80	100.00
	31—60岁	计数	1	54	16	16	21	2	110
		(%)	0.91	49.09	14.54	14.54	19.09	1.82	100.00
	61岁及以上	计数	0	4	0	0	0	0	4
		(%)	0.00	100.00	0.00	0.00	0.00	0.00	100.00
	合计	计数	34	98	21	29	27	5	214
		(%)	15.9	45.8	9.8	13.6	12.6	2.3	100.0

表4-32　毕节市星宿乡调查结果的描述性统计与计分

指标	均值	标准差	分析N	一级指标计分	一级指标权重
旅游资源网点布局	1.86	0.840	178	1.82	0.5252
旅游资源吸引能力	2.35	0.669	178		
生活设施建设情况	2.48	0.607	178		
服务设施配套情况	2.36	0.779	178		
交通网络架构情况	2.43	0.752	178		
安全设施建设情况	2.47	0.814	178		
政府主导	2.57	0.724	178	1.44	0.0446
居民自营	2.52	0.806	178		
企业经营	2.61	0.742	178		
多方联合	2.92	0.745	178		

续表

指标	均值	标准差	分析N	一级指标计分	一级指标权重
可参与旅游人口	2.79	0.754	178		
旅游政策知晓度	3.21	0.639	178	1.52	0.0482
旅游参与积极度	1.97	0.643	178		
旅游发展认识度	2.64	0.766	178		
劳动参与	2.58	0.804	178		
资本参与	2.51	0.711	178	1.47	0.1690
资金参与	2.44	0.700	178		
自主创业	2.55	0.812	178		
旅游经济规模	2.08	0.616	178		
生态环境保护	2.64	0.653	178		
居民生活水平	2.54	0.587	178	1.57	0.2130
社区社会风气	2.90	0.835	178		
持续生计情况	2.81	0.702	178		

$$M_{总} = W_A W_{A均} + W_B W_{B均} + W_C W_{C均} + W_D W_{D均} + W_E W_{E均}$$
$$= 0.5252 \times 1.82 + 0.0446 \times 1.44 + 0.0482 \times 1.52 + 0.1690 \times 1.47 + 0.2130 \times 1.57$$
$$= 1.676192$$
$$\approx 1.68$$

根据前文设计的评价计分档，$1 < M_{总} \leq 1.8$ 属于非常匹配档，表示贵州省毕节市星宿乡全域旅游助力反贫困情况非常符合设计指标，具有全域旅游反贫困的特征，超过80%的指标获得调查对象的肯定和支持。

（三）结构方程分析

首先是样本信度和效度分析。采用Cronbach's Alpha系数对214份量表进行信度检验，如表4-33所示。结果显示：Cronbach's Alpha系数为0.884，表明数据具有较高信度。

检验变量之间偏相关性的KMO统计量数值为0.822，如表4-34所示，表明各变量之间的相关程度无大差异。Bartlett's球形度检验的

F 值等于 0.000，说明数据存在良好的结构效度。

表 4-33　　　　　毕节市星宿乡调查结果的可靠性统计量

Cronbach's Alpha	项数
0.884	23

表 4-34　　　　毕节市星宿乡调查结果的 KMO 和 Bartlett's 检验

取样足够度的 Kaiser-Meyer-Olkin 度量		0.822
Bartlett's 球形度检验	近似卡方	2298.430
	df	253
	Sig.	0.000

其次是概念模型的建立。一是依据层次分析法的一级、二级指标的设定，确定模型的潜在变量以及观察变量。二是在综合权威的相关研究成果及决策理论的基础上，进行因素构念间关系的设定。三是运用 Amos 软件进行模型的多次拟合检验与修正，并确定最终的概念模型路径图。

再次是影响因素初始概念模型的建立。依据全域旅游发展路径、治理路径、带动作用等，针对全域旅游发展基础、全域旅游反贫模式、参与旅游就业情况、贫困家庭参与能力、全域旅游反贫效果五个潜在变量进行初始路径设定和初始概念模型构建，如表 4-35 所示。

最后是模型运算评价。通过导入五点式李克特量表的问卷调查数据，对贵州省毕节市星宿乡全域旅游助力反贫困的影响机制的初始概念模型进行运算验证，并进行结构调整和修正，得到最终的影响因素模型（如图 4-2 所示）和模型拟合度指数表（如表 4-36 所示）。

结果表明：一是各显在变量与潜在变量之间路径的标准化参数介于 0.252—0.898，且在 0.01 统计水平上显著，说明各指标对测量模型具有较强解释。二是初始模型运算结果的各项指数尚可，但从模型参数的显著性检验中可以看出，假设路径"全域旅游反贫模式对参与

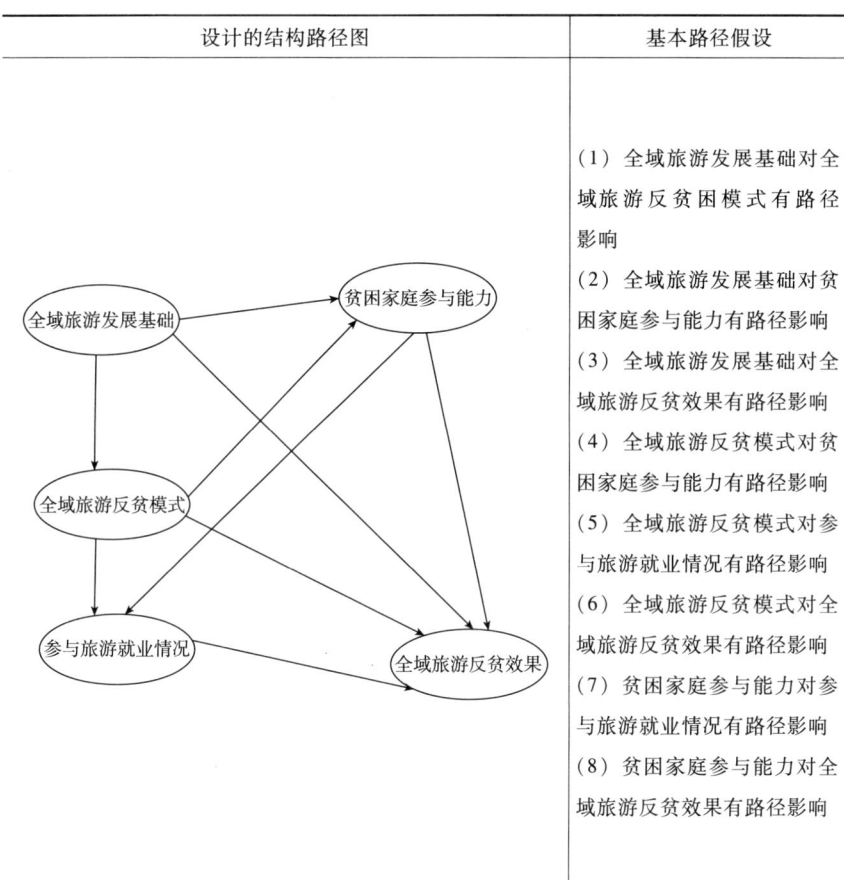

表4-35　毕节市星宿乡设计的结构路径图和基本路径假设

设计的结构路径图	基本路径假设
	（1）全域旅游发展基础对全域旅游反贫困模式有路径影响 （2）全域旅游发展基础对贫困家庭参与能力有路径影响 （3）全域旅游发展基础对全域旅游反贫效果有路径影响 （4）全域旅游反贫模式对贫困家庭参与能力有路径影响 （5）全域旅游反贫模式对参与旅游就业情况有路径影响 （6）全域旅游反贫模式对全域旅游反贫效果有路径影响 （7）贫困家庭参与能力对参与旅游就业情况有路径影响 （8）贫困家庭参与能力对全域旅游反贫效果有路径影响

旅游就业情况存在正向影响""全域旅游反贫模式对全域旅游反贫效果存在负向影响""贫困家庭参与能力对全域旅游反贫效果存在负向影响""参与旅游就业情况对全域旅游反贫效果存在正向影响"的临界值小于1.96的参考值，且没有达到0.05的显著水平，说明四个假设路径关系可能不成立。三是全域旅游反贫模式对应的测量指标B1（政府主导）、全域旅游反贫效果对应的测量指标F4（社区社会风气）对应方程的测定系数分别为0.273、0.252，相对较小。

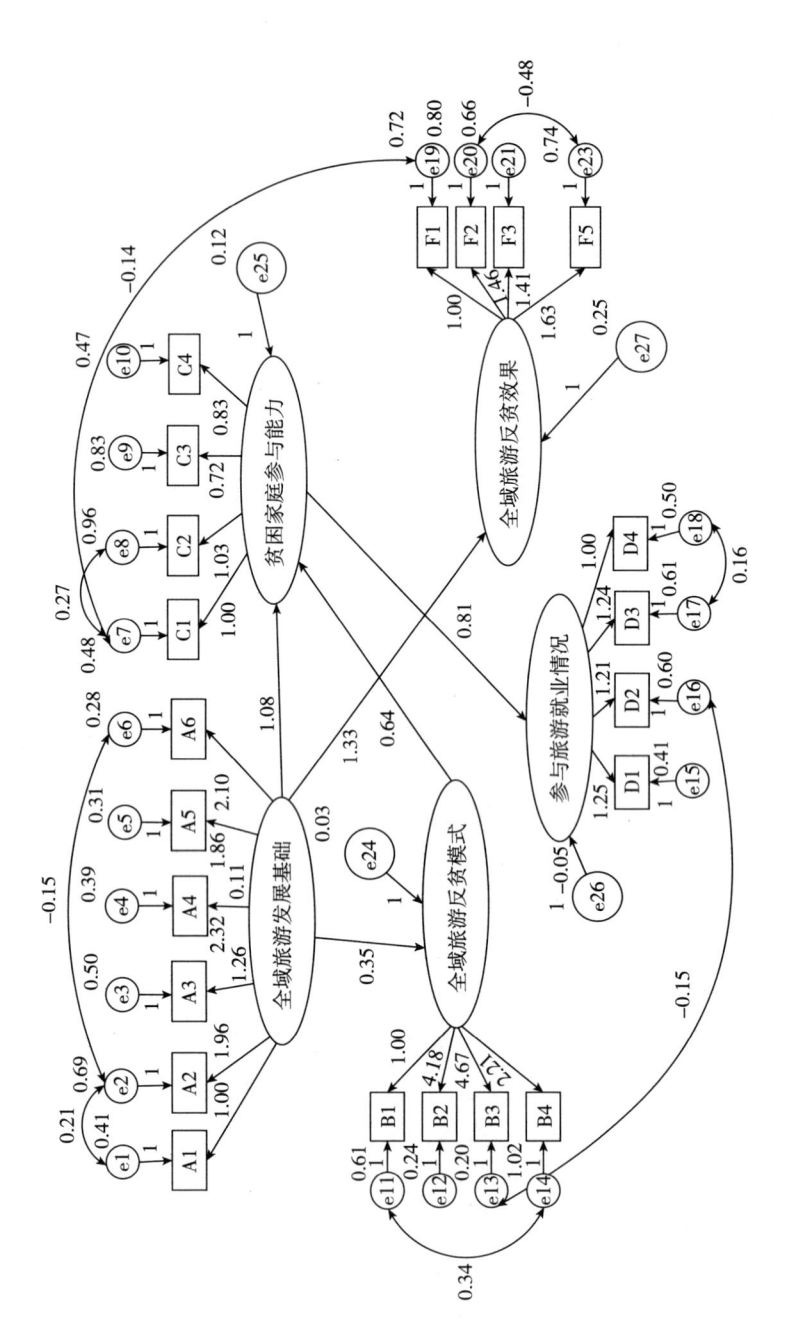

图 4-2 毕节市星宿乡全域旅游助力反贫困的影响因素模型

表4-36　　　　　毕节市星宿乡结构路径模型拟合指数

拟合指数	卡方值（自由度）	CFI	NFI	IFI	RMSEA	AIC	BCC	ECVI
结果	467.9（197）	0.864	0.789	0.866	0.080	579.865	593.423	2.722

总结：通过利用Amos软件探索与问卷数据相适配的模型，对其进行分析发现：

一是在结构模型中，"全域旅游反贫模式""全域旅游反贫效果"潜变量受到的总效应来源均为"全域旅游发展基础"。"贫困家庭参与能力"潜变量受到的总效应来源于"全域旅游反贫模式""全域旅游发展基础"两个方面，而"参与旅游就业情况"潜变量受到的总效应来源于"贫困家庭参与能力""全域旅游反贫模式"两方面。

二是在测量模型中，在全域旅游发展基础的测量模型方面，服务设施配套情况和交通网络架构情况对全域旅游发展基础具有突出影响；在全域旅游反贫模式的测量模型方面，居民自营和企业经营对全域旅游反贫模式具有突出影响；在贫困家庭参与能力的测量模型方面，可参与旅游人口对贫困家庭参与能力具有突出影响；在参与旅游就业情况的测量模型方面，劳动参与对参与旅游就业情况具有突出影响；在全域旅游反贫效果的测量模型方面，持续生计情况对全域旅游反贫效果具有突出影响。

因此，根据以上总结分析，提出以下几点建议：一是在发展全域旅游反贫困建设的过程中，要保证全域旅游反贫模式和效果的合理推进，需要加强全域旅游发展基础设施的建设，尤其需要狠抓服务设施配套建设和交通网络架构。二是在提高贫困家庭参与能力方面，星宿乡应在提高居民自身技术技能的基础上，更加注重居民自营和企业经营两种反贫模式。三是在验收全域旅游反贫效果方面，星宿乡在强调居民增收的同时，应更加关注居民持续生计情况，避免再次陷入贫困。

三　贵阳市花溪区的调查与分析

（一）案例背景

花溪区隶属于贵州省贵阳市，地处黔中腹地，贵阳市南部，东邻黔南州龙里县，西接贵安新区，南连黔南州惠水县、长顺县，北与南明区、观山湖区接壤。花溪区地处长江、珠江分水岭，是贵阳市著名的生态区，先后获得"国家级生态示范区""全国农产品加工业示范基地"等国家级称号。此外，花溪区荣获2017年全域旅游魅力指数排行榜（百代Top20）区县级第一名。花溪景区面积222平方千米，占全区面积的25%。有景物景观81个，其中，自然景观56个、人文景观25个，素有"高原明珠"的美誉，有花溪公园、天河潭、镇山民族文化村、青岩古镇、高坡民族风情游、孔学堂等著名的景区景点，是首批国家全域旅游示范区创建单位。自2014年9月，贵州省、贵阳市作出将花溪打造成文化旅游创新区的战略部署以来，花溪区在国家、省、市旅游部门的精心指导和大力支持下，按照全景式打造、全季节体验、全产业发展、全社会参与、全方位服务、全区域管理的"六全"工作理念，全力推进全域旅游示范区创建工作，全域旅游创建成效明显，旅游人数和旅游收入、景区景点建设、公共服务体系建设等七个方面取得了重大突破，为花溪全域旅游发展开创了新的局面。

（二）描述性统计分析与评分

基于研究计划，调研组于2018年3月1日至10日，在花溪公园、十里河滩、青岩古镇、镇山村等景区进行相关全域旅游助力反贫困的问卷调查。共发放问卷400份，收回有效问卷320份，其中男性196份，女性124份。18岁以下被调查者占总被调查者人口比例为10.9%，19—30岁占34.4%，31—60岁占52.5%，61岁以上占2.2%，调查对象主体为符合法定劳动年龄的成年人。其调查对象的基本属性如表4-37、表4-38、表4-39所示。

从表4-37、表4-38、表4-39可以看出，被调查对象文化程度主要集中在高中及以下，占被调查者总人数的72.4%；被调查者在花溪区居住超过了7年的占83.8%，主要从事职业为乡镇企业打工和个体工商户，分别占24.40%和26.60%。调查对象的基本属性符合花溪区的人口结构比例和人口成分的基本情况，对当地发展有比较清楚的认识，基本人口统计特征符合调查的预期。根据调查数据，贵州花溪区描述性统计分析如表4-40所示。

表4-37　贵阳市花溪区年龄×受教育程度交叉制表

项目			受教育程度					合计
			不识字	小学	初中	高中	大专及以上	
年龄	18岁以下	计数	0	0	7	25	3	35
		(%)	0.00	0.00	20.00	71.40	8.60	100.00
	19—30岁	计数	1	1	13	43	52	110
		(%)	0.90	0.90	11.80	39.10	47.30	100.00
	31—60岁	计数	0	19	63	53	33	168
		(%)	0.00	11.30	37.50	31.50	19.60	100.00
	61岁及以上	计数	0	7	0	0	0	7
		(%)	0.00	100.00	0.00	0.00	0.00	100.00
	合计	计数	1	27	83	121	88	320
		(%)	0.30	8.40	25.90	37.80	27.50	100.00

注：由于四舍五入的原因，合计有可能不等于100%；下同。

表4-38　贵阳市花溪区年龄×本地居住时间交叉制表

项目			本地居住时间					合计
			不满1年	1—3年	4—6年	7—9年	10年以上	
年龄	18岁以下	计数	1	0	0	2	32	35
		(%)	2.90	0.00	0.00	5.70	91.40	100.00
	19—30岁	计数	15	6	16	29	44	110
		(%)	13.60	5.50	14.50	26.40	40.00	100.00
	31—60岁	计数	5	6	3	40	114	168
		(%)	3.00	3.60	1.80	23.80	67.90	100.00
	61岁及以上	计数	0	0	0	0	7	7
		(%)	0.00	0.00	0.00	0.00	100.00	100.00
	合计	计数	21	12	19	71	197	320
		(%)	6.60	3.80	5.90	22.20	61.60	100.00

表 4-39　贵阳市花溪区年龄×工作情况交叉制表

项目			工作情况						合计
			上学	在家务农	公务员事业单位	乡镇企业打工	个体工商户	其他	
年龄	18岁以下	计数	31	4	0	0	0	0	35
		(%)	88.60	11.40	0.00	0.00	0.00	0.00	100.00
	19—30岁	计数	30	4	10	39	23	4	110
		(%)	27.30	3.60	9.10	35.50	20.90	3.60	100.00
	31—60岁	计数	2	38	22	39	62	5	168
		(%)	1.20	22.60	13.10	23.20	36.90	3.00	100.00
	61岁及以上	计数	0	7	0	0	0	0	7
		(%)	0.00	100.00	0.00	0.00	0.00	0.00	100.00
合计		计数	63	53	32	78	85	9	320
		(%)	19.70	16.60	10.00	24.40	26.60	2.80	100.00

表 4-40　贵阳市花溪区调查结果的描述性统计及计分

指标	均值	标准差	分析N	一级指标计分	一级指标权重
旅游资源网点布局	1.86	0.755	320	1.89	0.5252
旅游资源吸引能力	2.31	1.000	320		
生活设施建设情况	2.57	0.854	320		
服务设施配套情况	2.45	1.034	320		
交通网络架构情况	2.67	0.942	320		
安全设施建设情况	2.6	0.981	320		
政府主导	2.63	0.910	320	1.39	0.0446
居民自营	2.54	1.113	320		
企业经营	2.71	1.201	320		
多方联合	2.83	1.179	320		
可参与旅游人口	2.78	1.007	320	1.41	0.0482
旅游政策知晓度	2.97	1.211	320		
旅游参与积极度	2.08	1.014	320		
旅游发展认识度	2.67	0.967	320		

续表

指标	均值	标准差	分析 N	一级指标计分	一级指标权重
劳动参与	2.61	1.011	320	1.50	0.1690
资本参与	2.52	1.038	320		
资金参与	2.53	1.035	320		
自主创业	2.64	0.988	320		
旅游经济规模	2.06	1.049	320	1.58	0.2130
生态环境保护	2.55	1.176	320		
居民生活水平	2.6	1.064	320		
社区社会风气	2.87	1.061	320		
持续生计情况	2.9	1.235	320		

$$M_{总} = W_A W_{A均} + W_B W_{B均} + W_C W_{C均} + W_D W_{D均} + W_E W_{E均}$$

$$= 0.5252 \times 1.89 + 0.0446 \times 1.39 + 0.0482 \times 1.41 + 0.1690 \times 1.50 + 0.2130 \times 1.58$$

$$= 1.712624$$

$$\approx 1.71$$

根据前文设计的评价计分档,$1 < M_{总} \leq 1.8$ 属于非常匹配档,表示花溪区全域旅游助力反贫困情况非常符合设计指标,具有全域旅游反贫困的特征,超过80%的指标获得调查对象的肯定和支持。

(三) 结构方程分析

首先是样本信度和效度分析。采用 Cronbach's Alpha 系数对320份量表进行信度检验,如表4-41所示。结果显示:Cronbach's Alpha 系数为0.855,表明数据具有较高信度。

表4-41　　贵阳市花溪区调查结果的可靠性统计量

Cronbach's Alpha	项数
0.855	23

检验变量之间偏相关性的 KMO 统计量数值为0.770,如表4-42

所示，表明各变量之间的相关程度无较大差异。Bartlett's 球形度检验的 F 值等于 0.000，说明数据存在良好的结构效度。

表4–42　贵阳市花溪区调查结果的 KMO 和 Bartlett's 检验

取样足够度的 Kaiser – Meyer – Olkin 度量		0.770
Bartlett's 球形度检验	近似卡方	2765.345
	df	253
	Sig.	0.000

其次是概念模型的建立。一是依据层次分析法的一级、二级指标的设定，确定模型的潜在变量以及观察变量。二是在综合权威的相关研究成果及决策理论的基础上，进行因素构念间关系的设定。三是运用 Amos 软件进行模型的多次拟合检验与修正，并确定最终的概念模型路径图。

再次是影响因素初始概念模型的建立。依据全域旅游发展路径、治理路径、带动作用等，针对全域旅游发展基础、全域旅游反贫模式、参与旅游就业情况、贫困家庭参与能力、全域旅游反贫效果五个潜在变量进行初始路径设定和初始概念模型构建，如表4–43所示。

最后是模型运算评价。通过导入五点式李克特量表的问卷调查数据，对贵阳市花溪区全域旅游助力反贫困的影响机制的初始概念模型进行运算验证，并经过反复调整和修正，最终得到贵阳市花溪区全域旅游助力反贫困的影响因素模型（如图4–3所示）和模型拟合度指数表（如表4–44所示）。

结果表明：一是各显在变量与潜在变量之间路径大部分在0.01统计水平上显著，极少数不显著，说明各指标对测量模型具有较强解释性。二是初始模型运算结果的各项指数尚可，但从模型参数的显著性检验中可以看出，假设路径"全域旅游反贫模式对全域旅游就业情况存在负向影响""全域旅游发展基础对全域旅游反贫效果存在负向影响""全域旅游反贫模式对全域旅游反贫效果存在负向影响"的临界值小于1.96的参考值，且没有达到0.05的显著水平，说明三个假设路径关系可能不成立。表明模型需要进一步修正,修正后如图 4-3 所示。

表 4-43　　贵阳市花溪区设计的结构路径图和基本路径假设

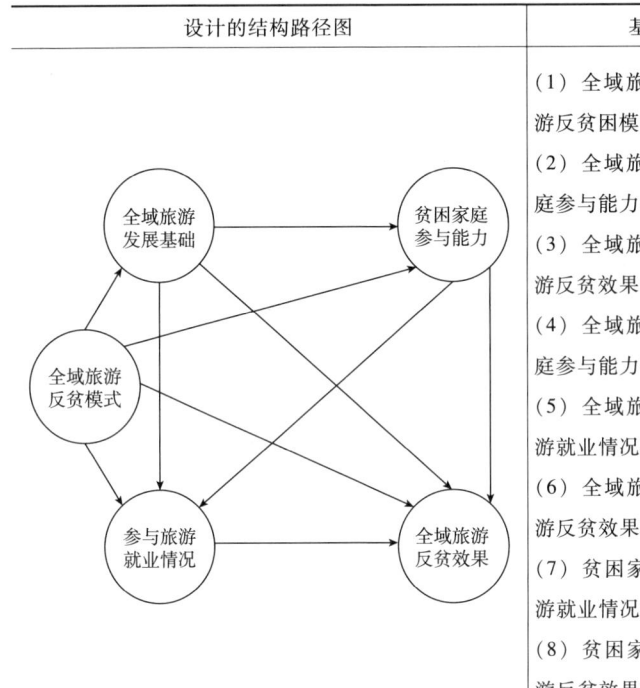

设计的结构路径图	基本路径假设
	(1) 全域旅游发展基础对全域旅游反贫困模式有路径影响 (2) 全域旅游发展基础对贫困家庭参与能力有路径影响 (3) 全域旅游发展基础对全域旅游反贫效果有路径影响 (4) 全域旅游反贫模式对贫困家庭参与能力有路径影响 (5) 全域旅游反贫模式对参与旅游就业情况有路径影响 (6) 全域旅游反贫模式对全域旅游反贫效果有路径影响 (7) 贫困家庭参与能力对参与旅游就业情况有路径影响 (8) 贫困家庭参与能力对全域旅游反贫效果有路径影响

总结:通过利用 Amos 软件探索与问卷数据相适配的模型,对其进行分析发现:花溪区贫困者对贫困居民的旅游参与能力、参与旅游就业及其相互影响力关注度较大,认为加强参与能力,积极参与旅游就业是引领贫困者脱贫致富的关键因素。从各个指标因素分别来看,一是从全域旅游发展基础来看,服务和安全设施配套建设是主要影响因素。二是从全域旅游反贫困模式来看,居民自营和企业经营是主要影响因素。三是从贫困家庭参与能力来看,可参与旅游人口和旅游发展认识度是主要影响因素。四是从参与旅游就业情况来看,劳动参与是主要影响因素。五是从全域旅游反贫效果来看,生态环境保护为主要影响因素。

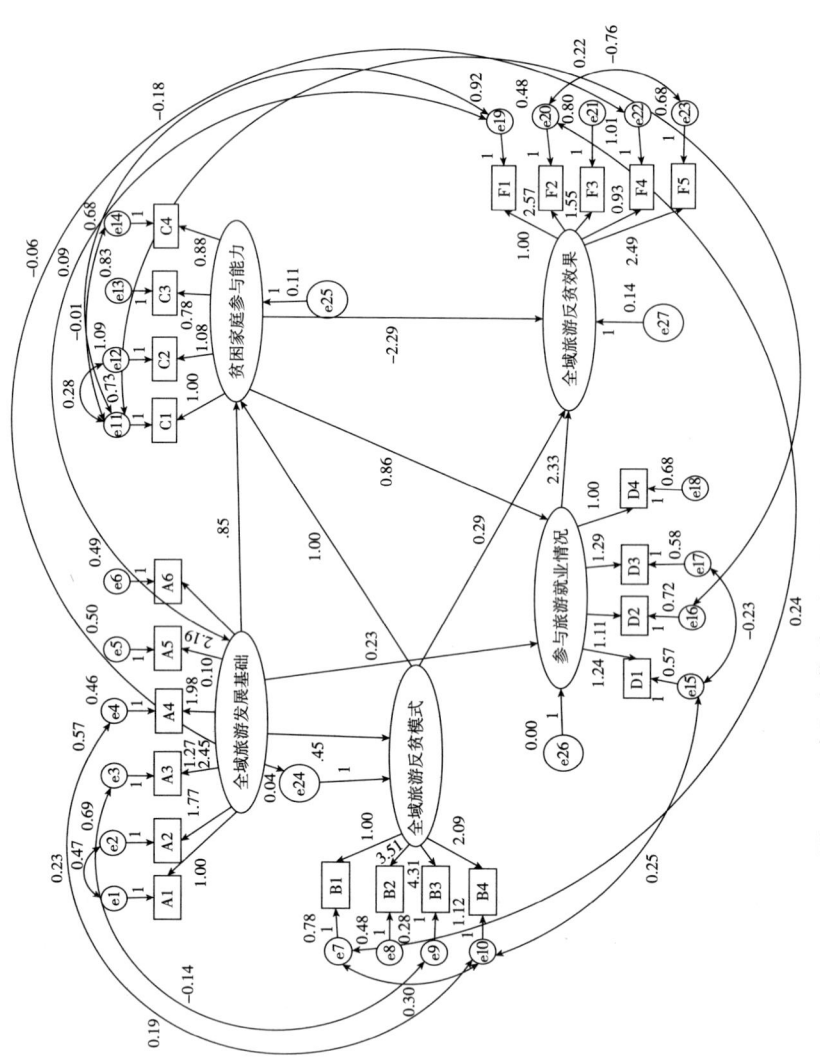

图 4-3 贵阳市花溪区全域旅游助力反贫困的影响因素模型

表4-44　　　　　贵阳市花溪区结构路径模型拟合指数

指数	卡方值（自由度）	CFI	NFI	IFI	RMSEA	AIC	BCC	ECVI
结果	733.201（214）	0.85	0.80	0.80	0.087	857.21	867.28	2.687

基于上述分析，给出以下几点建议：一是加强服务和安全设施配套建设，包括交通服务和安全、住宿服务和安全、餐饮服务和安全设施等方面，着力解决出行、游览、服务等过程中的基础设施建设问题，管控不良个人行为，提高服务水平，力求打造舒适安全的全域旅游综合目的地。二是鼓励企业投资经营旅游，为更多贫困者创造生产性就业岗位，带领贫民依靠自身技能实现自主脱贫，同时加大居民自营扶持力度，灌输自主创业脱贫的正确思想。三是确保可参与旅游人口数量和质量，加大旅游扶贫政策的宣传力度，提高群众知晓度和旅游发展认识度，如"面对面"向贫困户讲解宣传旅游扶贫政策，将其印刷成册向各户分发，定时召开讨论宣传会议等，同时采取了随机抽问、考试的形式检验宣传和学习成效，保证所有贫困户做旅游扶贫政策明白人。四是积极开发农村剩余劳动力，使贫民懂得依靠自己的双手主动脱贫，彻底抛弃"等靠要"的错误思想。五是注重保护旅游地的生态环境，对违规行为进行有效管控和监督，营造文明的旅游环境，优化出行体验，鼓励游客和居民共同促进全域旅游反贫困的进一步发展。

综上所述，基于设计指标体系在盘古乡、星宿乡和花溪区的调查研究，发现设计的指标体系之间，在不同案例地方所存在的结构关系有所不同，但总体上呈现以下结构方程模型的相关内在关系："全域旅游反贫模式""全域旅游反贫效果"潜变量受到的总效应来源均为"全域旅游发展基础"。"贫困家庭参与能力"潜变量受到的总效应来源于"全域旅游反贫模式""全域旅游发展基础"两个方面，而"参与旅游就业情况"潜变量受到的总效应来源于"贫困家庭参与能力""全域旅游反贫模式"两个方面。

模型测评中，在全域旅游发展基础的测量模型方面，服务设施配套情况和安全设施建设情况对全域旅游发展基础具有突出影响；在全域旅游反贫模式的测量模型方面，居民自营对全域旅游反贫模式具有突出影响；在贫困家庭参与能力的测量模型方面，可参与方式对贫困家庭参与能力具有突出影响；在参与旅游就业情况的测量模型方面，资金参与对参与旅游就业情况具有突出影响；在全域旅游反贫效果的测量模型方面，经济发展情况对全域旅游反贫效果具有突出影响。

第四节　研究发现的主要问题

一　全域旅游开发不是全面反贫困开发

反贫困作为扶贫开发工作的发展理念，是以减少贫困人口数量、减缓贫困程度、全面消除贫困为目标的减贫方针。反贫困开发顶层设计作为具体扶贫开发行为的一种指导思想、工作方针，是围绕贫困所涉及的问题而展开的扶贫行动。然而，贫困作为世界性难题，它不仅是传统意义上的经济问题，也是社会、文化、个体发展、组织、区域等各方面综合问题的表现。因此，开展全面反贫困开发，需要进行全方位考量，并依据问题的症结来消除贫困。2016年原国家旅游局提出"全域旅游"概念，并将其定义为在一定区域内，以旅游业为优势产业，进行空间全景化的、系统的旅游开发，以旅游业促进经济和社会发展的一种新的区域发展理念和模式，是一种由旅游统筹地方经济的发展理念，以旅游带动地方经济发展进而带动扶贫开发等反贫困工作的一种革新。由此可知，全域旅游开发与全面反贫困开发还是存在明显差异，不能混为一谈。

伴随着全域旅游发展理念的提出，贵州省结合自身资源禀赋和实际发展情况，提出了全域旅游建设步骤，即"六全理念"工作方针，带动地方经济发展，助力精准脱贫攻坚，即：

一是全景式打造，以开发性保护、系统性和合理性规划布局为原则，实施景区扩大建设、景点增量，打造处处是景区、处处有景点的全域旅游。例如，贵阳市花溪区在全域旅游建设过程中被评为全国全域旅游区县级第一名。

二是全季节体验,依据季节变化特征以及季节性变化的旅游需求市场,设计适合全季节体验的景区景点旅游项目,打造满足游客因季节变化而变化的旅游体验需求的全域旅游。例如,六盘水市夏季推出凉都旅游,冬季推出梅花山国际滑雪场、盘州乌蒙滑雪场等旅游体验项目。

三是全产业发展,结合旅游业关联度高、带动性强、就业渠道多的特点,拥抱大数据、大生态、大扶贫,启动"旅游+"模式,带动餐饮业、接待业、零售业、文化产业、农林业等各方面的发展,打造能够拉动其他产业协调发展的全域旅游。例如,贵阳市通过"爽爽贵阳"旅游品牌的打造,全方位吸引游客带动全产业发展。

四是全方位服务,从旅游的食、宿、行、游、购、娱基本六要素着手,针对饮食、住宿、交通、休闲、娱乐等方面进行优质设计,保障旅游服务质量,为游客提供舒适服务的全域旅游配套基础设施支撑条件。例如,黔东南州的西江千户苗寨,重视民族旅游形式展现与各要素相融合,突出少数民族地区特色旅游的优势。

五是全社会参与,要求政府部门打破旧框架进行新形势下的旅游体制改革,鼓励投资企业参与全域旅游建设,调动居民配合的积极性,倡导游客遵守社会公约、保护全域旅游环境,打造全社会合力参与的全域旅游。例如,黔东南州黎平县肇兴侗寨,政府部门全力通过发展旅游进行地方经济改革创新,并在2018年央视春晚分会场上展现了侗族文化的独特魅力。

六是全区域管理,以提升旅游优质服务为目的,打造集"快""全""活"优势于一体的全域旅游服务体系,助力精准脱贫攻坚。例如,铜仁市在2017年通过"七个突破"构建了铜仁全域旅游发展新格局,以旅游业开发作为扶贫攻坚的突破口,开展了大扶贫、大旅游战略行动,将全市533个适宜发展乡村旅游的村寨分别纳入"全国乡村旅游扶贫工程""贵州省旅游精准扶贫云"系统中进行动态管理,并在一年时间内,以A级景区的辐射带动了30个贫困村、525户贫困户、2312名贫困人口直接从事或参与旅游餐饮、住宿接待等服务工作,减少了贫困人数、缓解了贫困程度。

在肯定成绩的同时，贵州景区建设依然存在全域旅游和全面反贫困在顶层设计定位的差异。也正是因为全域旅游在助力精准扶贫方面获取的显著成效，导致发展全域旅游的思想侧重点常被误解，形成政府主导的认识偏差。在实际的旅游开发中，应该鼓励多方参与旅游开发，形成政府、社会、企业、社区、贫困者、游客联动合作的共建共享型开发模式。在此过程中应着力解决下列现存问题：一是在工作路径设计方面，将全域旅游开发思路停留于传统旅游规划，过度强调旅游部门管理旅游开发，忽视建立政府、企业、游客、当地居民共同参与的大格局。二是在工作内容上，将全域旅游开发等同于全面反贫困开发，忽视了城镇人口、社会发展、文化传播、绿色可持续发展对全域旅游开发的影响。三是在工作方式设计方面，将全域旅游开发视为全面景区景点开发，看重景区景点的门票收入，忽视了开放式公共服务体系的建设。

二 全域旅游助力反贫困不是单一模式

扶贫开发模式是反贫困模式的一种工作体现，是依据贫困地区的区位条件和现实需要，通过利用地区资源优势带动区域经济发展，进而实现脱贫致富的一种区域发展模式。目前，我国各贫困地区通过总结以往扶贫工作成效，在党中央的正确指导下，均开展了新一轮的精准扶贫工作，在"五个一批"基础上，形成了七种模式：一是政府主导模式。政府凭借行政权力和财政实力，通过制度和政策的制定、规划的编制和实施、资金的投入和支持等，助力贫困人口脱贫。二是精英治理模式。在实际基层精准扶贫效果的基础上，针对贫困地区基层干部"选择性扶贫"和"目标瞄准偏移"等问题，创新性地引入体制外治理精英，辅助村民实现脱贫。三是教育扶智模式。在贫困地区财政脆弱、常规扶贫方式开展艰难的状况下，将教育作为脱贫突破口，通过教育提升贫困群体的脱贫知识技能，协助贫困人民摆脱贫困。四是产业"造血"模式。在自给自足的小农经济基础上，因地制宜地打造贫困地区特色农产品，通过发展农业带动贫困人口脱贫致富。五是主体励志模式。以贫困地区更长远未来为考量，以探寻贫困地区全面振兴方式为抓手，通过激发贫困群体脱贫的内生动力，实现贫困地区的可持续脱贫。六是社会帮扶模式。在大扶贫格局下，凝聚社会力量，合力帮助乡村贫困人口脱贫。七是企业投资模式。以大型企业作为引领，通过资金的投入发展贫困地区的特色产业，带动贫困人口的脱贫。

对于贵州省而言，在全域旅游助力反贫困开发方面，由于各地区发展旅游的基础条件比较类似，地方政府往往通过走政府主导型和企业投资型的单一模式获取相应的扶贫成效。但是，其不足之处也逐渐显现，易养成地区对政府的依赖性，形成企业独建独享局面，更有甚者造成区域旅游景区景点的"一夜突起"，未实现区域化扶贫的同质同步。也就是说旅游发展仅造福了核心景区居民，而对于非核心景区居民，旅游经济效益却未能实现同步覆盖，出现旅游反贫困的不公平现象。再加上企业的逐利性，使这种不公平现象更加突出。因此，开展全域旅游助力反贫困应结合多种模式，而不是仅依靠政府主导或企业投资的单一模式，应该全面布局，统筹发展，否则会引发同质同步发展问题：一是各地区进行旅游景区景点建设时违背因地制宜原则，出现相互模仿，造成千城一面、千景一面、千村一面的局面。二是各区域的旅游发展一哄而上，同步激增竞争者的数量，导致区域间形成恶性竞争。三是招商引资急功近利，搞一些违背扶贫初衷的旅游形象工程和政绩工程，用形象脱贫和数字脱贫进行造假，没有实现全域旅游开发真正的作用和目的和全域旅游区域内的反贫困目标。故此，发展全域旅游助力反贫困，要注重打造综合性的全域旅游反贫困模式，保证区域的全面协调发展；要注重全域旅游中各贫困地区及节点之间的差异化、特色化发展，形成各自的文化、产业、服务、产品、品牌特色；要注重协调景区、社区、产业区、生态区、文化区等之间的关系，展现各自特色，形成差异化的旅游组合；要避免盲目建设，打造适合该区的全域旅游反贫困模式，形成因地制宜的反贫困路径；要注重时间上的先后顺序，防止一哄而上的情形发生，形成良好的竞争关系。

三 全域旅游统筹反贫困没有全民联动

在全域旅游统筹反贫困方面，单靠政府、企业的参与远远不够，还需推动区域内个体、社会组织、游客的共同参与，也就是要发起全民联动。全民联动作为全域旅游统筹反贫困的重要条件，是以利用政府、企业、社会组织、居民、游客在反贫困实践中的优势和局限，联动发挥政府主导支持、企业社会责任、社会组织正义、居民主体作用、游客负责任旅游等辅助反贫困的一种发展理念。近年来，贵州省在全域旅游统筹反贫困方面，开展了乡村旅游建设、特色产业发展、民族文化创新、景区带动就业、互联网助推经济增长、产业融合发展等一系列举措。然而，就全域旅游统筹反贫困时全民联动的实际情况而言，仍有未形成联动参与的情况：一是在受教育程度低的弱势群体参与方面，社区内有大量弱势群体依然保留着小农经济意识，对全域旅游发展的认识不清晰，其参与度低。二是在保护旅游环境方面，旅游景区中仍存在大量乱涂乱画破坏旅游公共设施的现象，游客整体的旅游公德意识未形成，游客参与度低。三是在调动旅游社区居民参与旅游建设积极性方面，社区居民团体意识未形成，社区居民参与度较低。针对以上全民联动统筹不足的问题，归咎而言，就是缺乏一个激励全民参与旅游利益分享的共建共治共享机制。

  全域旅游的共建共治共享机制是指在发展全域旅游的过程中，遵循人人共同参与、合作共建，以人人平等的发展原则进行旅游环境共治和旅游成果共享的全域旅游运行模式。其中，就"全域共建"理念而言，要形成政府、企业、游客、居民等共同参与的局面，且政府方面应加强党政联合统筹管理方式，加大全域旅游财政支持力度，加快食、宿、行、游、购、娱、康、体、疗九大旅游功能的构建，提高全域旅游综合承载能力；企业方面应加大资金投入，着力进行地区文化的挖掘与利用、景区景点的投资建设、全域旅游的营销宣传，提高景区景点数量、品质、名气；游客方面应加强资源保护意识，不乱涂乱画，提高自身的旅游素养；居民方面应积极配合政府部门的统筹规划，进行自主资本参与的同时辅助当地特色文化的传播，支持全域旅游建设工作。就"全域共治"理念而言，要求全域旅游发展需要社会各个单元的联合参与，以全局观和利益共同观的视角，参与全域旅游建设过程的管理和支持。就"全域共享"理念而言，发展全域旅游应以加强旅游基础设施建设，推进旅游景区景点的优惠收费或免费开放并举,保证惠民共享。应充分利用旅游产业的综合带动作用,将全域旅游发展建设与精准扶贫、农林业等相结合,保证富民共享。发展全域旅游应以旅游服务品质为主,为游客提供差异化、特色化的旅游体验,保证旅游服务游客共享。

四 全域旅游治理反贫困不要急功近利

旅游治理的范畴不仅包括旅游产业的治理,而且包括资源治理、社会治理、生态治理、城市建设、乡村重建、扶贫开发等多个方面。因此在全域旅游治理反贫困的过程中,应遵循可持续性发展原则,将公共利益优先于商业利益,进行科学定位、谋划、决策,不可过于贪图眼前成效和利益。然而,伴随着贵州省全域旅游的快速发展,也存在一些急功近利的问题:一是部分地方政府存在坐而论道、纸上谈兵,疏于实地调查,忽视了实际情况,缺乏科学的规划和定位的指导性文件。二是企业投资旅游开发建设急于求成,部分景区开发企业不顾资源承载力,盲目开发。三是旅游企业发展过于短期功利,虽然形成了"食、宿、行、游、购、娱"等系统化服务,但是忽视了品质和结构合理性问题。四是小部分个体经营户的宰客、欺诈现象,过于在意一次效益,不注重回头客生意。以上问题若不尽早进行源头治理,会导致旅游景区景点的"一夜突起",贫困人口的脱贫"昙花一现"。

五 全域旅游构思反贫困不能大拆大建

进行全域旅游开发建设,不可避免地会存在一些拆建行为,但是不能为追求短期效益、政绩而进行快节奏、规模庞大的盲目拆建、全盘新建,大拆大建。全域旅游构思反贫困不仅需要重视全局统筹与和谐发展,结合独特文化、自然景观、产业景观等特色资源优势进行开发建设,还需以差异化的旅游体验向本地居民及游客进行展示、宣传、服务,以获取旅游经济效益带动反贫困。以大拆大建的行为方式发展全域旅游只能带来相应的负面影响:一是毁坏了名城名镇名村的历史遗迹、文化建筑等,使具有异域风情、民族风格的房舍被火柴盒式建筑取代,破坏了名城名镇名村的文化典故,加剧了商业气息。二是耗费了大量的人力、电力、土地、木材、钢铁等社会资源,与构建资源节约型社会准则相悖。三是大拆大建过程中产生的粉尘、废气、废水、噪声等污染源严重影响了地区居民的居住环境质量以及市容市貌。四是导致拆迁安置的滞后，使拆迁户居无定所，无形积累了拆迁户的不满情绪，徒增了拆迁户的精神负担，不利于社会和谐发展。

因此，在发展全域旅游构思反贫困的过程中，不仅要避免大拆大建、囫囵吞枣的行为，还要以长久、持续发展为考量，进行长久脱贫建设，具体需要注意以下几个方面：一是要注意民生问题，切实关注旅游地区贫困户的可持续生计情况，提前做足贫困户脱贫思想工作，避免农家乐的遍地开花扰乱旅游经济结构。二是要注意手段问题，把修复、改造作为重建、扩建手段，强调历史文脉的传承作用，避免在全域旅游开发建设中出现盲目拆建行为。三是要注意环境保护问题，把资源保护问题放于首位，坚定"绿水青山就是金山银山"的理念，避免在全域旅游开发建设中发生破坏资源环境的行为。只有建设具有长久性、持续性脱贫作用的全域旅游开发政策，才符合党中央对旅游发展助力精准扶贫脱贫的要求，才符合真正实现全面建成小康社会，确保实现旅游发展成果由人民共享，旅游经济的可持续发展。

六　全域旅游助力反贫困需要改变观念

全域旅游是一种新的旅游发展理念，也是一种新的旅游统筹区域发展的方式，其在助力反贫困方面，可通过人人参与的方式，提升旅游经济，进而实现反贫困。在推进全域旅游完善反贫困的过程中，需要以改变相关利益主体的实际活动为目标，从根本上改变各利益主体行事的思想观念：一是对于基层政府工作人员而言，需摒弃其政绩至上的思想观念，立足贫困户利益，注重贫困户的经济支撑能力和可持续生计，以旅游产业的发展来创造更多的就业岗位，促进贫困户有尊严地脱贫，而不是搞形象工程、赶民上楼。二是对于贫困户而言，需改变其不劳而获、坐吃山空的思想观念，树立劳动型脱贫观，依托当地戏曲、民俗文化、自然资源、农产业等特色，积极建设和经营文化旅游、乡村旅游、田园综合体、产业综合体等产业，振兴地区繁荣，保持长效脱贫。三是对于投资企业而言，需转换其独建独享的思想观念，利用拥有的资本、高新技术、管理能力，提高贫困地区的旅游产业化发展能力，优化产品、营销、经营等一体化的发展链条，培育贫困户自我发展能力，与贫困户分享发展成果。四是对于游客而言，需完善其文明游览的思想观念，在旅游过程中培养尊重、爱惜旅游目的地的一切旅游资源的习惯，克制乱丢乱扔、乱刻乱画的游览行为，以良好的旅游素养来间接性地辅助全域旅游实现反贫困。

同时，推进全域旅游助力反贫困，还需注重打造旅游反贫困的硬件、软件。其中，旅游反贫困的硬件是指有利于贫困户有尊严脱贫的安全、有序的旅游相关工作及适宜的生活空间，具体包括生态资源和水、电、交通等基础设施，而旅游反贫困的软件是指有利于贫困户可持续脱贫的自主脱贫文化、思想观点，具体包括文化管理水平、经营能力以及思想素质等。但全域旅游反贫困硬件软件的提升过程是一个周期长、见效慢的过程，且相关利益主体的不良思想观念也会阻碍硬件软件的打造升级。因此，在齐抓硬件软件再提升方面，应注意以下四点：一是要审视自身精神文明建设，摒弃老旧思想观念，提升文化氛围、提高人口素质，完善旅游相关产业的实践活动内容。二是要注重旅游功能"点"数量和质量的提升，完善、巩固旅游连接"线"，通过"点""线"的结合，以"点"带动"线"的发展，以"线"推动"点"的升级，例如，以公交、汽车、高铁等交通工具的不断更新推动酒店、商场、餐饮等旅游相关产业的经济收入；反之，以旅游相关产业的经济收入带动交通工具的不断发展。三是要看重管理型人才的引进和培训，集聚大量旅游尖端人才的参与，提高旅游相关产业的经营、管理水平。四是要强调资源环境的保护要求，坚持"绿水青山就是金山银山"的原则，推动建立资源丰富、环境友好型的旅游经济发展模式建设，实现可持续性发展。

本章对全域旅游助力反贫困的测评指标体系进行了设计和阐释，包括全域旅游发展基础、全域旅游反贫模式、贫困家庭参与能力、参与旅游就业情况和全域旅游反贫效果。全域旅游发展基础主要包括旅游资源网点布局、旅游资源吸引能力、生活设施建设情况、服务设施配套情况、交通网络架构情况、安全设施建设情况六个方面的建设。

全域旅游反贫模式主要包括四个方面，即政府主导、居民自营、企业经营和多方联合。贫困家庭参与能力的评估主要包括四个方面，即可参与旅游人口、旅游政策知晓度、旅游参与积极度和旅游发展认识度。参与旅游就业情况主要包括四方面，即劳动参与、资本参与、资金参与和自主创业。全域旅游反贫效果主要包括五个方面，即旅游经济规模、生态环境保护、居民生活水平、社区社会风气和持续生计状况。对六盘水普古乡、毕节市星宿乡、贵阳市花溪区实证研究中发现，这些地区的全域旅游助力反贫困发展状态较好，符合设计的测评指标体系。但是通过实地观察，发现依然存在全域旅游开发不是全面反贫困开发、全域旅游助力反贫困不是单一模式、全域旅游统筹反贫困没有全民联动、全域旅游治理反贫困不要急功近利、全域旅游构思反贫困不能大拆大建、全域旅游助力反贫困需要改变观念几个问题。

综上所述，在贵州省旅游业发展持续"井喷"的时代下，从景点旅游向全域旅游的发展，不仅是区域协调发展理念的创新，也是旅游反贫困的创新，更是国家推动旅游产业发展的一项重要战略举措。目前，贵州省依托良好的空气、特殊的地质地貌、独特的民族文化，在全省各地都开展了旅游景区景点的建设，例如黄果树瀑布、荔波大小七孔、西江千户苗寨、肇兴侗寨等知名景点。同时，贵州省结合其资源禀赋和实际发展情况，大多数地区都积极推进了全域旅游反贫困的发展，并取得了一定的成效，但在发展环节中仍存在一些或大或小的问题。在全域旅游背景下，贵州省具备优良的全域旅游发展条件，应从顶层设计的精准定位、探索发展综合模式、激励全民联动、做实优质环境、建设长久脱贫、转变发展观念等方面，着力探索全域旅游助力反贫困的系统路径。

第五章

国内外相关典型案例的研究

第一节 国内典型案例

一 新疆维吾尔自治区全域旅游助力反贫困发展的路径

(一) 新疆全域旅游发展的背景

新疆维吾尔自治区,简称"新"(后文中统称"新疆"),首府乌鲁木齐市,位于中国西北边陲,是中国五个少数民族自治区之一,是古代丝绸之路的交通枢纽。新疆拥有享誉全国的塞外风光,旅游资源极为丰富。新疆少数民族在悠悠历史长河中形成了自己特有的生产和生活方式、生活礼仪、节日庆典等,并且拥有自己独特的千年文化积淀。这些绚丽多彩的文化旅游资源,让新疆的全域旅游发展包含了浓厚的文化底蕴,对游客有着不可抗拒的吸引力。2018年新疆全年旅游人数突破1.5亿人次,增长率超过40%。2019年,新疆接待游客历史性突破2亿人次、实现旅游收入超3400亿元,两项数据增幅均超40%。现如今新疆旅游业已经成为新疆的支柱性产业,为新疆的经济发展做出了巨大的贡献。新疆政府正致力于把自治区旅游业,打造成改善民生的富民产业和人民群众满意的服务业,2020年新疆维吾尔自治区政府工作报告指出:"第三产业对经济的贡献率超63%。2019年,新疆推动'全域旅游''文旅融合',补全硬件不足,提升服务质量，旅游业快速发展。2020年，新疆将支持各类市场主体平等参与旅游市场开发，争取实现接待人数3亿人次左右"。

（二）新疆全域旅游助力反贫困的主要类型

新疆全域旅游发展起步早、速度快，其中，乡村旅游是全域旅游发展的主要推手。例如，吐鲁番的葡萄沟是新疆乃至中国乡村旅游最早的观光农业园之一。到2005年，新疆拥有10个全国农业旅游示范点。2006年主题为"中国乡村游年"的中国旅游节开办，新疆旅游局颁布了一系列促进和规范乡村旅游发展的政策性文件，如《农家乐等级评定标准》《乡村旅游规范化管理办法》《新疆维吾尔自治区农家乐服务质量等级评定及管理办法》《农家乐开业基本条件》等，并确定了全区乡村旅游的发展目标。

新疆乡村旅游打造全域旅游助力反贫困的主要类型可以分为八种，即农家乐/牧家乐、观光农业园型、依托景区型、民俗风情型、乡村田园风光型、古镇村落型、旅游小城镇型、红色旅游结合型，如表5-1所示。

表5-1　新疆乡村旅游打造全域旅游助力反贫困的主要类型

主要类型	代表景点
农家乐（牧家乐）	杜氏旅游、峡门子旅游区等
观光农业园型	新疆西域实业集团、石河子农业科技园等
依托景区型	齐鲁山庄等
民俗风情型	吐鲁番坎儿井民俗园、巴里坤哈萨克族民族风情园、喀尔曲尕民俗文化村等
乡村田园风光型	布尔津县图瓦村、青河县天林岛度假村、尉犁县胡杨人家风情园、罗布人村寨等
古镇村落型	吐峪沟、喀什高台民居等
旅游小城镇型	昌吉六工镇
红色旅游结合型	建设兵团军垦博物馆、军垦第一连等

资料来源：赵倩倩、褚玉杰、赵振斌：《基于场所依恋的乡村社区妇女参与民族旅游问题研究——以新疆布尔津县禾木村为例》，《资源开发与市场》2013年第8期。对原文资料有所改动。

以杜氏旅游度假区为例。该区坐落于昌吉市六工镇北郊。由杜氏旅游集团自1997年在六工镇十三户村承包荒地的基础上开展旅游业、养殖业，从零开始一步一步建立起来的。峡门子旅游区则由许多单位和个人投资兴办了38处农家乐式的旅游接待点，并建有射击场、网球场、孔雀观赏园和灯光球场。吐鲁番坎儿井民俗园位于吐鲁番市亚尔乡新城西门村，2000年7月由中外合资企业乌鲁木齐市辰野名品有限责任公司投资兴建，该企业先后投资1500万元修建了坎儿井宾馆、坎儿井博物馆、坎儿井民族餐厅等。巴里坤哈萨克族民族风情园是2004年昌家庄子村牧民按照统一要求，开办的具有草原民族风情的旅游接待点"哈萨克民族风情园"。2012年，巴里坤县总投资9200万元修建哈萨克民族风情园接待广场、草原之路、恰秀广场、哈萨克牧家生活体验区等项目，带动居民旅游致富。高台民居是古老的维吾尔族聚居区，位于喀什市东北部的黄土高崖上，建筑高40余米、长800余米，房屋依崖而建，家族人口增多一代，便在祖辈的房上加盖一层楼，是喀什展示维吾尔古代民居建筑和民俗风情的一大景观。2014年喀什市投入了1.5亿元提升喀什老城景区景观质量、老城景区的市场辐射力，完善旅游服务设施，提高管理和运营水平。由以上代表景区分析可以看出，农家乐、观光农业园等主要是由政府出台相关政策、企业主导、牧民参与的模式，因为这一部分少数民族乡镇旅游项目初期投入不算很高，多数旅游企业能负担得起。而规模比较大的民族风情园、特色旅游小镇、古镇村落开发等，政府不仅要出台相关政策扶持，而且要财政支持其发展，是政府主导，企业和牧民参与的模式，如图5-1所示。

（三）新疆全域旅游助力反贫困的主要路径

新疆政府在近几年不断推出旅游发展政策，来保证特色少数民族乡镇全域旅游发展，主要体现在三个方面：一是全域旅游的发展关键在于政府，政府需要制定和规范与现实相适应的旅游发展政策指导全域旅游的发展，以及加大财政投入从而有效地保障公共产品的合理分配。二是全域旅游的发展需要解决的核心问题是带动全域"旅游+"产业的融合，创造更多的生产性就业岗位。三是全域旅游发展的基础

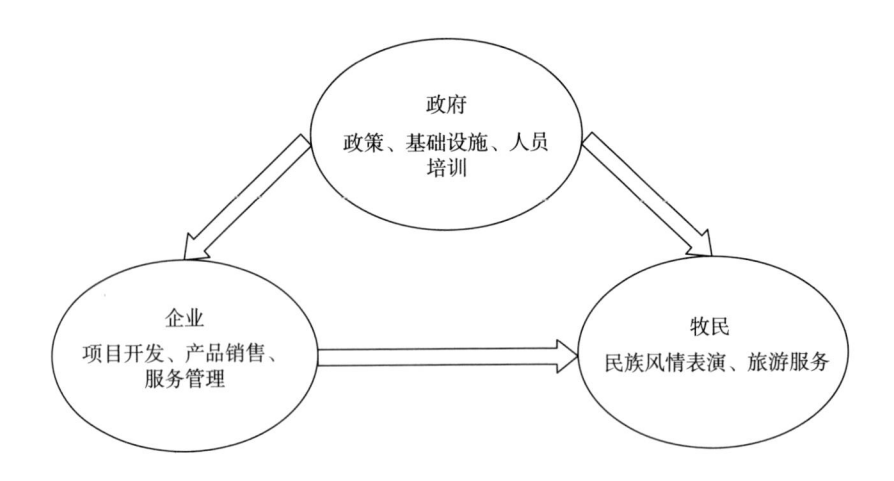

```
           ┌─────────────┐
           │    政府      │
           │政策、基础设施、│
           │  人员培训     │
           └─────────────┘
           ↙             ↘
  ┌─────────────┐    ┌─────────────┐
  │    企业      │ →  │    牧民      │
  │项目开发、产品│    │民族风情表演、│
  │销售、服务管理│    │  旅游服务    │
  └─────────────┘    └─────────────┘
```

图 5-1　杜氏旅游度假区的发展模式

和支撑是要实现均等的就业机会和旅游业发展成果由人民共享。因此，主要路径包括以下几个方面。

1. 乡村旅游推动全域旅游发展是重要抓手

作为主导乡村旅游发展的政府首先要保证高效的运转，管理和协调好社会各团体和人民群众的关系以及调动各方积极性，制定完善合理的旅游发展政策以保证旅游业包容性发展的平稳进行，为发展战略打下良好的基础。在《新疆维吾尔自治区旅游业发展第十二个五年规划》中关于乡村旅游发展政策主要有以下几个方面：一是原则上确定以人为本、注重民生，把旅游业打造成富民产业。二是打造民族风情游，建设一批高级高品位的民族文化旅游村镇。三是培育布尔津、富蕴、和布克赛尔、裕民、巴里坤、奎屯等十个旅游节点城镇。四是培育塔什库尔干塔吉克帕米尔高原小镇、石河子军垦城等十四个特色旅游城镇。五是在阿勒泰地区、伊犁地区民族文化旅游村镇结合牧民定居工程建设特色民族文化旅游村镇。六是建设与生态移民、抗震安居工程相结合的民族文化旅游村镇。七是推动旅游与城建部门合作，建设新疆特色旅游城镇。八是开展乡村旅游人才培训，全面提升乡村旅游从业人员素质，深入开展"农家乐"旅游经营者和服务人员的培训。九是加强新疆少数民族旅游人才培养，引导喀什、和田、克州、伊犁州等地农村少数民族剩余劳动力转变就业观念等。

2. 解决旅游发展中的生产性就业岗位是核心

旅游业发展带动生产性就业岗位的增加，以及给贫困人口创造更多的就业机会，包括以下几个方面。

一是政府大力推动旅游基础设施建设。2015年国家发改委颁布的新疆旅游基础设施建设中央预算内投资计划，安排投资2194万元，用于支持和田县绿色生态旅游景区和昭苏夏特景区两个"十二五"规划内旅游基础设施项目建设。"十二五"期间，新疆共有10个重点旅游景区列入国家旅游基础设施建设项目储备库，并且10个项目已全部落实到位，共争取中央预算内投资约1.7亿元，使新疆"十二五"规划内旅游基础设施建设任务圆满完成。在2015年上半年，州政府又规划了旅游景区基础设施建设项目资金5150万元，用于40项旅游产业项目级功能区建设；旅游厕所建设与管理项目1000万元，用于59个旅游厕所建设补助，这些基础设施的建设工程创造了大量的劳动力就业岗位，助力农村剩余劳动力就业问题的解决。

二是在发展旅游业的同时，带动其他相关产业协同发展。由于旅游业关联性、综合性、带动性强于其他行业，因此发展旅游业能够带动一大批相关行业的发展，能够更多地创造就业岗位，更大规模地吸纳就业。旅游业的"食、住、行、游、购、娱"产业发展的六要素涵盖经济社会的很多方面。这些旅游活动可以直接带动和推动相关社会活动的不断深化和发展，据联合国世界旅游组织研究，旅游业每增加一个直接就业，通过拉动相关行业的发展，可带动4—8个间接就业。旅游业尤其对一些弱势群体，如少数民族家庭妇女、农村剩余劳动力、下岗工人，给他们提供就业和再就业的机会，对提高弱势群体生活质量的改善也发挥了一定的作用。

三是重点扶持一批乡村旅游示范县、乡镇、村、农家乐，带动农牧民就业。"十二五"期间，新疆累计安排5300万元旅游发展相关资金，改善提升乡村旅游发展环境，对64个乡村旅游示范县、乡镇、村、470家农（牧、渔）家乐和3个乡村旅游示范项目进行扶持。目前，全区农家乐达6000多家，星级农家乐1355家，直接带动农牧民就业达5万人,间接带动农牧民就业数十万人,少数民族乡镇旅游逐渐成为带动农牧民就业的主力军,鼓励村民抓住发展机会,实现自我创业。

3. 创造全域旅游均等的发展机会是支撑

全域旅游助力反贫困需要发展贫困人口的就业能力,得以在均等的发展机会中通过劳动改变经济状况,从而实现经济和政治上的持续性和稳定性,其主要包括以下几个方面。

一是改变少数民族居民的就业观念,引导和帮助其就业。少数民族居民受民族生活习惯的影响,不愿意参加到旅游业的发展当中,这样就不能切实地改变他们贫困落后的面貌,只有转变观念才能帮助其抓住参与旅游发展机会实现就业。少数民族居民学历一般比较低,文化层次并不高,他们在就业市场找工作不是很容易,但是旅游业发展其实比较容易解决他们的就业问题。如饭店行业,它需要高级的管理人员,但更多地需要服务人员;旅游景点需要高级的策划管理、项目实施人员,同时也需要景区环境的维护人员;还有景区内进行售卖旅游纪念品、餐饮等方面的人员,就业门槛也很低。

二是大力开展各层次人员培训,尤其重视加强基层人员培训帮助。2016年新疆将全面开展"新疆旅游万人培训计划",全面提升旅游产业发展质量和全区旅游行业人才素质和旅游素养,加快推进旅游强区建设,新疆将利用三年时间对各级旅游管理干部进行培训,对旅游企业高、中、基层人员进行培训,对旅游行业高管人员进行培训,对乡村旅游干部进行培训,对师资队伍进行专项培训,计划培训超过万人。

三是争取援疆省市支持和开展与相关单位合作。在"十三五"期间,新疆还要与浙江、四川等乡村旅游发展较好的地区联合培训,争取得到援疆省市的支持,建立和健全旅游培训机制,同时新疆旅游局还要加强与人社、扶贫等相关部门合作,共同推动乡村旅游一线人员培训工程,加强脱贫地区的乡村旅游培训,推进建立健全乡村旅游培训点建设,将培训资源送到基层。乡村旅游业包容性发展的支撑是贫困群体的社会保障。旅游业的包容性发展的本质就是要通过旅游经济成果的收入分配政策完善社会保障制度，减少因旅游经济带来的社会贫富差距，从而有效地保障社会公平正义。

四是建立和完善惠及全民的社会保障体系。在养老保险方面，原新型农村社会养老保险和城镇居民社会养老保险统一合并为城乡居民基本养老保险，养老保险标准不断增加，基础养老金最低标准统一为每人每月100元，中央基础养老金最低标准增加15元后，城乡居民基本养老保险基础养老金最低标准提高至每人每月115元。在医保方面，"全民医保"体系已初步建立，针对部分群体因患大病、医疗费用负担过重而致贫或返贫，开展大病保险从而减轻群众高额医疗费用负担，解决"因病致贫、因病返贫"问题。在失业保险方面，单位招用的农民合同制工人失业后领取生活补助金标准，从2014年1月1日起，由原来每人每月按当地最低标准的70%，提高到每人每月按当地最低工资标准的80%执行。

五是新疆人民政府组建"访惠聚"小组，带领各级政府单位开展"访惠聚"工作。在2015年，新疆旅游局按照自治区"访惠聚"工作领导小组的统一安排，从旅游发展资金中拿出1850万元，用于帮扶全区37个行政村，每村补贴50万元，主要用于旅游文化服务中心、农家乐、哈萨克刺绣合作社、美丽乡村等项目建设。为确保惠民项目的正常实施，新疆旅游局先后下发了《关于印发2015年"访惠聚"活动村级惠民生工程项目计划的通知》《关于做好2015年自治区旅游惠民生工程项目实施有关事宜的通知》等一系列文件。通过"访惠聚"工作的调研开展，助力新疆旅游更好更快地发展。

综上所述，新疆把"旅游业培育成国民经济的战略性支柱产业，使旅游业成为改善民生的重要富民产业和令人民群众更加满意的现代服务业，符合全域旅游发展的目标。并且旅游业已经成为新疆经济发展的带动产业，其GDP贡献率已经达到7.67%。新疆全域旅游助力反贫困的主要特点包括以下三点：一是政府在旅游业发展过程中起决定性作用，上到旅游业基础设施建设，下到基层人员培训，并且取得了可喜的成绩。二是旅游业部分岗位就业门槛较低，能有效地解决当地少数民族居民就业问题，从而使更多农牧民摆脱贫困的经济状况。

三是乡村旅游业发展已成为新疆旅游业发展一个重要的组成部分，是新疆未来旅游业的重要发展形式，是解决农村贫困人口的重要发展方式。

二 福建省全域旅游助力反贫困发展的路径

福建省，简称"闽"（后文中统称福建），省会福州，位于中国东南沿海，东北与浙江省毗邻，西北与江西省接壤，西南与广东省相连，东南隔台湾海峡与台湾省相望，陆地总面积12.14万平方千米。福建是我国东南沿海省份之一，海岸线长达3752千米，大部分陆地面积是山地丘陵地带，可谓"依山傍水"。福建温泉资源十分丰富，素有我国"温泉之省"的称号。福建特有的区位优势，也使福建成为我国最著名的旅游胜地之一。

（一）福建全域旅游发展的主要模式

福建虽然不是一个少数民族省份，但是其拥有畲族、满族、回族、蒙古族、高山族等少数民族聚居乡镇，少数民族人口54万人，占全省总人口的1.54%，主要分布在漳州市、泉州市、宁德市、福安市等下属区县，并以畲族人口最多。结合少数民族风情和自然风光，福建的全域旅游发展主要模式包括以下几种。

1. "政府主导"+"村民协助"模式

由政府开发当地旅游的特色，政府在制度和建设层面对当地旅游资源进行全面规划、出资、营销，鼓励相关村民参与到旅游的发展过程中。在实际操作过程中，这种模式是由政府牵头做好相关旅游基础设施建设，村民做强旅游吸引项目的共同旅游发展模式，其优点就是一旦调动起村民的积极性，旅游建设就会得到当地居民的支持，旅游吸引物的打造过程也显得顺理成章。

2. "旅游+"模式

"旅游+"模式即旅游带动其他相关产业和领域发展，即旅游业的发展与其他产业相结合，实互相互促进、共同发展，如"旅游+工业""旅游+农业""旅游+林业""旅游+文化"等。"旅游+"发展模式一方面可以促进新的产业业态的形成与发展，另一方面还有利于新商业模式的发展与创造。此外，"旅游+"发展模式可以借助恰当的方式将旅游业相关要素嵌入其他相关产业，从而有利于推动社会、经济、文化、生态的共同协调发展，并因此打造出有利于人与自然和谐相处的新型业态、发展模式以及产业结构体系。"旅游+"的出现为现代经济社会可持续发展提供了新思路，是一种更加和谐的发展模式，有助于实现各个产业的均衡发展。

3. "政府引导"+"体验式旅游"模式

体验经济是近些年来出现的一种新的经济形式。由于体验经济能够带给游客亲身体验的经历，使其获得身临其境的感受。以寿宁县为例，寿宁县是"中国名茶之乡"，茶文化的特殊性使寿宁县在发展旅游时，以体验式旅游为切入点，让旅游者亲自体验采茶、制茶、泡茶的过程，学习茶艺、茶道。体验式旅游是以政府为主导，政府对其做全局规划，并策划体验式旅游中的一系列活动，同时保证整个流程顺畅完成。对外营销宣传由政府统一指挥，并且政府还要加强对内的管控，积极创立具有当地特色的知名品牌。群众可以借助自主经营的渠道，全面参与到旅游发展中。体验式旅游包括方方面面的工作，因此需要多方合作才能真正顺利开展，因此体验式旅游在发展的同时可以带动与其相关各个产业的发展，从而实现多方共赢，助力旅游富民惠民。

（二）福建全域旅游助力反贫困的主要路径

近年来，随着福建省旅游业的不断发展和提升，当地已经初步形成了旅游产业的体系和规模，构建了全域旅游发展的基本态势。福建省把旅游业作为本省发展的重点产业，不断增强福建旅游业的核心竞争力。福建从"产业均衡""机会均等""全民参与""生产性就业"四个方面入手，将各个产业尽量做到均衡发展、共同发展，同时继续借助包容性旅游，创造更多的就业岗位，提高落后地区人民的就业能力，进一步促进经济成果的公平分配，使全民共享旅游发展成果，缩小贫富差距，进而推动经济与社会的协同发展。因此，福建全域旅游助力反贫困的主要路径包括以下几个方面。

1. 政府支持全民参与全域旅游经济的发展

福建政府十分重视旅游业的发展，不断借助制定的各种政策法规，加强对旅游业的管理，同时还积极对旅游业提供各方面支持，为旅游业的稳步发展打下了坚实的基础。

一是政策支持。2012年省政府下发《关于加快旅游产业发展的若干意见》，明确提出"十二五"期间，福建支持旅游业发展的具体举措。2016年省政府办公厅印发福建省"十三五"旅游业发展专项规划、《福建省人民政府关于进一步深化旅游业改革发展的实施意见》，支持全省旅游发展，将从财政投入、金融支持、税费优惠、用地用海、人才支撑五个方面给予政策支持，体现了政府政策的包容性。

二是创业支持。政府秉着促进就业岗位增加，创造就业机会的原则，鼓励农村集体经济组织依法以集体经营性建设用地使用权入股、联营等形式与其他单位、个人共同开办旅游企业，鼓励符合资质条件的旅游运输企业申请跨区域旅游包车运营，对无居民海岛的旅游开发采用挂牌等市场化配置方式，让参与竞拍者公开公平地竞争，政府和企事业单位在进行购买服务时可以鼓励旅行社参与其中，由此可见政府通过各种方式让人民参与到城市旅游业发展中来，增加了就业岗位，同时让人民共享旅游成果。

综上所述，福建政府积极发挥旅游业在促进统筹城乡发展、缩小贫富差距、改善生活环境、增强人民幸福感方面的作用，促进旅游资源全民共享，坚持以人为本、人人参与引导主客共建共享，着重保障游客、企业和社区的利益共享，以及提供人民参与机会，形成旅游拉动就业的良好局面，让人民共享旅游业包容性的发展成果。

2. 旅游产业均衡促进生产性就业的增加

一是基础设施的建设减缓就业压力。福建为了更近一步发展旅游业，增开了境外主要旅游客源地的航班航线，实施旅游集散中心、旅游道路、旅游厕所、旅游信息咨询平台建设等工程，尽最大努力做到海、陆、空交通无缝连接，不断完善"快进慢游"的全域化便捷交通服务体系，这些基础设施的建设产生了大量的就业岗位，在一定程度上减缓了人民的就业压力。

二是旅游产业的发展促进就业。福建旅游产业包括旅游六大要素的各种产业，如娱乐业、酒店服务业、交通运输业、餐饮业、购物商城以及景区景点等，在发展旅游业时势必会带动这些产业的发展，创造出更多的生产性就业岗位，在为贫困人口带来更多就业机会的同时，还能使各个产业均衡发展。

3. 重视旅游经济发展中机会均等

福建旅游业在发展的同时注重机会均等，创造各种机会，让普通百姓参与到旅游发展中，共享旅游经济的果实。福建旅游业让人民有均等机会参与到旅游发展中的做法主要体现在以下两个方面。

一方面，旅游业走进乡镇，带动乡镇经济发展。相对城市，乡镇的旅游业较为落后，但却拥有丰富的旅游资源。因此全省由政府带头积极科学规划乡村旅游业发展的路径，以中国传统村落为基础，以国家和省级历史文化名镇为依托，推进"百镇千村"的工程建设，在保持民族特色乡村传统风貌的基础上，不断完善乡村旅游公共服务基础设施，加大力度推动基础设施和公共服务不断向农村迈进，在全省构建多个要素齐全、业态丰富的乡村旅游点，与全国乡村旅游"千千万万"品牌活动相对接，进一步实现旅游富民惠民。

另一方面，乡村旅游惠及群众，实现成果共享。政府在进一步提升旅游发展时，从村民入手，提升村民的素质，通过加大对旅游知识的普及和对村民的培训，打造出乡村旅游模范村和金牌农家乐，培养出一批模范户、乡村旅游致富带头人。同时积极引进与旅游建设相关的高端人才，建设一支完善的旅游人才队伍体系。在政府的一系列做法中，政府借助多种渠道有效提高了村民整体旅游知识水平，并且大力支持其自主创业，让越来越多的村民参与到旅游业建设中来，借助旅游发展提升贫困人口的就业能力和条件，给他们创造均等的发展机会，使他们能够依靠自身劳动提升自己的生活水平。

综上所述，福建政府围绕均等发展机会为指导思想，制定了一套完整科学的政策系统，有效地保证了企业、村民、游客和公民组织等相关利益主体参与旅游开发的积极性，实现各主体自身的发展价值，尤其是让人民群众有均等的机会参与旅游业的发展，使其在旅游经济发展中获得一定的收益，从而使弱势群体的利益均衡问题得到解决。福建省通过旅游经济发展不断改善人民的生活水平，不断提高教育、社会保险、医疗等社会保障，最终做到通过旅游开发促进当地居民在各个方面共享旅游发展的成果。

（三）福建福鼎硖门畲族乡的个案研究

随着全域旅游的发展，独具民族特色的乡镇旅游资源日益成为旅游产业瞄准的方向。其中，我国少数民族乡镇旅游资源成为民族旅游业重点开发的对象。福建是我国少数民族聚居较多的地方之一，除汉族外，各个少数民族在全省广泛分布，并且各个少数民族历史文化悠久。福建省的主体少数民族是畲族，据统计，全省共有37.51万畲族人，占全国畲族人口数量一半以上，达到52.87%，在福建少数民族人口中占比为64.27%，其中宁德市畲族人口约49%。硖门畲族乡是福鼎唯一的少数民族乡，素有"福鼎南大门"的美称，畲族乡背靠国家级名胜风景区太姥山，北临天然海港——沙呈港，南接对台贸易窗口——霞浦三沙镇，其优越的地理位置使旅游资源十分丰富，除闻名遐迩的畲族风情外，还拥有千年古刹——瑞云寺、石兰古堡、清屿山和渔景湾海蚀地貌等旅游资源。

2015年9月23日，国家民委发布《关于命名首批中国少数民族特色村寨的通知》，宁德市蕉城区金涵畲族乡上金贝村被作为首批"中国少数民族特色村寨"予以命名挂牌。据统计，2015年宁德市旅游人次达1837.36万，比上年增加14.8%，旅游收入150.29亿元，比上年增加17.9%，其中硖门畲族乡旅游收入在宁德市旅游收入中占有较大比例。畲族乡全域旅游助力反贫困的主要路径包括以下几个方面。

1. 政府主导畲族乡民族风情旅游业发展

政府积极提出畲族乡民族风情旅游业发展思路，按照"北工南旅"思路，注重带动效应的发挥，加速推进"三产兴乡"。一是抓住硖门隧道竣工通车和太姥山成功创建国家5A旅游景点的机遇，借助外力搭建旅游发展平台，推进渔井、石兰、瑞云等旅游综合开发，打造出一条九鲤溪—太姥山—硖门—嵛山岛—杨家溪旅游路线。二是进一步挖掘、保护好石兰古堡和畲族传统民俗文化，推进少数民族特色村寨建设。继续实施"东扩南移面海""小乡大集镇""小乡好村庄"

的总体规划，扎实推进美丽硖门建设。三是大力实施"造福工程"，落实各项优惠措施，引导山区群众到集镇建房置业，规划兴建永德新村二期。持续完善永德新村、兴宁小区、祥和新村和永福新村的绿化、路灯等配套基础设施。四是大力创建特色"美丽乡村"，继续实施大柏洋发展战略，推进农民休闲广场、柏洋酒店和永和苑等项目建设，全方位打造国家级最美丽乡村示范点。

2. 重视社区居民的参与，实现成果共享

虽然政府在发展畲族旅游中起到主导作用，但是畲族风情归根结底还是畲族人民的。因此，为了畲族旅游业能更多地吸引外来游客，给当地居民带来更多的发展商机，当地政府充分利用畲族地区现有基础和特色进行了进一步的完善和建设。首先，逐步完善基础设施建设，为发展旅游奠定了基础；其次，通过实施集镇道路硬化工程、集镇亮灯工程、集镇沿溪整治改造工程和集镇环境整治工程等，提升了当地旅游业的竞争力；最后，在工程建设中充分融入畲族文化元素，体现当地风俗文化，进一步提升了集镇吸引力和品位，打造畲族风情小集镇，这一做法不仅提高了当地居民的基础条件，同时也为畲族旅游业的进一步发展奠定了基础。

与此同时，在畲族地区大力推进农旅结合，着力打造有机农业示范区社区，让人民参与畲族旅游建设，完善了农村电商创业平台，加快了农村电商发展，给当地居民创造更多商业和就业发展机会，从而使群众的就业面不再单一化，从机会平等角度保障了当地老百姓的脱贫增收，使其能够获得实质的经济收入，有效减小了贫富差距。

总之，畲族在发展旅游业的过程中不断完善了当地基础设施建设，使当地居民可以享受更高层次的社会服务，同时不拘泥于传统就业方式，积极拓宽就业形成，有效地解决当地就业问题，让人民群众有均等的机会参与到旅游的发展中来，共享发展果实。

3. 激活流通商贸，促进就业人数

总体来说，与偏远地区相比发达城市旅游产业更为完善，早已形成可以提供集住宿、餐饮、购物、运输、信息等于一体的服务，各个产业的协同发展促进了城市经济的发展，同时也促进生产性就业。反之，和发达城市相比，目前与畲族乡旅游业相关的各个产业发展还不完善，处于一个"产业分散、规模小、功能少"的发展阶段，因此畲族乡现在持续对旅游业进行改进，着力推进畲族乡旅游业不断向档次高、环境优美、功能齐全的方向发展，进一步加大乡村旅游业的快速发展；重点建设畲族文化养生园，以当地风俗文化为着力点，构建民俗文化休闲旅游区，将畲族乡打造成为集"畲医、养生、畲族、乡村、度假"为一体的特色的乡村休闲基地，激活流通商贸，延伸旅游产业链条，不断快速提升住宿、餐饮等服务业的服务水平和发展规模，促进旅游服务业在各个领域渗透，带动了各个产业的发展。同时，在这一过程中会产生很多就业岗位，大大增加了村民的就业机会，解决了村里人民就业难的问题，同时也使畲族产业得以均衡发展。另外，地区产业极速发展也会带动当地经济的发展，这些经济成果将会惠及当地居民群众。

硖门畲族乡旅游的发展模式是"政府主导"+"村民协助"型旅游开发模式。政府职能对硖门畲族乡旅游经济的发展发挥着至关重要的作用。在促进畲族地区旅游的包容性快速建设发展过程中，一方面带动了当地的旅游经济稳步发展，另一方面又促进了社会公平，让人民有均等机会参与到旅游业的发展中，共享发展成果，政府、相关企业和当地村民相互合作、共同建设，最大限度地利用了村民组织和游客的辅助作用，从而进一步推动了畲族地区旅游包容性发展的健康快速推进。

综上所述，福建全域旅游助力反贫困的发展路径，重视政府结合当地特色民族文化、生态农业、手工业、制造业和观光业等引导旅游开发，鼓励居民积极参与到旅游发展之中。其中，福建宁德市在促进少数民族特色乡镇旅游开发中做出突出成绩，被国家民委官方网站总结宣传。此外，福建10村寨入选中国少数民族特色村寨，也充分说明福建在民族文化旅游发展的特色和经验。重视夯实旅游吸引物相关产业基础，做好政策和制度的配套，鼓励居民多种形式参与，形成了乡镇居民创收的多条路径，走出了福建全域旅游发展的"闽乡"之路。

三 湖南省全域旅游助力反贫困发展的路径

湖南省，简称"湘"（后文统称湖南），湖南位居云贵高原向江南丘陵和南岭山脉向江汉平原过渡的地带。三面环山，北部为洞庭湖平原；中部多为丘陵、盆地。地势呈现南高北低，不对称马蹄形。全省以山池、丘陵为主，丘陵盆地占29.3%，平原占13.1%，水面占6.4%，山地面积占据了全省面积的51.25%，大致构成"七山一水二田土"的格局，地理位置优越，环境优美，旅游资源丰富，是典型的旅游胜地。

（一）湖南全域旅游的发展背景

湖南拥有秀美的自然风光和多彩的民族风情。岳麓山、浏阳河、张家界等自然观光旅游闻名遐迩。另外，湖南有80个少数民族特色村寨被列入"十二五"全国少数民族特色村寨保护与发展名录。湖南发展旅游业条件较为优越，古朴纯美的苗寨，别具特色的侗家风雨楼，乡土韵味的土家吊脚楼等一个个特色民居展示了湖南省少数民族浓郁的民族风情，因此也带动了湖南旅游业的发展，拉动少数民族经济的快速发展，推广了民族文化取得了良好的经济效益和社会效益。2016年，湖南省接待游客5.65亿人次，同比增长19.47%；其中接待入境游客240.81万人次，同比增长6.53%。实现旅游总收入4707.43亿元，同比增长26.79%；实现旅游创汇10.05亿美元，同比增长17.12%，其中这些成就在很大程度上归结于湖南省旅游资源给予旅游经济发展的条件。

湖南十分重视旅游发展的国际化充分调动全民的积极性，把旅游发展放在非常关键的位置。湖南省政府通过对旅游业的有效管理、各方面政策的支持以及资金投入，为旅游业的快速发展奠定了基础。《关于促进旅游业改革发展的实施意见》《关于发展特色县域经济强县的意见》《武陵山片区区域发展与扶贫攻坚规划（2011—2020年）》《罗霄山片区区域发展与扶贫攻坚规划（2011—2020年）》《洞庭湖生态经济区旅游发展规划》《湖南省旅游业"十三五"发展规划纲要》等重要文件的出台，为湖南旅游业包容性发展提供了有力的政策支持。这些文件中包容性发展的内涵主要体现在以下方面：一是在旅游业上,要保持可持续性增长,与此同时要转变发展经济模式,扩大旅游业的发展规模,增强旅游业的品质,提高其在国民经济中的影响力。二是要充分发挥旅游业的综合性和关联性带动其他产业的增长,诸如交通运输、商业零售、文化休闲、餐饮娱乐等产业,在一定程度上可以充分利用目的地居民的闲散劳动力,提高就业率。三是旅游业属于绿色产业的一部分,其宗旨就是要保持人与自然、社会各方面的和谐共处,对保护文化遗产和传承有着巨大作用。四是重视特殊群体的旅游经验和参与程度,重视参与机会的平等性。五是对于贫困地区而言,紧抓旅游脱贫的机遇,通过山水游、自然游、体验游、文化游等多种方式,加快农家乐的发展进程,充分发挥旅游扶贫的功能。六是在发展旅游业的同时,保护旅游目的地的居民,重视各利益相关方之间利益的公平,在旅游经营管理服务上,提高目的地居民参与的机会,让目的地居民都能享受旅游业带来的发展成果。七是在旅游业的发展过程中,要充分发挥政府在管理服务上的职能,要从规划阶段起,全面考虑旅游的长期可持续发展给当地带来的各种影响。八是旅游包容性发展特别重视各个利益相关方的利益能够共享和能够得到公平的发展机会,充分保护弱势群体的利益,达到权利、规则、机会的公平与可持续发展。九是强调经济增长与人口、资源、环境协调发展。十是重视享受经济、社会、文化发展成果的公平性和平等性,创造旅游增长经营管理的机会,让目的地居民更好地参与,并获得相应的利益。

(二)湖南全域旅游助力反贫困的主要模式

近些年,湖南努力探索促进全域旅游助力反贫困发展的各种模式。虽然湖南旅游发展类型的丰富多样,但当地政府集中了因地制宜与分类管理相结合的思路,根据各个地区实际情况和硬件设施来探索发展途径,如表5-2所示。各种模式成功与否的关键在于能否适应当地的乡镇旅游的发展现状,调动各方面的参与热情,同时需要能够保障各利益相关体(如农户、公司、旅行社、政府、社区等)的利益公平公正,以达到相互促进、共同发展、多方共赢的良好发展态势,能够加快调整农村产业结构、提高农民的收入水平、改善生态环境、传承优秀传统乡村文化。

表 5-2　　　　湖南全域旅游助力反贫困的主要模式

序号	利益主体	基本含义	举例景区
1	"政府主导"型	由政府全面规划、投资、营销的旅游开发模式	苗疆长城、芙蓉镇、里耶古城
2	"村民主导"型	由社区村民自行规划、投资、营销的旅游开发模式	湖南省湘西土家族苗族自治州保靖县清水坪镇
3	"政府主导"+"村民协助"型	由政府全面规划、出资、营销，社区村民积极参与的旅游开发模式	湖南汉寿县的"鹿溪农家"
4	"政府引导"+"企业投资"型	由政府政策引导与支持，相关企业投资经营的旅游开发模式	湖南凤凰古城
5	"政府引导"+"企业投资"+"村民协助"型	由政府政策引导与支持，相关企业投资经营，社区村民积极参与的旅游开发模式	湖南浏阳市"中源农家"
6	"政府引导"+"企业投资"+"村民协助"+"公民组织"型	由政府政策引导与支持，相关企业投资经营，社区村民积极参与，公民组织辅助建设的旅游开发模式	湖南省中方县中方镇荆坪古村

（三）湖南全域旅游助力反贫困的主要路径

1. 大力发展民族文化旅游市场，实现居民充分就业

湖南大力发展民族文化旅游市场，通过完善创业就业政策，用活旅游资源，使各地创业就业拓展"新对象"、触动"新理念"、惠及"大民生"；各民族地区举办各类培训，转变创业就业者的观念。随着民族特色旅游业的快速发展，为了帮助失业人员和农村劳动力提供更多就业机遇，各地区大力开展各类就业技能培训。例如，2014年，凤凰县先后开展中式烹调师培训、民族讲解员培训、汽车驾驶培训等各种培训20多期，受益群众近2000人；此外，有些民族地区还发放小额贷款帮助创业，通过创业培训、税费减免、小额担保贷款和大学生创业专项扶持等有关政策联动，建立健全政策扶持、创业培训、创业服务三位一体的工作机制，帮助创业者把企业做大做强。

2. 提升全省旅游经济水平，旅游创收惠及全民

2017年湖南省国内游客6.7亿人次，比上年增长18.3%；入境游客322.7万人次，增长8.6%。旅游总收入7172.6亿元，增长31.3%。其中，国内旅游收入7085.2亿元，增长31.4%；国际旅游收入13.0亿美元，增长11.7%。湖南省旅游发展委发布了2018年1—6月湖南旅游数据：全省接待国内外游客总人数达3.5亿人次，比上年同期增长10.65%。其中湖南省共接待入境旅游人数1810208人，与去年同期相比增长了22%。接待国内游客34826.92万人次，与上年同期相比增长10.57%。1—6月入境游旅客中接待香港同胞42.67万人次，同比增长15.19%，接待澳门同胞18.85万人次，同比增长34.09%，台湾同胞29.14万人次，同比增长5.08%。这些旅游发展的成绩，直接给湖南少数民族地区基础设施建设的完善和现代生活水平的提升带来了帮助，实现了旅游发展成果惠及全民。

3. 重视游客参与旅游发展，营造旅游发展公平环境

湖南省坚持旅游机会平等、旅游需求公平以及弱势群体参与旅游活动的原则，先后出台各项政策，将各项政策公开化、透明化，明文规定旅游者的各种权益，保证旅游者的机会均等。其旅游业机会均等体现在很多方面，如是否能够保障旅游者的旅游时间、行动、旅游权利；旅游者个性化、特色化的旅游需求是否得到满足；在游玩过程中，旅游者的安全措施是否安排到位；特殊旅游群体参与旅游活动的机会是否照顾到等。

4. 加强旅游扶贫工程建设，坚持以人为本发展旅游

湖南重视旅游扶贫工程在少数民族地区的建设，在凤凰古城成功案例基础上，湖南旅游促进扶贫取得了新进展。将乡村的旅游资源优势与城市的经济优势结合起来，大力推进旅游扶贫事业。编制《武陵山片区旅游扶贫攻坚规划》，开展旅游规划公益扶贫，促成20家旅游规划设计单位与贫困村结成帮扶对子。全省302个村进入全国"美丽乡村旅游扶贫重点村"范围，其中，104个村被确定为旅游重点扶贫对象，发布了《湖南省美丽乡村旅游扶贫工作方案》，带动了贫困地区老百姓脱贫致富。湖南省高度重视以人为本，旅居共享，坚持以游

客满意度为中心，提供人性化、个性化、亲情化的优质旅游服务。让居民特别是贫困地区的居民享受旅游发展成果，让旅游者与当地居民共享公共服务。

（四）基于"门票新政"后的凤凰古城旅游的个案研究

凤凰县地处湖南省湘西州的西南边缘，云贵高原东侧，湘西土家族苗族自治州境内，其亚热带季风性湿润性气候让其成为声名远播的旅游胜地。这里的古城自然有着秀丽迷人的山水，保存完整、历史悠久、文脉深远的古建筑，再加上其地处高山峻岭之中，土家族与苗族两个少数民族的同胞世代长期居住在此，形成淳朴的民风，丰富多彩的民族文化，体现着湘西历史文化与城市特色风貌建设的完美融合。

1. 案例背景

2013年4月10日，湖南省凤凰县政府针对当地的实际情况，实施"一票制"的旅游制改革，规定：凡进入古城内的游客，无论其是否参观古城内的景点，都将按每人148元的标准收取门票费。这一门票"新政"的公布引起了很大的反响，不仅仅是游客不满，而且当地的商户也参与抗议行列，一时引起广泛的社会舆论，矛盾源头纷纷指向政府"角色错位"和"与民争利"。同时，在这一制度实施期间，与2012年同期相比游客减少2/3，致使许多商户闭门歇业，难以维持经营。但是仍没有能改变当地政府的态度，声称"新政出台必然带来阵痛，必须毅然选择改革"，使矛盾更加激化。

2. 凤凰古镇旅游发展模式

闻名中外的凤凰古镇，旅游发展成效显著，其旅游发展模式是政府驱动型。凤凰县委、县政府以及有关上级领导部门，为大力发展本县旅游产业，积极实地考察，结合当今的时态发展，制定出一系列实际有效的政策，提出"旅游带动、民营主体、扶贫攻坚和科教兴县"四条实际有效的战略措施。凤凰古城是凤凰县最为著名，也是全国著名的旅游景点，以凤凰古城为旅游业的龙头，带动整个凤凰县旅游产业的发展。基于此，县委、县政府对凤凰古城的各个景点进行了补修、抢救、保护、维护，在有组织、有计划的政策指导下取得了显著成效：凤凰县于1986年被列为全国旅游外事开放甲类县城；1991年被列为湖南省级风景名胜区；1999年被列为省级历史文化名城和国家级生态示范县。

3."门票新政"实施前后的利益对比分析

凤凰古城原本就是居民生活的区域，由于有历史年代的沉淀，现在成为具有文化、旅游欣赏价值的旅游景点。因此介于古城的社区背景，其中涉及了多方的利益，尤其是民营资本参与进景区的经营管理之后，关系更加复杂。2001年12月23日由于黄龙洞股份有限公司以8.33亿元获得湖南湘西凤凰8个景区的50年经营权，随即便成立了凤凰旅游发展公司。2012年凤凰旅游发展公司与隆平高科、新华联等四家湖南上市公司合资成立了凤凰古城公司，新公司成立后将这8大景区经营权收归新公司经营，一跃成为凤凰古城的主体经营者。正是因为这方方面面的原因，凤凰古城旅游发展涉及多方的利益，如当地政府、2012年成立的凤凰古城公司、古城社区中居住的居民和商家，以及前来参观的游客。

自2001年12月黄龙洞股份有限公司获得凤凰古城8个景点的经营权成立凤凰旅游发展公司以后，凤凰古城景区经营权便转让出去，只有凤凰旅游发展公司经营的八大景点收取门票费用，进入古城内部参观游览不再收取费用，这种成功的市场化运作被誉为"凤凰模式"。2013年4月10日，湖南省凤凰县政府对凤凰古城进行了旅游改革，所有游客无论是否参观古城内的八大景点，都将对每人收取148元的门票费，即"一票制"。两种门票收费方式对比，如表5-3所示。

表5-3　　　　　　　　凤凰古城景区两种门票收费方式对比

政策	景点名称	价格（元/张）
门票新政前，收费模式一	沈从文故居、熊希龄故居、杨家祠堂、东门城楼、沱江泛舟、虹桥艺术楼	98
	崇德堂	40
	万寿宫	50
	古城博物馆	40
	南华山国家森林公园	128

续表

政策	景点名称	价格（元/张）
门票新政后，收费模式二	沈从文故居、熊希龄故居、杨家祠堂、东门城楼、沱江泛舟、虹桥艺术楼、崇德堂、万寿宫、古城博物馆、南华山国家森林公园	148

在开发初期，由于市场拓展的需要、配套设施的不完善、对古城的维护和修理、旅游项目的开发以及商业升级等问题，需要大量的资金支持，为解决这一大难题，凤凰县政府领头，当地的旅游企业积极响应投入了大量的资金。古城作为当地旅游发展的龙头，整合配置了当地的旅游资源。古城旅游景点收入主要来源于外来入驻的商户，以及向居民收取的税金，还有向游客收取的门票和一些公共服务性收费。古城居民及其生产生活场所和活动的有机整体是古城整个旅游资源的核心，所有来古城游览的旅客，基本都是来欣赏体验古城人民的生活，寻找当地的风土人情，居民的生活方式才是承载着古城历史的沉淀，而不仅仅是景区内静态的名人故居、吊脚楼等，居民是古城利益相关者中重要的一环，他们通过向游客出售土特产以及向外来商户收取租金来谋求收入。

古城的旅游发展日渐壮大和完善，越来越多的外来商户涌入古城，为古城的经济发展注入活力，对当地的人口结构、居民生活、文化氛围、文化价值、空间格局等方面都造成了较大的影响，成为景区重要的一方利益相关者。外来商户的收入主要来源于游客，他们为游客提供吃、住、游、购、娱等各方面服务，从中获得报酬。游客是古城旅游发展的重要参与者，游客的数量、消费水平、旅游贸易度都是古城旅游产业兴衰的重要决定因素。

在"门票新政"实施之前，最主要的受益者是古城常住居民与商户、游客，而古城公司和县政府是第二受益者，发展旅游"富民但不富财政"，在财政吃紧、旅游业乱象难治的背景下，门票自然成为凤凰县政府扩充财政的主要对象。然而，政府刚实施新门票政策，瞬间打破了这种相对稳定的利益平衡，古城常住居民与商户、游客在新政

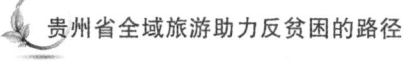

策下成为受害者,这种强劲的利益冲突,把政府推上了风口浪尖。

4. "门票新政"产生的问题

一是政府信息不公开,造成机会不均等。信息公开是常识,然而,涉及利益问题时,很多人都会选择"趋利避害"。门票收费政策的改革收益最大的是经营古城的公司和以土地入股的县政府,因此在进行收费改革前并没有公开信息,多数商户和游客还蒙在鼓里,然后政策一开始实施,就引起了轩然大波,在此类事件中,政府由于过失造成的信息公开迟缓甚至故意隐瞒,使自己成了各种矛盾冲突的焦点,还要承担主要责任,不但造成各群众机会不对等,而且影响了政府的公信力。

二是门票利益冲突。发展旅游业必须坚守对当地居民的保护,权衡各方利益,让居民共同享受旅游发展的硕果。新门票制度的颁布显然使部分群体的利益发生了冲突。其中的受益者只有收门票钱的经营公司和以土地入股的政府;而对于买票进城的游客和城内的生意大不如前的商户来说则是极其不公平的。受害两方利益受到侵害,但是对于此种现状却没有发言权,只能抗议,于是就造成了政府成为舆论焦点和城内的商铺集体罢市并聚集抗议的局面。

三是忽视居民参与,难以实现成果共享。让当地的居民在旅游增长的过程中享受创造的经营管理机会,在这个过程中分享旅游发展的硕果,是旅游包容性发展强调的重点。在进行门票收费改革的过程中,政府忽视了居民的参与,没有调查清楚民意问题就实施了改革政策,从而出现了抗议、罢市等严重的问题。

5. 基于"门票新政"后凤凰古城旅游发展助力反贫困的路径

一是古城收费程序透明化。凤凰古城不同于其他文物景点,它是由整个古城的居民所有,不是某个区域或某个公司的私有财产和"摇钱树",没有人有权力将古城设置成为一个屏障,对游览的游客收取高昂的费用。凤凰古城风土人情的创造,以及日常的修理维护,是每个居民完善自己的生活叠加成一个整体的,对古城门票的收取,应当由全体居民共同参与制定,而不是由政府的主管决策。"围城收费"在某种意义上类似于让居民出卖自己的生产生活,将自己原来正常的生活转向一个经营性的景区，在这种情况下制定收费标准，就必须要有一个合理合法的收费决策程序，应当对价格、成本进行调查，多方听取当地居民、游客、经营业主、旅游研究专家等的意见，对于公开价格听证会要做好会议记录、成本调查、收费用途等详细的资料信息，使整个收费程序高度透明化。

二是统筹协调各方利益，保证机会均等。古城门票的制定所面临的是一个调整各方利益冲突，触及一些深层次矛盾的艰难发展阶段。在这样一个复杂的阶段里，一定要统筹兼顾好各方的利益关系。每一条政策的制定和推出都要照顾好各方的利益，将不同群体、不同阶层的利益纳入进去，对于古城所涉及的政府、旅游公司、商户、居民、游客等各个利益相关方的具体利益相协调，找出最合理的平衡点，统筹兼顾不同方面群众的政治、经济、文化、社会权益，最大限度地反映和体现社会各个方面的利益要求，让旅游发展的果实为各方共享。

三是注重社区参与，实现共建共享。进一步增强社区的凝聚力，发挥多方力量优势，共同参与古城门票收费制度改革，在加强旅游管理工作中，发挥社区专业人士的智慧，让民间智慧得到新体现，使社区居民反映的问题和合理诉求可以得到充分尊重，关键点就是抓落实，要努力提高古城内居民的"主人翁"意识，使他们更加积极参与古城收费模式的改革，政府应该为居民和各方利益群的沟通搭建一座桥梁，使群众能够对门票改革制度行使知情权、参与权、表达权和监督权，进而减少改革阻力，实现共建共享。

四是加强社会三方参与，共谋古城发展大局。政府制定相关包容性政策时，积极加强社会智慧和力量的参与，加强游客的互动沟通平台建设，打造社会力量参与的决策沟通平台和机制，集思广益，共同谋划古城旅游可持续发展。社会第三方的参与，在制定相关政策时更能够为地方政府服务，帮助政府进一步完善古镇旅游发展政策。同时，还能够发挥旅游社区的互动功能，提升社会第三方的主人翁感，起到为古镇旅游发展宣传的作用。

综上所述，实施全域旅游助力反贫困是湖南旅游经济发展方式的战略选择之一。湖南旅游经济带动地方脱贫致富已经取得一定的成效。当然,在全域旅游助力反贫困过程中也出现了一些问题,典型案例是凤凰古镇门票收费制度改革事件,湖南旅游业在今后的发展过程中,要引以为鉴。在此基础上应继续借助当前政府对旅游包容性发展的支持,将少数民族风情与乡镇特色旅游相结合,以民俗为主题,乡村自然景观为特色,休闲参与为主要方式,以实现湖南全域旅游的跨越式发展。

总之,通过对新疆、福建和湖南我国三个省级行政区域关于全域旅游助力反贫困的案例研究发现以下共同成功点:一是坚持中央关于全域旅游发展的大政方针,根据自身特色寻找贫困地区旅游开发的吸引物基础,建立旅游经济增长点,做好全域旅游开发示范工作。二是基于中国基本国情,坚持地方政府引导旅游开发,做好旅游开发相关配套政策的制定和服务工作,特别是把少数民族地区如何做强乡村旅游品牌放在首位。三是在旅游开发的同时,重视乡镇农业和生态产业的发展,不仅夯实了现代化农业发展的基础,而且在引入旅游发展过程中,逐步增加相关产业的经济价值,最后形成以旅游产业为系统构建载体的多产业融合体系。四是在促进全域旅游助力反贫困包容性发展方面,突出旅游扶贫功能,转变扶贫思路,鼓励居民积极参与旅游开发,利用自身拥有的土地、房屋、农作物、剩余劳动力等资源条件实现充分就业,变传统"给予"式扶贫为"产业"扶贫,推动贫困乡镇走可持续脱贫之路。

第二节 国外典型案例

由于"全域旅游"是中国特色旅游发展的指导理念,国外目前尚没有"全域旅游"方面的研究。但是关于发展旅游助力反贫困的案例不在少数,主要以"旅游扶贫"领域为焦点,探索旅游反贫困的功能。

一 印度包容性旅游反贫困的主要路径

位于南亚次大陆的印度是四大文明古国之一,大部分地区属热带季风气候,北靠着世界巅峰喜马拉雅山,是探险、登山、滑雪的胜

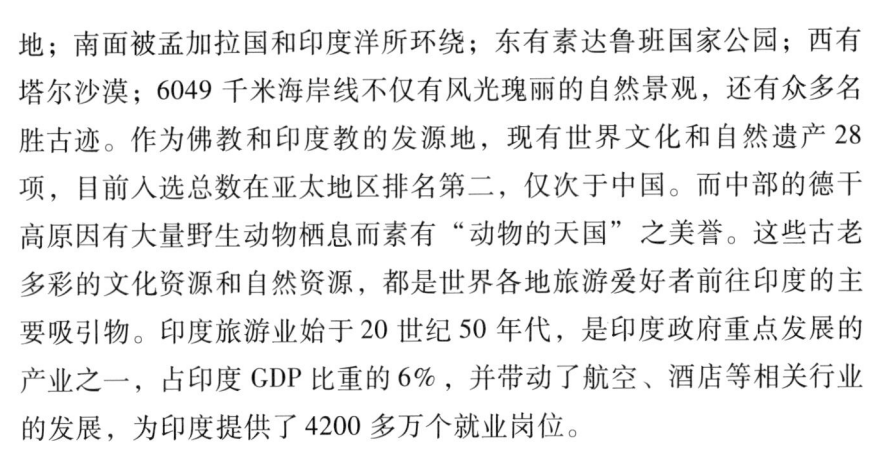

地；南面被孟加拉国和印度洋所环绕；东有素达鲁班国家公园；西有塔尔沙漠；6049千米海岸线不仅有风光瑰丽的自然景观，还有众多名胜古迹。作为佛教和印度教的发源地，现有世界文化和自然遗产28项，目前入选总数在亚太地区排名第二，仅次于中国。而中部的德干高原因有大量野生动物栖息而素有"动物的天国"之美誉。这些古老多彩的文化资源和自然资源，都是世界各地旅游爱好者前往印度的主要吸引物。印度旅游业始于20世纪50年代，是印度政府重点发展的产业之一，占印度GDP比重的6%，并带动了航空、酒店等相关行业的发展，为印度提供了4200多万个就业岗位。

（一）印度旅游的主要类型

为了将印度打造成为365天都适宜旅游的目的地，印度相关部门基于"不可思议的印度"这一国际旅游品牌，抓住本国旅游吸引物的特点，将同质或同区域旅游目的地进行系统规划，很好地与"不可思议的印度"之旅结合了起来，全面开发了适应其自身旅游季节的印度风情旅游产品，以观光旅游产品、探险旅游产品和文化旅游产品三类为主，通过资源整合满足不同旅游者的需求。目前，印度官方公布的主要旅游类型及线路如表5-4所示。

表5-4　　　　　　　印度旅游发展的主要类型

主要旅游类型	旅游线路名称	主要旅游类型	旅游线路名称
观光类	"金三角"旅游线路	探险类	丛林诱惑之旅
	印度海滩之星	文化类	遗迹之心旅游路线
	东北印度之行		佛教徒之旅
	喀拉拉之净水		伟大朝圣之行
	海岛假日		神殿之路
探险类	沙漠探险之旅		宗教石之遗迹
	探险运动之行	其他类	医疗旅游、博物馆旅游等

由表5-4不难发现印度政府对于文化旅游的重视程度不亚于观光旅游，并将文化旅游作为推动印度今后旅游业发展的重点，其中包

含历史文化、宗教文化、民俗风情、民间工艺等旅游吸引物,并为旅游者安排丰富多彩的节目及娱乐如沙漠骆驼之旅能让旅游者更近距离地体验印度的风土人情,当一回"骆驼骑士"。另外,印度民族众多,人种复杂,造就了印度独特的宗教文化和地域民俗风情,素有"世界人类学博物馆"之称。其博物馆发展更为多元化除了令人叹为观止的印度古建筑文化遗产遗址,还有民间艺术博物馆、博物学博物馆、科学博物馆等。

(二)印度包容性旅游反贫困的现状

1. 印度包容性旅游扶贫战略的提出

印度经济在发展旅游业后有了长足发展,但由于体制、城市化、种姓制度以及种族教派冲突等原因,印度贫富差距特别突出,绝对贫困人口的减贫速度十分缓慢,甚至低于世界上最贫穷的国家。为了解决制约印度经济与社会发展的贫富差距问题,2006年印度政府率先将体现旅游包容性发展特征的"负责任旅游行动"作为实施印度旅游扶贫战略的主要选择。2008年印度政府在理论上对贫困与包容性增长作了详细的阐释。2011年亚行以印度为研究案例,把印度战略规划成为一个拥有"伙伴关系"的包容性增长的国度。印度新政府在《2007—2012印度第十一个五年计划》中,明确提出了"包容性旅游扶贫"战略,旨在从根本上减少贫困人口,促进贫困人口机会均等和均衡分享旅游发展成果;并决定把旅游扶贫作为缩小贫富差距,带动经济增长的引擎。2009—2014年印度政府战略规划出基于包容性发展的宽带信息基础设施增长路径,为印度包容性旅游提供了一个传送平台。

2. 印度包容性旅游扶贫的地方实践

印度南部地区的包容性旅游扶贫项目,在植入了卡普尔先生构建的基于印度包容性旅游增长的社会公平模型后,使贫穷人口均衡地分享到通过旅游就业摆脱贫困的机会,取得了很好的脱贫效果。这种模型实质上就是由地区政府、旅游企业、社会团体、旅游资源地贫困居民多边合作参与的一种包容性旅游扶贫发展的实践模式。在经济全球化的大背景下,旅游业正在成为促进印度经济社会发展,帮贫致富的一个重要领域。据印度公布的旅游统计数据,2006年至2007年间,印度通过旅游发展直接或间接增加就业岗位3880万个;到2008年年末,旅游年收入更是达到9440亿卢比。经过近十年的实践总结,印度已探索出一些受权威国际机构肯定的包容性旅游扶贫模式,为发展中国家实现旅游包容性增长提供了新的经验和思路。

(三) 印度包容性旅游反贫困的主要路径

1. 政府大力支持旅游业发展

为了实现旅游帮贫脱困,印度政府积极开发旅游,把旅游作为经济发展的重要核心之一。印度第二个五年规划正式把旅游业发展列入其中,此后,印度政府还对旅游业的各项指标做出具体的发展规划。1983年4月印度政府决定对自东盟、欧洲共同体28个国家,进入印度逗留不超过2个月的游客免签证。1989年印度政府为了更多地吸引外国游客,一方面开放四个国际机场,另一方面允许国外开通至印度的航线。1990年10月,印度颁布了《旅游法》。到1993年年底,印度政府共宣布对45个国家的外国游客免办签证。印度第九个五年规划根据本国自然、人文旅游资源特点,以旅游基础设施和产品建设为切入点,做好做强旅游业。2010年为解决酒店客房供不应求的问题,政府一方面呼吁市民开设家庭旅馆,另一方面批准希尔顿集团在印度建设72家旅馆。2011年投资323千万卢比用于重点旅游地区的旅游吸引物与旅游基础设施建设的开发。在印度第十个和第十一个五年规划中,印度政府制订了国家四大战略计划和旅游政策,来支持印度旅游业实现跨越式发展,指出要持续改善现有旅游产品,并建设世界级的旅游基础设施,使其适应新的市场需要,增强印度国际旅游目的地的竞争能力。

另外,为了促进旅游经济的稳定增长,印度政府每年都拨出大量资金帮助贫困居民发展旅游业,并同马来西亚和新加坡达成协议开发建成"东方加勒比旅游区"国际旅游度假胜地;与马来西亚和泰国协商建立加强协调三国旅游业相互合作的常设旅游联盟机构。

2. 借助旅游品牌建设,促进生产性就业岗位增加

印度在海外的旅游宣传口号从"心灵印度""五彩印度"到"难以置信的印度"都不足以概括印度的独特性。2002年,印度正式提

出"不可思议的印度"这一印度旅游市场营销品牌,该旅游营销品牌完美地将印度所有的旅游和文化元素包含在其中,成功地将印度塑造成令人神往的独特旅游目的地,并促进了印度经济的增长。

此外,印度政府还预期通过"不可思议的印度"全球竞争战略,达到以下帮贫致富的目标:鼓励全球旅游组织或私营部门,通过印度全球著名旅游品牌,在参与印度旅游经济发展的同时,带动印度农村地区的旅游经济发展,重视特色旅游的开发,以此增加旅游直接和间接相关产业的就业岗位,促进贫困人口脱贫。2011年据世界旅行与旅游理事会统计,印度旅游创造出约2493.1万个直接就业岗位,排名世界第一,解决大量贫困人口的就业问题,实现经济与社会共同发展。

3. 全民参与促进均等发展,共享旅游成果

一方面,印度政府公共部门投资,与私营企业签订公共与私营合作模式计划(PPP),由印度政府规划和提供资金支持,利用私营企业的较高工作效率,授权私营企业承担旅游基础设施等公共服务的建设,以此带动当地经济的发展。另一方面,印度政府为旅游相关服务商提供政策和资金上的市场发展援助计划,调动这些企业通过印刷品宣传、组织销售与学习旅行、参与集会和展览会三种途径,向全球宣传印度的自然风光、历史遗迹、宗教仪式、民俗生活、传统文化等,以此积极参与印度政府旅游营销计划。以上两方面均主要体现了印度在旅游业方面国家政策的社会公平包容性。

旅游业是一个劳动密集型产业。以印度探险旅游的滑雪、帆伞运动和热气球等项目为例,这些项目的运营,都必须靠贫困居民手工操作,并为游客提供富有人情味的服务。为了解决贫困居民参与的技术操作障碍,印度政府特别提供了2207.6万卢比资金来培训贫困居民。2009—2010年印度政府开展食品加工生产、饮食服务、旅游服务等短期技能培训;2013年根据残疾人员、收留儿童、低劳动技能妇女、监狱服刑人员等人群自身特点,有针对性地对其进行导游、旅游服务人员、马球男仆等培训,这体现了旅游业就业层次的高度包容性。

（四）地方实践：印度库玛拉孔包容性旅游扶贫开发模式

1. 印度库玛拉孔的旅游发展现状

喀拉拉邦位于印度西南部，地处沿海山地，临阿拉伯海，与斯里兰卡隔海相望；南北狭长，北部沿海地带多沙丘，南部几乎全为丘陵；东靠西高止山，中为马拉巴尔平原。属于热带森林气候，森林面积约15000平方英里，占总面积的1/3，炎热多雨，雨量充沛，有44条河流，旅游资源极其丰富。该邦人口以种植农业为主，经济发展十分落后，众多贫穷的农村人口长期制约了印度经济社会发展。为了通过旅游脱贫致富，2006年"负责任旅游行动"在库玛拉孔景区开始实施。经过多年来全民的积极参与，昔日的贫困之地库玛拉孔得利于丰富的自然河流，特别是湖泊景色享誉印度，由于库玛拉孔外连印度洋这一特殊的地理位置，其水上旅游项目因此吸引着来自世界各地的游客。但由于游客增多和旅游经济的发展，当地原生态的自然资源环境被人为破坏，贫富差距日益拉大。而该邦政府已经意识到要实现可持续发展的旅游，除了要加强环境的规划和保护，还要重视旅游扶贫中的包容性发展作用。

2. 印度库玛拉孔的包容性旅游扶贫开发主要路径

卡拉布先生提出公共与私人合作模型，即印度包容性旅游增长社会公平模型，通过对喀拉拉邦等邦的试点，促进了贫困山区的发展，减小了贫富差距，成为印度通过旅游脱贫致富的成功模式。该旅游扶贫模式是印度政府从旅游包容性发展的顶层战略设计入手，地方政府自治为切入点；通过立法保障贫困居民或弱势群体的参与权，引导贫困居民建立个体的旅游发展责任意识；联合企业等社会力量，通过政府投资鼓励企业等社会力量参与旅游开发，共同构建喀拉拉邦库玛拉孔旅游的可持续发展。

库玛拉孔的实践证明，印度包容性旅游扶贫开发模式，包括以下几个方面。

一是印度政府在国家战略层面上，明确把入境旅游作为经济增长的全球竞争战略。在保障本国旅游经济发展的同时，倡导各邦走旅游经济包容性发展的道路，制定利益均衡政策，从立法、规划、劳动者权益、咨询等多个方面开展合作，以此实现旅游社区的可持续发展。

二是印度政府重视本国的旅游项目投资建设。特别是对拥有文化特色和印度风情的边远贫困山区、历史文化区、自然保护区及潜在旅游区进行大笔投资，全面并合理地进行旅游路线开发规划，构建自然景观特色或区域文化特色的旅游线路系统吸引物，从而实现旅游系统价值的最优化状态。

三是公民社会组织直接参与，弥补政府不足。印度政府与公民社会组织共同享有对当地旅游资源的管理权、对旅游开发产生的环境问题及经济问题的干预权、对旅游项目建设的实施权和监控权。当地企业有权对旅游目的地进行产品的开发与供应，并对旅游产品的质量安全、供应时效进行考核，对那些严格实施旅游包容性发展的相关企业还会进行奖励。如此一来，一方面为企业提供了技术性、专业性的社会服务，节约了旅游开发建设的能源和资源，帮助旅游企业降低成本。另一方面，弥补政府提供旅游产品类别小、内容创新性不足等旅游公共产品问题，实现了社会包容、机会均等。

四是立法保护贫困居民权利，促进贫困居民增强自身旅游包容性发展意识。印度政府通过支持贫困居民个体创业，减免税收等优惠政策，鼓励旅游企业发展旅游手工艺品制造业、批发零售业、餐饮业、运输业等，充分拓展就业对象，使贫困居民能均衡分享到机会，增加收入，走上富裕之路。引导代表民意的各种公益性组织参与旅游包容性发展工作，监督并确保相关法律法规的有效实施。

五是编制法规保护旅游目的地的可持续发展。成立森林保护委员会，制订旅游景区的废水、废渣、废气等废物处理方案，立法保护湖泊、河流、森林等公共自然资源，促进环境的可持续性发展，以此实现经济社会和人与环境的和谐可持续发展。

由于采取了上述措施，这种包容性旅游开发路径不仅为喀拉拉邦带来经济脱贫，还转变了喀拉拉邦地区人民的思想观念。据数据统计，喀拉拉邦在发展旅游后所有居民的识字率上升到了95%。旅游资源的包容性开发使该邦成为世界著名的十大乐园之一，当地居民也因此过上了幸福而有尊严的生活。

印度政府在全力打造旅游全球战略的过程中，以包容性发展为出发点，本国特色文化背景为内容，促进了旅游业相关利益主体的利益均衡，最终实现了印度少数民族贫困地区的经济发展。印度包容性旅游扶贫开发重视政府的引导作用、环境的保护、居民意识的教育和权利的赋予，积极鼓励居民和社会群体参与到旅游景区开发中，形成各方利益相对满意的协调合作模式。虽然印度是一个贫穷国家，但是从国家旅游包容性发展战略指导，提出"不可思议的印度"全球营销品牌，到库玛拉孔典型景区案例实践，充分说明了印度旅游开发在包容性发展道路上，走出了一条"印度之路"，发展成果惠及旅游目的地普通百姓。作为与印度有类似基本国情、厚重历史文化、多彩民族文化、丰富旅游资源的中国，印度旅游发展的成功经验和失败教训是值得中国深思和借鉴的。

二 泰国民族特色旅游产业反贫困的主要路径

旅游产业是一个综合性的产业系统，在现代服务业发展中作出了巨大的贡献。根据 2016 年 WTTC 数据统计，旅游业每年贡献约 7.2 万亿美元，并创造了全球 9.1% 的工作岗位。此外，旅游业在刺激经济增长的同时，还起到了为大众创造就业机会，增加人民收入，减少贫富差距的作用，这与"包容性发展"的理念不谋而合。对于亚洲发展中国家而言，旅游成为提升国家经济水平的重要支柱之一。泰国作为世界旅游强国，在旅游促进国家经济发展和增强全球竞争实力方面，已经塑造了一个成功典范。同时，泰国作为佛教国家，社会秩序相对稳定，文化氛围平和有序，且国家开放程度较高，法律环境比较宽松。泰国旅游开发较早，在东南亚国家中也是整体环境较好的旅游目的地。据最新数据显示，2016 年泰国接待入境游客 3257 万人次，较 2015 年增长了 8.86%；入境旅游收入 16378 亿泰铢（约合 3193 亿元人民币）。泰国旅游产业的繁荣成为推动泰国经济发展的重要动力，为每一位泰国公民带来了巨大的发展红利，同时也提高了参与全球旅游竞争的能力。

（一）泰国民族特色旅游产业发展的主要开发模式

多年以来，泰国经济曾遭遇过多次重大危机，但无论是 1997 年的金融风暴、2011年的次贷危机,还是2013年至2014年的国内政治动乱,与农业和工业的迟缓发展相比,旅游产业总是最先恢复的经济实体。据曼谷邮报报道,时任泰国旅游体育局秘书长斯维塔兰德拉先生表示,2016年旅游业营收共占泰国GDP的17.7%,这一比例预计将在2017年继续保持在17%至18%的水平,旅游业营收预计将创造77100亿美元价值,比2016年增长8.17%。得天独厚的旅游资源、独特的人文资源加之政府的大力扶持使泰国的旅游产业在近年得以高速发展,旅游的发展不仅给泰国赚取了大量的外汇,为工业化的发展积累了资本同时也带动相关产业解决了大批城乡剩余劳动力的就业问题,其民族特色旅游产业发展的主要模式包括以下几方面。

1. 政府主导型旅游产业开发模式

泰国旅游业能够取得今天的成绩,与政府的大力支持紧密相关。多年来,泰国政府一直坚持把泰国建设成为亚洲的旅游中心,并跻身世界高端品质旅游胜地,用旅游品质参与全球经济发展和竞争作为战略目标。为了战略目标能够顺利实现,政府主导型旅游产业竞争模式应运而生,主要有以下几个方面的内容。

一是确定"旅游立国"的目标。自20世纪90年代开始,泰国政府就将"旅游立国"确定为经济发展战略。该战略的实施主要为通过政府先行规划,继而引导、加大对旅游产业各节点投资与宣传力度,促使整个旅游产业链中各个部门能够协调发展,同时吸引外商企业入境投资开发,最终实现泰国经济的稳定繁荣。这一战略的实施,极大地挖掘出了旅游产业的关联效益,在带动其他产业发展的同时还在一定程度上促进了落后地区的开发。通过政府的顶层引导,旅游产业的先导作用被全面挖掘出来,在泰国的经济发展中占据了重要地位,同时,使泰国成为亚洲旅游业中的佼佼者,并且在整个世界上也占有了一席之地。

二是实施统一的旅游管理体制。在旅游产业管理层面,泰国一直优化其政府管理职能。最初阶段,泰国对旅游产业的管理职能类似于市场促销型的单一职能。现阶段其对旅游产业的管理职能转变为行业间自上而下的管理模式,该种转变充分体现了集权式的特点。另外泰国政府还专门成立了最高旅游管理机构"旅游管理委员会",其在泰国旅游业政府主导模式的发展过程中功不可没。

三是加强旅游宣传和促销活动。从20世纪90年代以来,泰国政府就采取各种财政政策促进旅游的发展,每一年会花费大量的政府支出用于宣传和促销。为了在海外发挥品牌效应,通过各种媒介进行宣传,比如互联网、电视电台、旅游杂志等将制作的精美视频、旅游手册等在全世界范围内进行宣传。另外为了方便与国外政府、公众、新闻媒体等进行交流沟通,直接在许多国家设立了办事机构,专门负责旅游方面事务的协商,通过这种全方位的宣传手段,招揽了大量海外游客。

2. 公司主导型旅游产业开发模式

泰国在旅游发展中,也特别重视社区居民的参与,保障社区弱势群体基本权利,使每一位社区居民都能享受到旅游发展带来的好处,逐步形成一种公司主导型的旅游产业竞争模式。在这种模式下政府只通过一些政策的支持起到引导的作用,整个旅游业的经营管理权归公司所有,并能够对最终利益行使分配权。其中泰国在某些地方遵循的旅游合作社发展模式就是公司主导型的一种,但与通常意义所说的以追求最大利润为目的的公司不一样的是,在旅游产业发展中起主导作用的公司,承担着巨大的社会责任,负责环境的治理保护,追求利润已经不是他们的唯一目标,他们会将收益的绝大部分都投入到环境保护上,具有极大的社会公益性,为泰国旅游产业的可持续发展做出巨大贡献。综观泰国的旅游产业,这种模式在北碧府表现得尤为突出。为了在保护当地的生态环境的同时能够充分挖掘北碧府的旅游市场价值,1995年6月生态旅游合作社公司(KEEC)获得政府的大力支持,在当地成功注册。该公司秉承保护环境、促进居民均等发展的理念,为旅游包容性发展做出了很大的尝试。公司主导型模式的运作主要包括下面几个方面的内容。

一是KEEC的目标。生态旅游合作社的目标是在促进旅游可持续发展的同时,能够帮助当地居民共享发展机会和发展成果,增加当地收入,并且为国内外旅游者提供高质量的生态服务,实现旅游包容性发展。

二是 KEEC 开展的主要项目。KEEC 的工作主要是通过一些培训增加就业岗位、吸引资金投资一些保护环境和帮助居民增加收入的项目，主要包括以下内容：培训制作环保精致的手工艺品、纪念品、保护濒危动植物，设立当地农产品市场合作社商店和超级市场合作社储蓄银行，为发展生态旅游的小型企业提供贷款等。

三是 KEEC 生态旅游活动的战略计划。与所有发展生态旅游的组织建立联系，通过交流合作，共同发展，不断推动 KEEC 目标的实现。另外，通过对当地居民进行大量的培训指导，尤其对那些没有一技之长的居民格外照顾，使他们也能够通过自己力所能及的劳动创造财富，促进居民共同富裕，并且给他们灌输环保的意识，在他们增加收入的同时能够自觉地承担起管理生态旅游事务的责任，促进北碧府旅游业不断向包容性方向发展。

四是 KEEC 的具体经营策略。首先，体现在垂直型的管理体制方面；其次，通过各种融资手段，如向金融机构贷款、号召私人捐款、在证券市场上出售公司的股份等形式筹集资金，为生态旅游发展提供坚实的资金支持；最后，在整体的运作过程中，设立统一的服务机构，并且建立信息交流中心，使各个会员、组织之间能够无障碍交流、分享经验，促进共同进步，并且有一个标准的利益分配机构，使旅游发展成果能够在各会员之间合理分配。北碧府利益分配体系如图 5-2 所示。

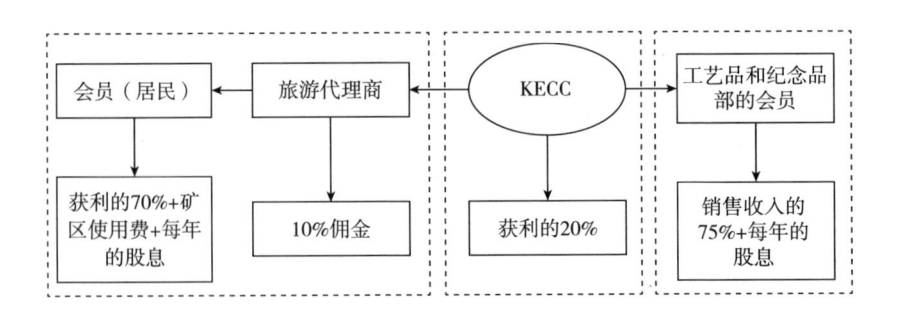

图 5-2　泰国北碧府利益分配体系

资料来源：根据相关资料整理。

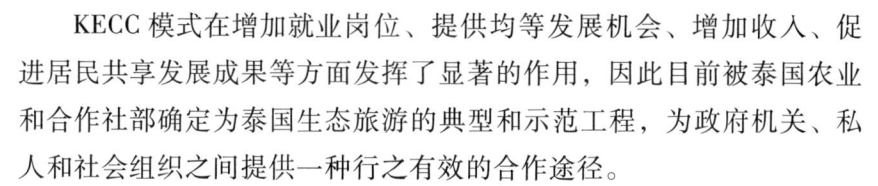

KECC模式在增加就业岗位、提供均等发展机会、增加收入、促进居民共享发展成果等方面发挥了显著的作用，因此目前被泰国农业和合作社部确定为泰国生态旅游的典型和示范工程，为政府机关、私人和社会组织之间提供一种行之有效的合作途径。

3. 政府引导+企业投资型旅游产业开发模式

旅游是一项系统性工程，涉及"吃、住、行、游、购、娱"六大产业，因此所形成的旅游产业各领域都有很强的相关性，有时候单单依靠政府的力量，不可能形成有效的供给，因此需要企业的投资，加快旅游目的地、旅游专项产品、购物产品和休闲产品的建设，以此支撑和壮大旅游业的整体产业地位。其中，泰国旅游局曾制定《1997—2003年促进旅游业发展的政策》，其中重要的一条内容就是：增进公共与私人部门之间的合作，政府和当地企业一起承担、解决旅游业的相关问题，加强对旅游资源的管理，尽可能减少旅游资源的损失，促进旅游业的可持续发展。

同样地，泰国旅游业的繁荣发展，又不断吸引一大批企业来泰进行投资。许多的投资者最初只是普通的旅游观光者，在旅行的过程中被泰国的人文景观、优美环境、特色项目等吸引，通过多方面的考究，最终决定注入资金来泰国进行投资。企业在投资前会做一系列的考察工作，比如与当地居民深度的交流以了解一些实际情况、向泰国旅游机构咨询以获得比较官方的资料、和其他的国外旅游者交谈以了解泰国旅游市场的发展潜力、通过网络查询相关旅游企业的公司报表以掌握泰国旅游业的发展现状。

总之，通过一系列的实地考察对项目投资进行可行性分析，当预期的投资收益大于投资成本时，才会决定进行投资，并且为了最大限度地降低风险，积极寻求当地合作伙伴，在投资方案中确定好场地建设的地点，进入的时间以及投资金额等，为投资项目能够顺利实施做好提前的准备。目前泰国的许多大城市已经形成"政府引导+企业投资"的旅游发展模式。例如，在曼谷、芭提雅、清迈、苏梅岛均拥有如希尔顿、文华、香格里拉、假日等高档次酒店，充裕的一流宾馆给游客和商务旅行者提供了很大的选择余地。许多企业投资海滨胜地开发,芭东海滩、帕塔亚等已成为著名的旅游度假村。另外,在泰国有50多万平方千米的国土面积上却分布着大量出自世界各地顶级设计师之手的高尔夫球场,对这些高档设施的投资,吸引了一大批游客来此进行尊贵体验,这些高收入人群的消费对旅游业的贡献非常大。

由此可见企业投资对旅游业的发展起着重要的作用,这种政府引导+企业投资型旅游产业开发模式主要体现在以下几个方面。

第一,政府的高度重视。首先,政府提出一系列的支持政策。泰国政府在国家的层面上设立了专门促进旅游业发展的行政机关——国家旅游局,并要求各府建立相关的部门,以便能够进行自上而下的监控。把旅游业发展提升到国家经济发展的战略高度上,并通过一系列的财政政策,投资于旅游业相关的基础设施建设方面。

其次,加大宣传力度。泰国政府高层充分利用每次在世界上对话的机会,大力宣传其国内的旅游业,加强外国人对泰国"微笑国度"的认识,并且每年通过大量拨款在各种传播媒介上播放国内的旅游宣传视频,展览精美的旅游手册等,通过全方位展示泰国独特的文化、人文景观、无与伦比的自然环境,吸引大量的游客。

最后,培养旅游人才。泰国非常重视国民教育,尤其重视对旅游业这样的支柱产业的教育,为了促进泰国旅游业的持续不断发展,关键在于人才的培养方面。比如,导游、旅游业的监督管理者通过资格考试才能从事相关工作,这进一步促进了泰国各个高校争相开设旅游相关专业课程,每年大量相关专业的毕业生为泰国旅游业的发展提供了源源不断的人力资源。

第二,旅游业成熟的旅游管理与服务水平。旅游业是一种现代服务业,而服务业要想取得巨大的经济效益,必须提供高质量的服务水平,因此,泰国政府相当重视旅游的服务质量,所做的具体努力包括:提供综合服务,满足游客旅行过程中方方面面的需要;旅游业产业链上各个部门的工作人员在服务游客时,自然流露出真诚的微笑,给游客留下和善的印象;相关工作人员在工作时,始终保持强烈的敬业精神,把全心全意为游客服务放在第一位,及时解决旅游面临的各种问题。如曼谷东方饭店因为其特别优质的服务,一直好评如潮,接连多年被评为世界上十大著名旅游饭店之一。可见泰国旅游业的管理水平和服务质量，不逊于发达国家。

第三，市场营销策略结合目标群体的兴趣和爱好。为了使游客在旅游过程中得到极大的满足、不断拓宽泰国旅游市场，泰国相关旅游机构每年都进行营销策略的创新，最终形成将整个商业机构与旅游景点和游客联系起来的经营模式。在营销中，始终将顾客的诉求放在第一位置，不断创新服务，随时随地为他们提供方便快捷的资讯，并创建咨询平台，顾客有什么需要时，可以直接通过咨询平台第一时间得到解答。另外，为了给每一位游客提供个性化的服务，专门创建了包括他们详细资料的数据库，主要包括姓名、性别、职业、收入水平、年龄、兴趣爱好等，更重要的是随着游客信息的变化数据库的内容也随时更新，这样可以通过数据分析，准确及时地了解游客的偏好以及消费习惯变化，为泰国相关旅游部门的政策颁布以及实施提供科学的参考，有助于旅游机构与游客之间建立长久的联系。

第四，旅游企业不断推出新的旅游产品。为了适应旅游市场的不断变化，泰国旅游企业经常考虑游客的反馈信息，不断整合现有的旅游资源，专注于打造精品旅游路线，使游客方便快捷地根据自己的偏好选择合适的线路。根据泰国现有的旅游资源，已经开发出休闲度假、特色文化旅游、山地民族生态旅游等系列的旅游产品。并且，专门根据游客的需要打造了一系列的诸如宗教、文化、蜜月等形式各种各样、活动多姿多彩的旅游项目，给游客留下了深刻的印象。另外，旅游企业利用当地举办国际会议的机会，进行宣传，招揽游客。由于参会者的身份地位比较高，加上有些会议需要详细商谈，持续的时间比较长，所以他们停留的时间也长，提高了消费水平，相应地增加了旅游企业的收入，带动了当地的经济发展。

在政府引导+企业投资型的旅游产业开发模式中，一方面通过政府政策的大力支持，以及对基础设施的建设、旅游特色产品的积极宣传和促销为泰国旅游业不断繁荣发展奠定了基础，为旅游业的发展营造了一个良好的宏观环境，另一方面，大量资金投资于旅游业的发展中，旅游业整体的管理水平与服务水平不断提高，通过整合资源促进旅游产品的迅速推陈出新，进行多元化发展并强化优势项目，通过一系列的措施吸引大批的游客来此体验享受。但是，这种模式没有考虑到大众的参与，不利于村民的共同富裕，一旦政府与企业合谋，旅游发展的成果就会被他们全部剥夺，严重扭曲旅游发展的宗旨。

4. 政府引导＋企业投资＋农户参与型旅游产业开发模式

以前泰国政府和相关旅游开发商由于环境保护意识比较淡薄，过度重视经济效益而忽略了社会效益，许多风景区正是由于被过度开发利用，已经超过了当地景区的环境承载力。另一方面，在发展旅游的过程中，没有注重居民的诉求，造成发展方向严重偏离社会均衡的后果。后来为了保护景区的生态环境以及促进居民能够共享旅游发展成果，泰国不断探索寻求包容性的旅游发展道路，如在某些地区采取的"政府引导＋企业投资＋农户参与型"的发展模式，包容性得到大大提升。相对于政府引导＋企业投资模式而言，政府更加重视居民的参与，重点表现在以下几个方面。

一是尊重公众的意见。泰国自然资源丰富，名胜古迹众多，加上独特的佛教文化以及建筑风格，吸引了全球游客的目光。但出于促进国内旅游业长久发展的目的，泰国并不满足于过分倚重名胜古迹、人文资源等来发展旅游业。他们集思广益，一致建议要创新旅游项目来吸引游客的注意力，提高旅游的参与度。其中享誉世界的泰国"人妖"表演，就是通过大众的参考意见，不断发展起来的独特项目，在全球范围内形成很大的影响力。

二是社区居民广泛参与。在游客旅游的过程中，通常为了纪念这次旅程，经常会向村民购买一些具有当地特色的手工艺品、画册等；村民也能够从为游客提供食宿中获得收益，当然制作手工艺品是其中最容易增加居民的收入、提高其生活水平的途径。村民亲自制作的这些手工艺品，一方面可以直接向游客出售；另一方面，可以出售给投资企业在本地开设的手工艺交易连锁店，从中获取收益。另外，通过当地居民对生态环境、文物古迹的保护，可以促进泰国旅游走可持续、包容性的发展道路。

如图 5-3 所示，这种模式既有效发挥了政府的政策引导作用，又引入了企业的大力投资，通过开设相关的各种店铺、公司，促进了相关产业的发展，为居民提供更多的就业机会，实现了全民发展。同时由于政府充分考虑了公民的意见，调动了公民投入旅游事业的积极性，最终有利于实现政府、企业和居民的利益共享和均等发展。可见该模式是现实中一种较好的包容性旅游发展模式。

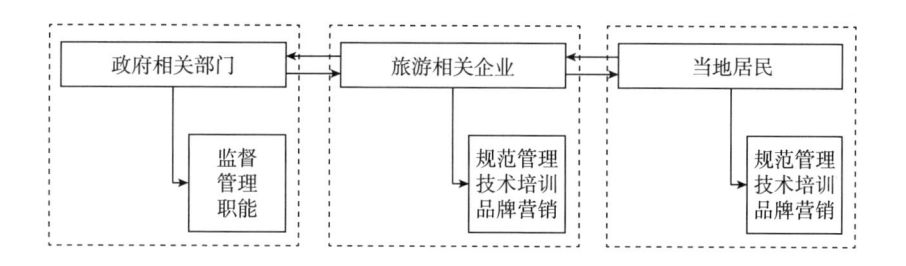

图 5-3 泰国"政府引导+企业投资+农户参与"型旅游产业竞争模式

（二）泰国黎敦山民族特色旅游产业反贫困的个案研究

泰国黎敦山区（黎敦山）位于泰国清莱府的北部，生活着阿卡族、掸族、伊哥族等泰国少数民族，是泰国的一个少数民族聚集的山区。黎敦山山区曾经满山遍野地种植罂粟，制毒贩毒特别猖獗。在政府的扶持下当地通过转变生产方式，大力发展农业、旅游业及相关产业。其中旅游业的发展表现得非常突出，逐渐走出一条政府引导+企业投资+农户协助型的旅游发展道路，增加了当地居民就业岗位数量和提升了劳动就业收入，促进了他们机会均等地发展，其主要内容包括以下几个方面。

1. 政府出台政策，大力支持旅游发展

黎敦山山区，曾经处于泰国、老挝、缅甸三国的交界处，由于地处偏僻，经济发展水平低下，三国政府对其都不太重视，没有政府相关部门的关注与扶持，加重了黎敦山山区的贫困与闭塞。由于当地气候湿润加上有利的温度条件，对罂粟的成长非常有利，当地群众曾经想通过种植罂粟满足生存需要，因此大肆地破坏山上的树木，增加种植罂粟的面积。由于山民不计后果地毁林,到20世纪60年代,一方面,当地的森林生态系统受到很大程度的破坏;另一方面,并没有像山民所期待的那样通过种植罂粟增加收入,事实上,他们却染上了烟瘾,生活水平每况愈下。

现实的严重性引起泰国政府高层的关注,为了彻底改变环境恶化、山民生活穷困潦倒并且受制于毒品的现状,诗纳卡琳皇太后在1986年1月16日亲自发起"黎敦山发展项目——皇太后基金会"项目。这个项目时间跨度30年,规划分三个阶段完成:第一阶段为1988—1993年,此阶段的主要任务是在政府的扶持下大力发展基础公共设施,提高当地的医疗水平,为了满足村民的生存需要,对他们进行针对性的教育培训,帮助他们掌握一技之长,制止他们种植罂粟,从而在源头上遏制制毒贩毒的活动。第二阶段为1994—2002年,此阶段的主要任务是通过前几年的努力,逐渐恢复生态系统的均衡,鼓励村民种植经济作物,并对他们进行简单手工艺品制作的培训,谋求旅游产业的发展。第三阶段为2003—2017年,此阶段主要着眼于在项目结束时,当地村民能够实现自我管理、自我发展,最终推进村民自治。经过近30年的发展,黎敦山山区已经发生了翻天覆地的变化,早已改变昔日穷困、闭塞的模样,处处散发出勃勃生机:道路整洁、空气优良,每年均有大量的游客来此感受大自然的魅力,体验当地的生活,高质量的农产品和手工艺品也在海外享有盛名。

2. 鼓励利益相关者共同参与,共享旅游成果

旅游业是一项综合性产业,涉及"吃、住、行、游、购、娱"六大行业,因此在旅游业的发展过程中涉及一系列人员,根据有关学者的研究成果得出,旅游活动的利益相关者主要包括政府、旅游企业、游客、社区、社会公众。在黎敦山旅游区整个发展过程中,这些利益相关者分别贡献了自己的力量。

一是在20世纪60年代,黎敦山山区生态环境严重受到破坏、人民生活水平极其低下,在当时条件恶劣的情况下,唯有通过政府的支持,才能走出困境。顺应发展的需要,政府(皇室)站在国家的层面上颁布了一系列政策支持当地发展,具体包括:通过准确的

高端市场定位，为当地的发展指明方向；充分利用财政政策，将大量的政府支出用于基础设施的建设；大力宣传和促销当地旅游业，并利用政府影响力帮助村民制作的手工艺品远销海外，帮助村民增加收入。

二是在发展过程中，企业提供了大量的培训工作，尤其是由"基金会"出资，设立了泰国传统的手工艺培训中心，为了帮助村民的手工艺品顺利销售，专门开设了相关的连锁店；对于不想从事手工艺品制作的村民，为了帮助他们能够共享发展机会，扶植他们进行茶叶生产或者制作精品咖啡。

三是采取组织形象设计战略打造了黎敦山品牌，在通过网络平台共享信息的时代，与时俱进地创建黎敦山网站（www.Doitung.org）进行宣传，大力促进当地旅游业的发展，实现企业和当地村民的共赢。与此同时，当地居民通过接受培训掌握泰国民间手工艺品的制作技艺，以及种植咖啡、茶叶，为了不断满足游客的饮食、住宿的需要，开办特色旅馆、餐馆，收入不断增加，实现自力更生。通过多年发展，黎敦山山区已经被打造成为泰国的旅游胜地。游客可以尽情体验这里的民俗民风，感受大自然的魅力，享受轻松自在的生活。

综上所述，在黎敦山山区开发的过程中，各相关人员共同参与，实现了均等发展，达到了利益共享的目的。

3. 借助旅游品牌建设，增加就业岗位

黎敦山旅游区在开发过程中特别重视品牌建设，如表5-5所示。

表5-5　　　　　　　　泰国黎敦山旅游项目品牌建设

品牌建设	黎敦山旅游项目
旅游产品	皇太后行宫、鸦片博物馆、手工艺品（高端设计）、咖啡产品、高端兰花种植
营销手段	泰国皇室推动营销、皇太后基金会主导、网站建设营销（英文）、基金会CIS品牌建设、国际会议宣传

续表

品牌建设	黎敦山旅游项目
居民参与程度	居民融入发展，发展旅游替代种植罂粟、参与手工艺品设计与制作、培育高端植物、建造家庭旅馆
游客参与	参观皇太后花园、行宫；购买特色原创手工艺品，细细品味泰国手工文化、农业文化、泰北发展历史
文化领域建设	皇室慈善性质的惠民项目。该项目获得1993年PATA金奖，其以"实现村民自主"为终极目标
配套设施建设	积极发展社会基础事业，建立完整教育体系，发展配套的道路、水利、电力、通信设施，村村通公路，经济社会全面协调发展

由表5-5可知，黎敦山山区在旅游项目的开发中，始终坚持政府制定的高端市场定位。企业在手工艺制品建设方面，通过有效的营销策略打造了黎敦山品牌，传承和发扬了泰国传统手工艺品，为了增加当地村民手工艺品的市场竞争力，树立高端的设计理念，并且聘请国际顶级的设计师协助进行产品开发，既满足国内市场的需要，同时又满足国外消费者的品位，适应高端消费市场。在农业生产方面，经过企业悉心指导培训，村民掌握了高档咖啡的制作技巧，为黎敦山咖啡赢得了良好的口碑，并设立了高级兰花种植基地。不管是在手工艺品、咖啡制作方面还是政府扶持的文化建设领域，黎敦山山区都在国际上树立了高端的品牌，增加了海内外对相应产品的需求，为了满足不断增加的需求，黎敦山山区就会扩大生产，最终解决多人的就业问题，提高了居民收入，共享旅游发展成果，减轻了社会压力，民族特色旅游产业的反贫困功能得以充分发挥和体现。

综上所述，泰国黎敦山山区从偏僻闭塞、发展水平极其低下的鸦片主产区变成一个旅游胜地，主要依靠其创新性地走出一条民族特色旅游产业反贫困的发展之路。一方面，政府提供了很大的政策支持，制订了一个时间跨度30年的规划项目，发展基础设施，为以后旅游业的发展提供基本条件。另一方面，进行手工业生产培训，让当地居民能够享受均等的发展机会，有助于他们通过自己的劳动共享发展成果，推进村民自治。政府在旅游发展的整个过程中逐渐地从主导作用演变为推动作用，并且通过一系列的优惠政策、鼓励措施，一部分自己出资，另外吸引其他企业来投资，创办一些高端的手工艺交易连锁店、制作精品咖啡并且开拓性地创建黎敦山网站为产品的销售进行媒体宣传，对当地居民进行针对性的技术培训、规范管理，通过一系列的营销活动，使当地居民的手工艺品销往海外，而且能够从种植咖啡中获得巨大收益，更加提高了当地居民从事旅游相关行业的积极性，提高了就业率。总之，通过实现国家、企业、社区和居民的利益共享，最终达到了脱贫致富、包容性发展的目的。

（三）泰国民族特色旅游产业反贫困的主要路径

泰国旅游业在不断发展过程中，致力于经济效益、社会效益和环境效益统一发展。旅游业不仅为全体人民创造了巨大的社会财富，还解决了大批社会闲散劳动力，为国家创造了许多就业岗位，另外泰国政府还通过开发旅游资源来加快和促进落后地区开发，使当地群众的收入迅速增加并逐渐脱贫致富，共享旅游业繁荣发展的成果。泰国政府历届首脑都非常重视旅游委员会工作和旅游业发展，对泰国旅游的发展起到了很大的推动作用，国家对旅游业的支持主要体现在以下几个方面。

一是政府主导型的旅游发展模式主要是由旅游目的地发展所属政府，负责全面的旅游规划，对旅游产品进行深入研发与设计，甚至还对当地旅游进行宣传推广，因其行政审批效率高，对于加深旅游开发力度大有裨益。但由于政府是公共职能部门，一方面，一些贫困地方若由政府出资开发旅游会导致政府财政负担大，容易陷入债务危机；另一方面，政府集权会导致成本的递增，自上而下的管理模式不利于反映社区居民的各种诉求，会导致社会发展失衡，同时非专业化的经营也不利于旅游市场竞争，可能会造成旅游收入不抵支出的后果，不能实现旅游的可持续发展。

二是公司主导型模式，顾名思义就是由公司负责旅游规划、投资建设，并在运营过程中通过获取利益报酬维持企业的发展。这种模式在增加就业岗位、提供发展机会、增加收入、促进居民发展等方面发挥着显著的作用，但也存在一个严重的问题，公司的目的在于获取利益，长期自称可能有悖旅游经济发展成果全民共享的初衷，不利于旅游目的地和谐健康发展。

三是政府引导＋企业投资型模式，政府的政策支持和对基础设施的建设为旅游业的发展营造了一个良好的宏观环境，同时企业的旅游特色产品、积极宣传和促销也为泰国旅游产业不断繁荣发展奠定了基础。在此背景下大量资金投资于旅游业的发展中，旅游业整体的管理水平与服务水平不断提高，通过整合资源促进旅游产品的迅速推陈出新，强化优势项目从而实现多元化发展。但这种模式没有考虑到大众的参与，不利于村民的共同富裕，一旦政府与企业合谋，旅游发展的成果就会被他们全部剥夺，严重扭曲旅游发展的宗旨。

四是政府引导＋企业投资＋农户参与型发展模式。政府把村民意见作为企业投资风险的重要参考，居民不仅具有参加旅游开发的权利，而且具有旅游建设话语权，这种模式有利于构建旅游开发利益均衡机制，既发挥了政府的政策引导作用，又借助企业的大力投资，积极开设各种旅游产业相关公司、店铺从而促进相关产业的发展来为居民提供更多的就业机会，有利于全民发展，另外，该模式还充分考虑公民的意见，调动公民投入到旅游事业中的积极性，最终有利于实现利益共享和均等发展，是一种较好的包容性旅游发展模式。

综上所述，政府通过设置专门的机构，有组织、有计划地进行旅游开发，再通过对交通设施的建设、旅游人才的培育等创造良好的环境来发展旅游业，同时，吸引大量的外资进来，投资一些高档酒店、餐馆，开发海滨胜地等促进当地居民就业，增加居民收入，处在旅游业产业链上的相关人员也实现了自身的发展。最终，通过政府上层指导、公司制度运作、社区平等参与，达到增加就业岗位、居民公平收益的社会效应，实现特色旅游产业反贫困的功能。

三 美国旅游乡镇开发及其反贫困的主要路径

美国作为超级大国，不仅是经济强国、军事强国，其旅游业发展在全球范围内也是领先的，由旅游及其相关产业带来的收入多年以来稳居世界首位。旅游业的蓬勃发展为美国居民带来了诸多的福利，例如每年旅游收入中的1000多亿美元用于向包括联邦政府、州政府和市政府等在内的各级政府机关缴纳税收，为国家的财政收入做出了巨大的贡献，如若没有旅游贡献，每个家庭就要额外多缴纳924美元的税收。此外，旅游业的发展为美国的就业创造了大量的岗位。据有关数据统计，在美国直接从事旅游行业的工作人员高达730万人，这一数字大约为美国非农业就业人数的12.5%；另外，每年为这些旅游从业者发放的工资高达1630亿美元。为了大力发展旅游业，以及调动旅游产业对经济社会发展的积极作用，美国前总统奥巴马在2012年1月签订了《国家旅行和旅游战略》，这一战略的最终落脚点就是推动美国旅游业的大发展、大繁荣，并且充分发挥旅游业的联动效应，为美国的就业市场注入新鲜活力。为了该战略的尽快实施，以此带动国内以及国际旅游业的发展，美国商务部和内政部联手成立了专门工作组，用于简化签证手续，提高效率及服务质量。另外，在2012年年初，商务部部长布莱森发表讲话，指出政府将充分发挥财政政策和税收政策等相关政策来竭尽全力地促进旅游业的发展，吸引国内外的大量游客到此旅游，大力巩固其在服务业中的地位，发挥其联动作用，为美国的就业创造更多的岗位。美国广大的乡镇地区成为旅游活动开展的重要场所，乡镇的自然风光、生态环境、民俗文化和生活状态已经成为旅游吸引物，在促进乡镇经济发展的同时给旅游者带来更加丰富的体验。

（一）美国旅游乡镇发展现状

自19世纪70年代以来，乡镇旅游在发达国家的农村地区快速崛起，这对促进经济低迷的农村地区发展起到了非常重要的作用，发展乡镇旅游对当地经济的贡献和意义也得到了充分证明。从20世纪中期到20世纪末，美国执行了针对30个州农村区域的旅游政策改革，其中14个州对乡镇旅游进行了总体发展规划。其间，美国政府主要在公共土地上给美国民众户外旅游提供优惠政策。代表性的有：1964年的《荒野条例》，该条例的通过标示着利用土地资源发展经济的意识开始萌生。1958—1968年，联邦政府的土地政策支持使户外旅游兴旺发展。1958年，政府批准成立了户外游憩资源评估委员会（OR-

RRC)。1964年美国政府开始筹建国家荒野保护体系,最终于1968年通过了《国家荒野和风景河流法案》,从整体上构建出国家荒野和风景河流体系。同年,法律正式认可《国家走道系统法案》。在这些重要政策支撑下,美国乡镇有了实质性变化,农场、牧场如雨后春笋般涌现,如表5-6所示。

表5-6　　　　　　美国旅游乡镇发展相关政策历程

年份	政策名称或内容	成效或职责
1958	成立户外游憩资源评估委员会	对户外旅游资源进行勘探,促进旅游业发展
1964	《荒野条例》	支持土地开发
1968	《国家走道系统法案》	成立了大量农场、牧场
1968	《国家荒野和风景河流法案》	初步构建起国家荒野和风景河流体系
1981	美国国家旅行和旅游局	主打旅游业开发及管理,处理相关事务
1982	国家乡镇旅游基金	致力于促进旅游乡镇发展,但后因资金缺乏被迫流产
1982至今	征收旅游奉献税、客栈老板税和床位税,成立旅游管理机构	使村镇收入增加,并对旅游市场进行了营销

资料来源:凌丽君:《美国乡村旅游发展研究》,《世界农业》2015年第10期。

据世界旅行与旅游委员会(WTTC)数据统计,美国2012年旅游业收入为其GDP贡献值近1.4万亿美元,其中旅游业出口额为1953亿美元,占据了服务业出口总值的27%,并增加760多万就业岗位,而2013年则更进一步,产值为2.1万亿美元,GDP占比为8.5%,旅游净出口额571亿美元,创造了4079万个工作岗位,占据了全美就业总数的9.3%,其中旅游业直接生产性就业机会1564万个,就业总占比3.6%。2014年美国国内旅游人次再创新高,达21亿,年增长率2.4%,经济贡献总值2.1万亿美元,为美国提供了1500万个就业岗位。至于刚过去的2016年,旅游业为美国创造了15亿美元的经济效益,GDP占比为8.1%;提供工作岗位超过1400万个,就业总占比为9.4%。

此外,据美国旅游协会(TA)数据,在美国49个州以及华盛顿特区,旅游业排名仅次于商务服务和医疗服务业,位列第三。2013年间，每9个工作岗位中便有1个直接或间接由旅游业所创造，而乡镇旅游为美国如此巨大的旅游经济发展贡献巨大。据相关数据，美国有8700万成年人（占比约2/3）到访过村镇地区，其中90%左右的旅游者以休闲游憩为直接目的。据美国旅游以及竞争特别工作组分析，国家公园游憩野生生物、森林以及海洋保护区加上其他联邦政府所属水陆区域为美国重要的乡镇旅游目的地，单2010年就贡献了超过620亿美元产值，创造了61.2万个就业岗位。

（二）美国旅游乡镇的主要类型

美国旅游乡镇依靠特色而建设，是旅游引导的新型城镇化的有效实践途径之一，是在休闲旅游产业集群化发展与城镇化进程双重因素推动下产生的，是产业发展与城镇建设的产城一体化系统整合，也是未来旅游投资的热点领域之一。美国特色旅游乡镇的开发建设，主要以旅游资源为依托、以地方文化为特色，以城镇规划规范和旅游产业规划规范的双重要求为前提，以旅游产业作为产业支撑来主导城镇发展，以城镇建设配合旅游功能，实现产业发展与城镇建设的产城一体化系统整合。

根据乡镇旅游开发项目、游客的旅游动机来划分，美国的乡镇旅游可划分为三种主要类型，即观光型乡镇旅游、休闲型乡镇旅游、乡镇文化型旅游，如表5-7所示。

表5-7　　　　　美国旅游乡镇发展的主要类型

类型	核心吸引物	主要活动	细分型	主要卖点	典型代表
观光型	乡镇绿色景观和田园风光及独特的农业生产过程	参观特色农场，品尝农产品等	传统型	特色农产品生产过程	美国家庭农场
			科技型	利用现代高科技手段建立小型的农、林、牧生产基地	美国基因农场
休闲型	主要满足旅游者的健康、娱乐、享受等高层次需求，在产品特色上更加突出休闲度假主题	产品表现形式更加强调创新、互动以及知识性	休闲娱乐型	娱乐性强、互动参与性大、表现形式新颖的休闲娱乐项目	美国采摘水果度假活动、美国西部的牧场务农旅游等

续表

类型	核心吸引物	主要活动	细分型	主要卖点	典型代表
休闲型	主要满足旅游者的健康、娱乐、享受等高层次需求，在产品特色上更加突出休闲度假主题	产品表现形式更加强调创新、互动以及知识性	康体疗养型	产品的医疗保健功能，开发诸如体检、按摩、理疗等与健康相关的乡镇度假项目	图森峡谷农场
			自我发展型	提供轻松环境，通过团队合作交流、自主探索学习等方式，学习新知识，兼有娱乐和教育培训意义	美国农场学校
文化型	以乡镇民俗、乡镇民俗风情以及传统民族文化为主题				汤森港小镇

（三）美国旅游乡镇的主要发展模式

全面探索科学高效合理的乡镇旅游发展模式，是对乡镇旅游资源进行有效整合管理的重要前提，也是保障乡镇旅游发展成功的关键因素。美国各地区积极探索乡镇旅游发展的多种模式，既反映了各地区乡镇旅游发展类型的丰富性与活力，又体现了因地制宜、分类管理的制度安排思路。美国旅游乡镇的主要发展模式都是各地根据自身发展的实际情况和基础条件，逐渐探索出来的有效发展模式，如表5-8所示。

表5-8　　　　　　美国旅游乡镇的主要发展模式

序号	利益主题	基本含义	典型案例
1	政府主导的"生态系统"模式	由联邦政府制定相关法律法规，限制当地生态破坏行为	萨布莱特县
2	政府+旅游开发商协作的"旅游生态"模式	由政府主要实行监督职能，旅游开发商做好各项规划	斯诺克米西、犹他州
3	政府+私有公司协作的"文化生态"模式	由政府牵头制定政策标准，由私有公司制订规划，强调地方政府部门、开发商、管理者和社区居民之间各环节的自然与和谐	怀俄明州

续表

序号	利益主题	基本含义	典型案例
4	政府+社区协作的"农家乐"模式	主要在偏远的贫困地区,地方政府调动社区的社会服务功能,营造以人为本的氛围,发展旅游业	艾奥瓦州格林维尔

1. 政府主导的"生态系统"旅游开发模式

这种模式与一般政府主导的模式有所不同,一般的政府主导发展模式由政府负责旅游规划和旅游产品的深入研究以及开发设计。而在美国,这种由政府主导的"生态系统"模式核心在于生态,其主要依托国家公园和自然保护区,在联邦政府关于限制对国家森林和国有土地资源过度开发政策的框架内发展旅游。这种由政府制定政策保护旅游目的地的发展模式使自然环境、生活空间、空气质量等得到了很大改善,展现出了原有的风格,实现了旅游地环境的包容性发展。同时,充满活力的野生动物和广阔的自然景观吸引了大量的资本投入,在不破坏原有生态的前提下,发展生态旅游,促进经济结构多元化发展。1991年,怀俄明州的萨布莱特县颁布的《农场权利法》就是一个典型代表,有效遏制了农场耕地上破坏生态环境的经济活动,目前该州自然保护区面积已超过41.3万亩。这种在保护自然环境的基础上,充分发展生态旅游业的举措既产生了巨大的经济效益也使旅游地实现了可持续发展。

2. 政府+旅游开发商协作的"旅游生态"模式

这种模式的核心在于以旅游促进环保,其内在逻辑是通过发展旅游带动生态保护事业。政府机构在该过程中负责监督保护野生动物,而旅游开发商则负责合理的策略制定、有机规划旅游开发项目并做好环保宣传工作,社区、游客参与环保行动,充分发挥乡镇自然资源优势,积极发展乡镇旅游,以此吸引游客,在实现自然生态环境质量升级的同时发展旅游业。例如,斯诺克米西(Snohomish)是太平洋西北部的一个伊甸园,当地政府负责景区规划范围勘界立碑、生态林调整,同时督促保护野生动物,而旅游开发商则做好旅游开发所需要的总体规划、修建性规划及相关经营性策划等工作并积极引导社区和游客参与环保行动,协力做好环保事业。近几年,犹他州(Utah)也采用了该发展模式,在政府监督下成立了户外休闲发展办公室来专门负责推动、支持旅游产业的发展,在该过程中直接造就了12.24万个生产性就业岗位,使人口只有300万的州年旅游经济总量高达120亿美元,为州及县创造了高达8.56亿美元的税收。

3. 政府+私有公司协作的"文化生态"模式

该模式和第一种模式一样,都由政府部门负责制定行业政策标准,私有公司则负责旅游开发项目开发、规划,但存在关键不同之处:此种模式强调政府部门和私有公司以及社区居民各联系环节的自然与和谐。即在管理过程中,以无自然环境破坏为开发原则,充分依托原有生态环境资源,并积极把具有地方色彩的文化以及具有文化价值的遗迹在受保护的前提下有机转化为可供休闲娱乐的人文景观,协同实现人与自然和谐并对当地文化进行传播。该种模式通过自然资源促进旅游、借助旅游宣传文化、移民文化带动旅游发展,最终形成了良性循环,成功实现了社会、旅游环境以及本地区文化的包容性发展。怀俄明州是该种模式的典型代表,其工商委员会围绕著名景点国家黄石公园统筹进行旅游发展规划,在距该公园100英里左右的大平原贫困县进行乡镇旅游资源开发,同当地政府通力合作,激起国内外观众的好莱坞牛仔情结,大力发展以牛仔文化为核心的旅游业,建立了怀俄明"牛仔"旅游形象。

4. 政府+社区协作的"农家乐"模式

这种模式是社会生产力不断发展的结果,城市生活水平提高和环境质量下降导致了"农家乐"的盛行。该模式最早出现在远离大城市的经济相对落后的农村地区,居民将乡村地区特有的景观和民俗民风融为一体,利用丰富的劳动力资源,为大城市游客提供舒适的度假环境。在旅游开发过程中,地方政府主要调动社区的服务功能,鼓励积极参与,共同发展旅游业。这种由政府引导、鼓励社区参与的旅游发展模式,使很多社区实现了环境、经济、文化的包容性发展。1980年,艾奥瓦州格林维尔(Greenville)地区农业歉收,而其他旅游业资源匮乏，于是在政府的鼓励下，当地人利用乡村农家特色和发挥人的资源优势，开始发展旅游业，并成立了围绕妇女志愿者为中心的"格林维尔好客协会"（Greenville Hospitality Association），该协会主要以"好客"为核心理念，主张借助特色农村旅游市场向外界展示当地淳朴、自然的原生态环境，最终使当地长期萎靡不振的社区经济逐步恢复。

(四) 美国旅游乡镇反贫困的主要路径

1. 政府出台政策，大力支持旅游发展

美国的乡镇旅游经济取得重要发展的原因在于当地政府对于乡镇旅游的合理规划，美国的上级部门，如国会、联邦政府把对各地的旅游规划权力还给当地政府，然后当地政府再根据实际情况展开调研，以游客的喜好需求为农产品生产的市场向导，从而促进当地乡镇旅游经济的发展。当地政府对于管辖区域内的土地都有详细的规划，利用好本地的自然人文资源来促进旅游经济的发展。

2. 借助旅游发展，增加就业岗位

2012年年初，奥巴马政府推出一项促进旅游业发展的国家战略，旨在促进美国旅游业的发展，努力创造就业环境与机会，其目标是到2012年实现来美旅游的国际游客数量达到1亿人次以上，这些游客在美国的消费将达2500亿美元。根据该战略规划，由美国商务部长和内政部长牵头成立专门工作组，联邦政府各部门将与地方社区以及私营部门合作，提升服务质量，简化签证手续，促进国内和国际旅游业的发展。商务部长布赖森指出旅游业在美国服务出口中占据首要位置，政府将不遗余力支持其发展，以吸引更多游客来美旅游，从而创造更多就业机会，促进美国经济的增长。同时，许多美国法律都禁止歧视残疾人，并确保残疾人拥有公平的就业机会、享受公平的国家和地区政府服务。

3. 群众参与，成果共享

乡镇旅游开发地的政府通过官方宣传，使社区民众对于发展乡镇旅游的意义（如扩大内需、拉动经济增长、提供就业机会、营造良好的乡村环境氛围）有进一步的了解。通过在群众居民内部宣传，吸引其主动参与乡镇经济建设，从而利用乡镇群众服务和创造基础设施条件来支持乡镇旅游经济的发展。例如，明尼苏达州乡镇的居民就踊跃参与到乡镇旅游建设中，通过开设旅馆、饭店、手工艺品店，开辟露营地以及提供运动设施来支持乡镇旅游发展。

4. 重视环境的可持续发展

乡镇旅游景区大多数建立在生态环境脆弱的地区，这些地区环境优美，但抗干扰能力不强，生态稳定性不高。人们在进行旅游资源开发的过程中，难免要处理自然资源环境与经济发展两者之间的关系。乡镇生态旅游的蓬勃发展也给环境保护带来了负面的影响，热门的旅游景点往往集聚在原始自然风光地带，旅游人数的增加会使自然景区环境承载力下降。美国州一级政府已经意识到该问题的严重性，纷纷出台相关政策。例如，美国田纳西州对于每次参观的人数做出了限定范围和建立环境破坏补偿机制。

美国的旅游乡镇发展已经成熟，实施旅游乡镇开发是转变美国各地区旅游经济发展方式的战略选择。美国从旅游开发政策、提供就业机会、注重民众参与、注重环境可持续发展四大方面发展旅游业，探索出了符合乡镇经济包容性发展的四大模式，即政府主导的"生态系统"旅游开发模式、政府＋旅游开发商协作的"旅游生态"模式、政府＋私有公司协作的"文化生态"模式、政府＋社区协作的"农家乐"模式，在旅游经济发展方面取得了巨大成效。

综上所述，印度政府通过全球旅游发展战略，以"不可思议的印度"为旅游特色，发展旅游经济。在各地区旅游开发中，探索包容性旅游反贫困的模式，其主要特点是赋予弱势居民参与旅游发展的权利和机会，通过自身拥有的吸引物特点，提供旅游商品或服务，进而在旅游成果分配的时候，与强势集团形成旅游发展成果利益相对动态均衡，在国际旅游市场逐步形成印度特色与口碑的旅游目的地。泰国则是基于佛教文化、自然观光和特色人文吸引全球游客。泰国政府高度重视旅游经济效益给国家财政带来的收入。通过发展旅游产业，泰国在促进贫困百姓就业方面做出突出贡献。结合政府上层指导、公司制度运作、社区平等参与，促进居民公平收益，实现旅游反贫困的功能。美国不仅是世界强国,其经济实力、科技文化、城市观光、现代生活等都吸引着全球游客。但是,对于美国旅游乡镇发展而言,美国印第安部落文化和西部牛仔文化,成为其特色乡镇旅游发展的亮点。美国乡镇借助美国风情,以民俗为主题、乡村自然景观和人文标识为特色、休闲参与为主要方式来带动旅游产业发展,促进当地百姓充分就业,实现旅游经济的反贫困功能。

第六章

贵州省全域旅游助力反贫困的系统路径

第一节 政府服务

"全域旅游"这个概念于2016年1月19日由时任原国家旅游局局长的李金早同志在全国旅游工作会议上提出后,近几年在中国得到快速发展。全域旅游作为旅游目的地统筹建设的重要表现形式,是为满足大众化旅游时代旅游者对新的旅游空间形态的需要而打破旧格局发展新的旅游空间格局的手段,是推动旅游发展理念和发展模式根本性变革的抓手。全域旅游对于推动贫困地区经济发展进而实现反贫困功能具有重要的建设性意义。全域旅游是贴合"五位一体"发展战略而形成的新兴旅游方式,必须从经济建设、政治建设、文化建设、社会建设、生态文明建设全局出发,让管理方、建设方、游客、居民共同参与,从经济、政治、文化、生态等方面全方位打造全域旅游新格局,通过完善"共建共享机制"来实现全局规划的全域旅游发展,聚焦其反贫困功能的发挥。

要实现全域旅游首先需要明确一点,即全域旅游的核心不在"全"而在"域"。一是空间域,随着休闲经济时代的到来,人们生活水平及旅游心态、时间等都发生了显著变化,单一形式的观光旅游已经不再能够满足人们的需要,必须打破景区局限,构建度假、休闲、购物、健身等多功能复合型的综合性目的地空间系统,推动旅游空间域从单一观光景区向综合性目的地全面转变。二是产业域,单一的产业结构没有能力支撑一个区域实现全域旅游,也不具备可持续发展的功能,必须构建起以旅游为核心的复合型产业结构系统,通过资源整合、产业融合等形式,推动单一产业向跨行业产业链转型。三是要素域,以"旅游+"模式为基础,不断推动旅游要素扩大化、周边化,创新构建旅游与资本、技术、劳动、生活相关的完善的旅游开发模式,推动要素域向新型旅游模式转变。四是管理域,打造产业、资源有机整合,区域共建共享的全域旅游必然要求改变行业管理模式的部门化管理,向以行业领域为核心的社会管理体系转变。

因此,对于贵州省而言,全域旅游应该通过实现"域"的旅游资源完备,利用城市和乡村现有旅游产品及其潜在的优势资源,聚焦反贫困,依靠城市原有经济优势带动贫困地区经济发展,以旅游化、网络化、产业化、平台化、社会化、创新化等方面的优质服务,持续推动贵州全域旅游发展反贫困的稳定发展。

一 夯实扶贫开发经济基础

旅游化发展带动全面休闲经济,夯实扶贫开发的经济基础。随着经济社会的不断发展,休闲显然已经成为这个时代的特征之一,休闲经济也应运而生,即研究人的休闲动机、休闲心理、休闲需求等因素进而发现人类的休闲行为和经济现象之间关系的一门科学。合理、有效、科学地使用闲暇时间对国家、社会、人类的发展也是一个至关重要的因素,休闲观念、文化、教育等也能体现出休闲经济的意义。因此,发展休闲经济不仅是发展休闲产业,最重要的是发展弘扬其所包含的文化和社会教育意义,而新的产业链、新的产业发展方向和新的社会关系的变化等都将随着休闲经济和休闲消费的发展而产生。

现阶段,人们的休闲方式不再限于旅游观光,而是逐步转变为集观光、度假、运动以及文化等为一体的休闲经济形态,这一新型休闲方式与旅游化发展不谋而合。贵州省结合自身资源优势,可以发展休闲农业项目,如果蔬采摘、休闲农场、生态农庄、花卉苗木、珍稀药材等项目；休闲体育项目，如草坪瑜伽、山地马术俱乐部、自驾车房车营地、军事拓展基地等项目；休闲娱乐项目，如冷泉与温泉、游泳、少数民族歌舞表演等项目。通过这些项目将旅游、文化、休闲相结合，以旅游化的形式运营休闲项目以产生经济效益进而惠及全民，实现全民共享。如今，在实现全面建成小康社会的关键时期，"旅游化"发展逐渐被提上议程，成为解决贵州山区和乡村经济的发展问题的一个重要方式，能有力地推动农业现代化发展，带动全面休闲经济，夯实扶贫开发的经济基础。

旅游经济基础可以分为外在基础和内在基础两个部分。外在基础即政府优惠、政府政策、产业形式、劳动就业与分配等；内在基础是指基础设施，包括民宿、餐馆等周边设施、旅游交通设施建设等，以及旅游吸引物的打造开发等。改革开放以来，工业化发展做强了我国城市和沿海经济，却忽略了内陆乡村地区的发展，在现实生活中，贫困地区所谓的"贫"，除了病、残和缺少知识和技能以外，最重要的原因在于基础设施建设不足，交通问题导致可进入性差，使风景优美，生态完好，且具备旅游潜在能力和资源的地方无人问津。而"旅游化发展"如星星之火般为贫困地区点燃了发展休闲经济、田园旅游，脱离贫困实现小康生活的希望，加之政府重视使贫困地区脱贫积极性提高，各方齐心协力改造乡村面貌，发展全域旅游，夯实内外经济基础。

政府在政策调控上可以分三步做：一是制定宏观性顶层设计，全局规划全域旅游发展基本目标和方向。二是细化各产业融合方式、居民参与方式等具体项目规划。三是建立监督机制，以确保全域旅游高效科学发展。

二　充分发挥益贫要素作用

网络化发展统筹全局资源配置，充分发挥益贫要素作用。网络化发展具有两种内涵：一是旅游平台网络化发展，即打破传统的权力结构和交易模式，在"互联网+"模式的推动下，与美团、携程等网络工具合作进行线上预定、线上消费、线上评价等。二是旅游资源配置的网络化，互联网在生产要素领域具有优化和集成的配置作用，对于创新实体经济的生产力,打造企业新的盈利点,促进旅游产业转型升级等具有重要的现实性意义。

网络化统筹配置资源可以将宏观配置与市场配置更好地结合,使两者更协调,相辅相成,改变各级旅游资源管理主体各自为政的现象,规范旅游市场,畅通旅游产品的销售渠道,使旅游市场更加规范公平透明。网络化发展统筹全局的益贫要素不仅包括经济学理论中的四大要素(如劳动、资本、土地和企业家才能),也包括旅游维度的益贫影响要素(如时间、空间、可进入性、旅游预算等)。

网络化发展就是要通过不断优化配置生产要素进而实现旅游益贫要素的无障碍多向流动,最终实现旅游产业链的动态网络化。因此,要实现网络发展统筹资源配置的益贫作用必然离不开政府的支持。一是制定相关政策法规,如产权政策、社区增权等,规范网络化旅游市场中各方的行为,使益贫要素可以发挥其最大的效用。二是调整分配关系实现劳资共赢,知识分子引领脱贫,鼓励企业家参与投资,劳动者利用自身资源优势参与其中,经营、入股、投资、分红等,通过包容性发展实现益贫式增长,脱贫致富。三是从时间、空间两方面弱化益贫要素的障碍因素,减少交通障碍优化距离因素同时增加游客旅游时间及消费水平;开展电子化订票、订房、订车等捆绑打折销售,节省时间及预算。四是建立完备的监督系统,保证益贫要素真正作用于贫困户。

三 正确定位贫者参与形式

产业化发展促进全员劳动参与,正确定位贫者参与形式。实现全员参与劳动,即全域覆盖、全方位培训、全员就业的劳动组织形式,是通过参与劳动实现有尊严地自主脱贫,加快实现全年建成小康社会目标的有效手段。目前,旅游业在"吃、住、行、游、购、娱"六要素的基础上,创新发展了全新六要素"商、养、学、闲、情、奇",加之其本身具有民生性、经济性、综合性等特点,使其产业化发展过程具有极大优势,具备打造生产性就业岗位的条件。产业化发展即打造一种产业分工协作,共同协调发展的有序系统,通过产业融合,实现旅游产业跨区域、跨行业联动发展,综合纵向的第一、第二、第三相关产业形成产业集群，盘活区域经济。

生产性就业岗位即紧紧结合当地贫困劳动力的就业创业需求，根据需求创造供给，推荐和组织有劳动能力但未就业的贫困对象开展全员培训，通过短期培训即可使贫困户依据自己的特长与民俗文化实现自主劳动的岗位，使贫困户掌握一技之长，有业可就，创业有路。根据贫困户参与的三种主要形式（劳动参与、资本参与、自主创业），其生产性就业岗位可以包括手工制作、民宿经营、农业技术展示，特色歌舞表演、专业合作社管理、温泉茶馆等休闲设施等多种形式，只要劳动者能不断发挥自身优势，通过创造性就业实现脱贫指日可待。

基层政府应制定相应政策鼓励全民劳动的发展，一是定期举办"劳动竞赛""金点子创意大赛"等活动征集贫困户的意见和看法。二是补齐技术短板，贫困乡积极向县劳动就业部门争取技术指导和经费投入，确保技术培训得到有效保障。三是出台相应的暂行管理办法，为贫者的利益提供保障。

四 打造区域持续脱贫路径

平台化发展构建全景协调系统，打造区域持续脱贫路径。随着互联网的普及，在大数据、云计算的背景下，平台化发展将成为未来经济社会的主流之一。在全新的经济时代背景下，医疗、教育、交通等各行各业纷纷向平台化进军转型，实施平台化发展战略，打造平台商业生态系统，旅游产业也不例外。

平台化发展就是以飞速发展的电子商务为基础，通过信息共享、资源共享关联合作，需政府、企业和公民三方主体共同合作，探寻新时代区域持续脱贫的路径，发挥核心景区的龙头带动作用、交通网络疏解功能和青年人才作用，协调全景发展，实现共同发展。通过平台化发展实现全域旅游的全景协调，可以加快缩短乡收入差距，避免出现两极发展现象，使全域旅游真正实现"百花齐放春满园"的格局。同时全景协调对旅游发展区域可持续发展有重要意义，能够推进优化旅游资源的空间结构，打造全域旅游的核心区、联动区、辐射区，促进旅游产品质量升级和旅游产业结构调整，实现旅游资源的保护和联动，实现旅游产业的可持续发展。

具体路径包括：采取"企业+基地+贫困户"或"合作社+基地+贫困户"的平台模式运营，广泛整合资源，集中青年力量助力脱贫攻坚，打造贫困群众的"造血"能力，激励贫困户本地就业，为贫困户脱贫提供保障。打造"政、校、企"合作平台等途径来促进区域"互联网+旅游"的智慧化发展，以大数据平台为支撑，突破产业边界融合发展，迎合国家创新发展战略，实现产业发展、人才培养、科研教育等向创新化、平台化、智慧化转变。

五　做好社会参与助贫服务

社会化发展建设全域治理模式，社会助贫改变扶贫观念。在数字化和云时代的背景下，以互联网为基础的智能化和服务化发展已成为未来发展的必然趋势。当前，无论是从服务业内部结构升级，还是促进三次产业融合，都需要大力发展服务型制造，实现服务化转变。贵州可借助自身大数据和云计算的平台优势，整合社会资源，做好社会参与助贫的长远规划。

服务化发展的本质即从质量入手，正视中国质量所处的阶段和不平衡性，找准"中国制造"的短板所在，从管理变成治理，形成全域治理模式，创新"互联网+服务治理"新模式，促进行业本身或服务环节之间融合发展的新业态、新模式。服务是旅游市场综合治理的决定性环节，优质的旅游服务体系是实现全域治理模式的重要过程，因此，应从旅游市场监督机制、旅游管理体制等方面推进综合改革，改善社会综合治理，如加快推进厕所革命、打造文明旅游服务品牌、综合整治旅游环境等。

同时，服务化发展需要社会助贫从根本上改变其错误思想，消除贫困户"等、要、靠"的依赖心理，改变以政府投入和推动为主的输血式的扶贫方式，重视区域经济社会整体发展对贫困人口的带动作用，实现政府"智慧治理"，即从传统的穷人收到物质、资金等给予的"输血"方式扶贫，变为给穷人创造劳动就业机会，实现自身劳动脱贫的"造血"式脱贫。政府应该引导社会助贫观点的改变，引导民营企业积极承担社会责任，对重点贫困村主动帮扶，到乡村投资建业、创造就业岗位等，参与扶贫开发，结对社会团体等第三方组织加大扶贫力度，形成政府、社会、市场三方互为支撑的新发展格局。培养劳动光荣的思想，鼓励贫者参与劳动实现自主脱贫，为贫者提供更多生产性就业岗位，营造全民参与新局面。

六 建设旅游反贫互助系统

创新化发展推动全新反贫改革，建设旅游反贫互助系统。在经济发展进入新常态的背景下，全新反贫改革既需要新的需求和供给侧改革的拉动，也需要科技文化创新的带动。在信息技术水平飞速提高的今天，创新化发展渗透在经济发展方方面面，包括观念创新化、信息创新化、管理创新化、教育创新化、改革创新化等。

贫困问题涉及经济、政治、文化等多个领域，要打赢脱贫攻坚战，观念创新首当其冲，推动全新反贫改革，主要包括反贫机制改革、反贫形式改革、反贫监督改革三个方面。一是构建以人为本、科学有效的反贫机制。只有依靠科学管理的体制和机制，才能从根本上消除反贫困进程中的诸多弊端和阻碍，最大限度保障资源的合理分配和利用。二是借用创新实现反贫形式改革。必须明确传统的、行政的反贫形式已经不再适应现阶段反贫困工作的发展，应培养出一批专业的反贫困工作者，运用技巧进行专业化扶贫，增强贫困户自主脱贫意识和能力。运用精准扶贫的方法，对不同地区、不同贫民因地制宜地实施精确识别、精确帮扶、精确管理，采用物质帮助、资金帮助、资本帮助、就业帮助等不同方法实现反贫困形式的改革。三是在政府和市场"失灵"领域可利用社会组织进行弥补，发挥扶贫监督作用，提高扶贫效率效果。在具体扶贫战略实施过程中，由社会组织履行监督职能，客观地进行评估和评价，保证项目及资金运行的公平性。

同时，创新旅游发展生态系统，各要素都广泛参与到精准扶贫中来，由政府带头鼓励志愿团体、社会组织、企业单位等组织共同建立旅游反贫互助系统，实现包容性发展、参与式治理。反贫互助系统的建立对反贫改革顺利进行起着重要的支撑作用，这个系统聚集了资金、信息、市场、技术、人才等多种生产要素的优化组合，有利于促进产业融合发展，提高贫困者的素质，是推进农民、农村、社区组织化程度提升的有效途径。

在互助系统的构建方面需做到：一是需要考虑制度性问题，即从政府的角度出发，可在政府部门下设专门的互助社、互助扶贫小组，按时召开会议讨论重点难点问题的解决办法，成立专门的监督机构，保障系统良好运行。二是需要顺应农民新的金融需求，即从企业的角度出发，改变资金供给单一的模式，如企业除了提供金钱捐助外，还可以为贫困户提供生产性就业岗位，助力自主脱贫。三是需要考虑贫者增权问题，即从贫者角度出发，坚持把知情权、决策权、使用权等交给农民，避免政府与农民利益冲突的发生。四是建设公益性项目，即从社会角度出发，组织教育、科技、文化、卫生等行业人员和志愿者到贫困地区服务，充分发挥高教育水平人才在扶贫开发中的作用。最终，通过贫困地区反贫困互助组织的建立，在扶贫项目决策和实施过程中，激励贫困户主动接受，实现贫困者自下而上参与治理的目标。

第二节 企业参与

企业以其资源、项目、就业岗位等方面的优势，已成为扶贫链条上的重要一环，企业扶贫不仅对于贫者是一次宝贵的就业脱贫机遇，而且对于企业自身来讲，参与扶贫也能有效地提升企业知名度和影响力，是企业践行社会责任的良好途径。由此可见，政企联手的扶贫方式可以达到一举两得的效果，并且一般而言，行之有效。

在新形势下，实施全域旅游战略，不可否认政府是扶贫的主导和核心，而企业在营造共建共享的新格局中扮演着必不可少的角色，在扶贫中拥有和发挥着强有力的引领和带头作用，它为贫者创造更多生产性岗位，使更多贫者主动脱贫，支撑着整个扶贫过程顺利进行。

旅游业由于其本身特性，在第一、第二、第三产业中均有涉及，如餐饮行业的农家宴会、宴会接待等；住宿行业中的乡村别墅、特色民宿等；加工行业中的自酿酒、自制干菜等；康乐活动中的乡村马术、乡村瑜伽等；再加上当地居民的特色风俗，表演类、手工制作类、艺术活动类等都可以为贫者提供其力所能及的就业岗位，让更多穷人积极参与劳动，实现有尊严的脱贫。在实现全面小康，缩小城乡贫困差距的关键时期，各企业、各行业积极组织谋划增加旅游就业岗位，鼓励贫者参与就业，这对于打赢脱贫攻坚战具有重要的意义。

一 定位参与形式来打造企业盈利增长点

定位企业在全域旅游发展中的参与形式，打造企业盈利增长点。随着中国旅游业的发展，在"吃、住、行、游、购、娱"旅游传统六要素基础上，又拓展出"文、商、养、学、闲、情、奇"七个旅游新发展要素，这为企业参与到全域旅游扶贫提供更多的途径和更多可能的盈利点。如技术盈利点，包括农业种植推广、珍稀物种繁殖推广、工业加工过程推广等；表演盈利点，包括少数民族歌舞表演、家禽表演等；手工艺品盈利点，包括少数民族服饰、剪纸、陶瓷制作、根雕盆景等；地产盈利点，包括乡村别墅、特色民宿、艺术培训基地等；休闲盈利点，包括温泉冷泉、拓展训练、摄影采风、各种夏令营活动等。这些盈利点的产生不仅可以使企业从中获利，最重要的是可以帮助贫困户自主就业，通过自身力量实现脱贫。

贵州少数民族众多，山峰聚集，这也正是全域旅游助力反贫困的优势。当前，伴随着休闲旅游产业的崛起，贵州的企业扶贫也迎来了新的发展机遇，如"旅游+体育"：在贵州则可以依据山峰优势，开展攀岩运动，举办攀岩比赛；也可将健身休闲与旅游产品融合，推出羽毛球体验游、千里徒步游、定向测向拓展游等，同时也有利于培育体育与旅游新的核心竞争力；"旅游+农业"：以贵州地区广泛的农业资源为基础开发旅游产品，开发农业生产与加工过程、稀有药材、大型苗圃等作为主要吸引物的乡村旅游，可通过举办特色农产品展销活动，使食品公司、药材公司、电子商务企业均可参与其中，展示区域农特产品、民族服饰和特色美食等，在弘扬了我国民族传统文化的同时，也能为贫者提供更多就业岗位，一举多得。

随着"旅游+"战略的实施，企业根据自身特色与当地旅游相结合，推进产业融合，定位旅游参与新形式，创新旅游发展模式，培育新经济增长点和盈利点，是新时代背景下推动旅游全面转型升级的必然选择。

二 提供就业培训支持贫者智力资本提升

支持贫者智力资本提升，培训就业所需的技能。从资本的角度来看，智力资本是一种能够创造价值的能力，是依靠智力和知识相互融合而带来效益的资本；从智力的角度来看，智力资本是一种创造性的思想形态的过程，而非表面劳动的人力制造过程。

现代社会中，除了劳动、资本等基本要素，知识也已经成为生产要素中的重要组成部分。智力资本的内涵不仅包括知识教育水平，更包括人民群众的创造能力。在知识经济成为主导的今天，国家、企业之间的竞争不仅取决于物质资本，更取决于人民的创造能力、知识技能。

因此，要从根本上解决贫困问题，必须提升贫者的智力资本，企业提供就业岗位的同时，员工的就业技能也要得到提升。区域综合开发最终要落脚于人的发展，新人才的引入与原住民素质和技能的提升必须同步开展。例如，对于乡村旅游来讲，其经营已经由以农户为主体，逐步转向农户、合作社、多企业多主体经营转变，而这些经营主体，大多都是资源的拥有方或投资主体，且绝大部分主体为贫民，并未接受专业训练，也不具备专业的运营能力。因此，专业化的分工机构必不可少，根据各区域资源条件、项目规模、产品体系的不同，选择和组合不同的运营机构，以民宿为例，从民宿融资平台、管理平台、预订平台到建设民宿学院进行培训、管理、设计等均须一应俱备，对应就业岗位增多，贫民就业积极性提高，专业知识也随之得到提升。

具体路径包括：一是建立智力资本监管体系，以更好地培育和提升智力资本，建立适用于乡村旅游的智力资本评估指标体系。二是提高就业贫者的素质，包括知识素质和文化素质两个方面的提高，培养贫者参与就业的基本素质。三是加强管理创新活动，定期举办贫民头脑风暴活动，针对其需要进行培训之后提供给其岗位，保障人人就业。

三 打造生产性的就业岗位支持劳动就业

打造生产性的就业岗位，积极创造劳动就业岗位，重视开发剩余劳动力。剩余劳动力问题是阻碍我国全面实现小康社会的重要阻力之一。由于农村剩余劳动力大多教育落后、思想落后，除农业外对其他产业了解甚少，且缺乏经营技巧，因此要其从事科学性、技术性活动短期来讲不现实，而旅游业涉及的一般是属于劳动密集型岗位占多数，因此劳动者不需要极高的知识水平，只需对其进行简单的技能培训便可顺利上岗，这为农村剩余劳动力进行体面劳动提供了更多的途径。在旅游业及其相关产业中，可以提供的生产性就业岗位众多，如利用少数民族地域与风俗特色经营拍摄活动，利用乡村山脉众多特点可举办攀岩比赛；利用特色传承的手工制作可进行公开表演或者单品售卖等。这些简单的盈利活动，只需对贫者相应的营销技能稍加培训即能让贫者实现自主脱贫。

在乡村振兴背景下，乡村旅游和全域旅游作为城乡文化的结合点，作为农村经济新的增长点和企业经营新的盈利点，可以发掘出多种多样的生产性就业岗位，这不仅使滞留农村的贫者可以就业，还可吸引外出劳动力回乡创业、就近择业。

四 做好社会公益帮助特殊贫困人群增收

做好社会公益福利事业，帮助特殊贫困户增收。社会公益组织是指那些非政府经营的，以社会公益事业为主要追求目标的社会组织。企业参与扶贫，做好社会公益福利，投入人力、物力、财力，为贫者脱贫打下了重要的经济基础和设施基础，是贫者脱贫的依靠。公益帮扶涉足体育、教育、慈善及文化传承等多个领域，为特殊贫困户建立希望小学、养老院等，进行公益慈善捐赠活动；为残疾但仍有劳动力的贫者提供其力所能及的工作岗位；为普通贫困户提供更多满足其需求的生产性就业岗位，因人而异实施扶贫工作，助力精准扶贫。

要做到精准扶贫，实现全域旅游，基础设施建设必不可少，贫困地区之所以贫困主要原因在于：一是交通问题导致无人问津，无法发展。必须将农村公路"建、管、养、营运"，作为扶贫工作的重中之重，打造畅通无阻的交通系统对于实现落后农村脱贫致富，改善农村

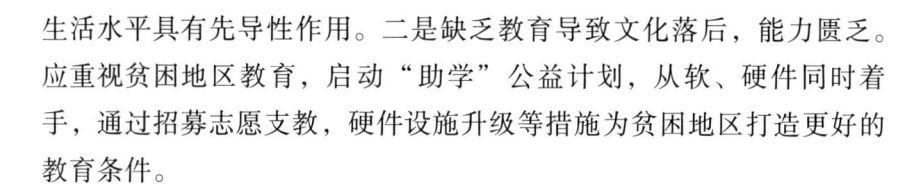

生活水平具有先导性作用。二是缺乏教育导致文化落后，能力匮乏。应重视贫困地区教育，启动"助学"公益计划，从软、硬件同时着手，通过招募志愿支教，硬件设施升级等措施为贫困地区打造更好的教育条件。

第三节 贫者努力

打造共建共治共享的社会治理格局，是基于党中央的正确指导和人民对社会治理理念认识的进一步升华。贫困者在共建共治共享机制中不仅是成果享受者，也是参与建造者。要实现整体脱贫，必须使贫困者作为参与主体，主动就业，树立脱贫志向，自主脱贫。

党的十九大报告提出，要坚持大扶贫格局，注重扶贫同扶志、扶智相结合。"扶志"就是纠正贫困者的错误受助思想，从根本上激发其主动脱贫的自觉性，创造贫困者脱贫的内生动力。只有精神扶贫才能从根本上改变贫者的现状，才能顺利完成脱贫攻坚的历史使命。

贫困者脱贫的主要因素：一是思想和志向，只有从根本上改变扶贫观念，抓住机遇，主动参与，明白主动脱贫的重要性，才能实现可持续脱贫。二是知识和技能，积极思考自身的有限能力加以培训，以各种形式参与到旅游中，获得自身成就感。三是农村剩余劳动力依靠劳动有尊严实现脱贫，改变"等、靠、要"等错误的依赖思想。

一 抓住时机主动脱贫

改变受助帮扶观念，抓住时机主动脱贫。当前，很多贫困户在思想上还停留在传统的错误思想上，对自主脱贫没有高度的认识，仍然固执地认为扶贫就是要"等、靠、要"，认为扶贫就是政府相关部门给我金钱、物资和相关社会组织团体的捐赠，自己不通过劳动，只要靠施舍捐赠就可以温饱。久而久之，养成了懒惰、依靠的固化思想，从不想方设法通过自己的人力、脑力来脱贫致富。这种根本上的思想和态度错误成为扶贫中的根本障碍。

扶贫是一场持久战，不仅需要取得现期效果，更需取得长远性、全局性的脱贫成果。因此，必须在"思想观念扶贫"中，做好扶贫先扶志工作：一是可以定期宣传，潜移默化影响贫者思想观念。例如采取挨家挨户发放学习手册、组织进行有奖问答等，定时定期传播新知识、新思想。二是通过交流沟通，深入细致进行思想灌输，结合当地的村风村貌，为当地居民做好思想工作，培养他们"劳动光荣，懒惰可耻"的正确思想，培养新村风，打造新村貌。三是理论联系实际，在实际工作或创业的实践中转变贫者观念，使其靠自己的能力获得实实在在的收入，享受到真正的成就感。精准安排贫困户参与真正的产业运营，向贫者植入产业扶贫思路，通过"按劳取酬"和"二次分红"让贫困群众实际增收，在实践中加深"扶贫不扶懒、致富靠勤"的思想。

当前，在乡村振兴战略思想的指导下，乡村旅游和全域旅游得到了大力发展，旅游业依靠其自身的综合性，为贫者提供越来越多的生产性就业岗位，帮助贫者依靠自身劳动实现脱贫。就业是贫困户脱贫致富的最好保障，在参与旅游和参与劳动的过程中，既锻炼了其自力更生的能力，让贫者有了温饱的基本条件也传承了其民族文化，这无疑是新时代给予贫者有尊严脱贫的难得机遇。

二　因地制宜获得收益

思考旅游参与方式的多种形式，因地制宜获得收益。全域旅游就是要构建全民参加、全民共享、全民共建的新关系。因此，充分发挥旅游的带头作用，让贫者积极参与其中，是实现全域旅游，实现脱贫的必经之路。贫者应该根据自身能力及当地的资源优势，积极思考自己参与旅游的方式，如特色手工制作品的零售、特色加工品的批发、独特编织技术的教学等；依靠山脉资源发展训练基地、依靠房屋产权资源打造民宿、依靠田地种植资源发展采摘系列活动等。不同的贫困地区与贫困者有着不同的资源和条件，因此，可以因地制宜发展差异性、特色性产业。甚至相邻地区可以相互合作，形成特有产业链，共同发展。

在不损害贫民原有利益前提下，充分利用贵州贫困地区贫民原有资源，如土地经营权、宅基地以及资金、实物、技术、劳动力等生产要素通过劳动参与、资本参与、自主创业等不同形式，各地农民因地制宜发展当地经济，共同打造农林牧渔等产业化，进而增加农村集体经济实力。

因地制宜的受益方式包括资源开发型、土地经营型、产业带动型、实体带动型、服务创收型等，如对于山脉资源丰富的地区，可以开发户外基地，与体育行业合作，开展户外攀岩、户外瑜伽、建设户外训练基地等，充分开发自然资源获得盈利；对于土地资源丰富地区：一是可以集中整合原有耕地，用于发展大型农产品产业，既可作为产业基地，又可作为观赏之用。二是把贫瘠的坡耕地平整，建农产品加工厂、经营农家乐，通过各种方式盘活土地资源进行土地经营实现盈利。三是对于当地附近已有龙头产业引领的地区，可以与龙头产业合作，以龙头产业的引领效应辐射周围，带动周围地区的发展等。对于贵州贫困地区而言，落后不仅是缺点，也是优势，其丰富的未开发资源和特色民宿，均是村集体经济发展的强大后盾。

三 获得脱贫致富尊严

依靠劳动实现脱贫，获得脱贫致富尊严。致富尊严的含义并不是说有钱的尊严，而是自力更生，靠自己的能力吃饱穿暖、满足家庭物质和精神所需而被大众认可后的成就感和获得感。仅仅依靠政府"输血"式的扶贫来维持生计的贫者是无法受到别人尊重的，只有创新式、持久式的"造血"式脱离贫困才能真正获得脱贫致富尊严，这就需要贫民认清现实，摆脱"等、靠、要"的旧思想，从作为参与主体的地位出发，依靠自己的劳动、技能实现脱贫。贫困者根据自身情况，三大产业均可从事，例如第一产业，可发展大型蔬菜种植、家禽养殖等；第二产业，可发展加工制造业，利用原有资源发展钢厂、煤场等；第三产业，可发展餐馆、民宿等服务业来盈利。乡村振兴的提出，以及全域旅游的实施，为贫者依靠劳动实现脱贫，获得致富尊严提供了前所未有的机遇。

要让贫者有尊严地脱贫，一方面是要在内在动力上激发，要充分地激发老百姓的内生动力改变扶贫错误思想，树立自主脱贫的正确观念，让其自觉自愿、有尊严地、靠自己的力量实现脱贫致富。另一方面要在外生推力上加大力度：一是在产业"造血"上要提升，产业脱贫是实现可持续脱贫的主要支撑。二是在就业增收上要提升，为贫者创造更多生产性就业岗位，加大培训力度，不断培养出专业化的、职业化的新型农民。三是公共服务上的提升，加大贫困农村基础设施的建设，包括交通、医疗、教育等全方位改善提升，为贫者自主脱贫提供必要的基础条件。

第四节　社会支持

国务院扶贫办下发《关于广泛引导和动员社会组织参与脱贫攻坚的通知》，进一步明确指出，社会组织是联系爱心企业、爱心人士等社会帮扶资源与农村贫困人口之间的桥梁，是动员组织社会力量参与脱贫攻坚的重要载体，是构建扶贫大格局中无可替代的重要组成部分。

反贫困并非贫困者个人问题，也非是一己之力便可以解决的问题，它需要社会各方互帮互助，共同打造共建共享的反贫困平台，多元化支持打造全域旅游美好前景，帮助贫者实现脱贫。习近平总书记提出的关于精准扶贫工作的重要论述，强调各要素都广泛参与到精准扶贫中来，通过包容性发展、参与式治理从根本上实现乡村振兴。目前，以扶贫为目标的各种社会组织迅速发展，形成了政府与扶贫专业组织相互配合的格局，有力地支持了精准扶贫的实施，成为打造共建共享反贫平台的重要经验积累。

一　旅游景观优化的支持夯实吸引物基础

旅游景观优化的支持，夯实共建共享反贫平台吸引物基础。社会组织参与扶贫可以发挥专业特长和专业背景，从而提高扶贫的效果，保证扶贫的效率。导致贫困的原因是多种多样的，扶贫需要采取的手段也需要因地制宜，因人而异，不可千篇一律。因此扶贫需要采取有针对性的措施，社会组织的专业性恰恰可以满足多样性扶贫和精准扶贫的需求。

社会第三方依靠其专业素质和专业背景支持贫困地区旅游资源开发，可以帮助乡村实现旅游景观化，产生旅游经济价值：一是设计规划方面，社会组织可以召集举办兴趣小组，对乡村人才进行专门的规划知识培训，当地居民对本地文化了解更深，掌握了专业知识后更容易开发本地自然与文化资源。二是生态环境保护方面，专门从事生态环境保护的社会组织可以发挥其专业特长，在生态脆弱的贫困地区实施贫民能够参与的环境保护项目，在保护环境的同时也能增加当地居民的收入，推动当地经济与环境同步发展。三是宣传营销方面，第三方组织有针对性地、系统性地对当地居民宣传自主脱贫思想，培训当地居民的营销知识，帮助他们提升自身技能，更好地实现脱贫。

发展旅游业无疑是帮助农民脱贫致富的有效途径，然而，缺乏规划的粗放式发展模式导致的同质化问题严重影响到乡村旅游的深度开发和创收能力。乡村旅游和全域旅游的提出无疑为突破我国旅游业现存瓶颈提供了一种创新式手段。对于贵州旅游资源特色而言，旅游景观化的支持必须以系统规划、整合开发为原则，与生态保护、当地民族民俗文化传承结合起来，或结合休闲、养生等新需求，力求打造创新的、稳固的旅游吸引物基础。

二 旅游服务配套的支持做好优质式保障

在旅游服务配套支持方面，做好共建共治共享反贫平台优质式保障。努力优化旅游公共服务的体系与结构，是适应旅游业供给侧改革提质增效的需要，也是实现全域旅游、实现脱贫致富的必然途径。旅游公共服务体系主要包括旅游信息咨询服务体系、旅游交通便捷服务体系、旅游便民惠民服务体系、旅游安全保障服务体系、旅游行政服务体系五大方面，这五大体系结构为做好共建共享反贫平台提供了方向和保障。不同景点的游客信息中心根据不同区域特点需具有针对性的服务功能，以满足游客和当地居民多样化的需求。

完善旅游配套设施，可以从建造角度出发，建设道路交通、景区开发等完善基础设施建设、餐饮住宿文化娱乐等配套设施，打造高层次、有保障的旅游服务配套，系统支持贫者脱贫。可以从革新角度出发，发现与抓住贫困地区的弱点、痛点与重点，对现有短板进行补足、改革等，如进行厕所革命，强化对旅游市场的监管，强化旅游交通安全，优化旅游人才的培养等。

三 旅游融资投入的支持加强金融业支撑

加强旅游融资投入的支持，共建共治共享反贫平台金融业支撑。随着旅游市场从卖方市场转向买方市场，旅游投资风险不断加大，旅游投资失败的案例也逐渐增多，正确理性的旅游投资转变刻不容缓。

贵州贫困地区旅游开发可以采取的融资渠道有：一是政府资金融资，这是最为有利和有效的融资渠道，具有偿还期限长的优点，主要包括旅游发展基金、旅游国债、旅游发展专项资金、国家扶贫资金、国际扶贫资金、国际金融组织六大类型。二是借贷融资，乡村旅游借贷融资的主要方式及融资措施主要通过农村资金互助社、小额贷款等方式，其优点是融资过程稳定性高。三是招商引资，一般由政府组织推动，针对具体项目而进行的引资行为，其本质就是为乡村旅游项目引进资金，招揽商户，特点是灵活性大，融资范围及融资幅度可无限拓展。四是旅游产业金融市场，通过各融资金融中介机构，如证券公司等进行融资，其特点是融资期限长，流动性和变现性相对较弱，风险大但融资规模大。五是旅游产业资产重组融资，融资方以部分或全部资产所有权入股，获得乡村旅游发展所需资金，其特点是无须还本付息，而且由双方或几方共同分享乡村旅游的盈利与增长。

全域旅游是未来旅游发展的热点，借势国家扶贫的政策，旅游反贫困成为新发展前景下全新的反贫困手段。从长远来看，未来资本投入才是旅游扶贫持续发展的根本动力。因此，破解融资这一难题才是促进旅游持续发展、实现旅游反贫困的关键所在。面对贵州贫困地区旅游企业资信能力弱，融资门槛高、难度大的现状，必须创新式发展融资途径，打造旅游融资担保服务体系，推动旅游投资从政府直接投资向政府引导投资转变，尝试通过市场运作引入金融资本发展旅游，加强金融业支撑作用。

四 旅游治理监督的支持建设常规化监管

加强旅游治理监督的支持力度，建设共建共享反贫平台常规化监控。全域旅游作为迎接大众旅游时代旅游消费新要求的重要举措，它将促进旅游业向全景旅游转变,向精细高效方式转变,向开放的"旅游+"转变,向社会共建共享转变,向全面依法治理转变。从"管理"到"治理",仅一字之差,有力地强调了全域旅游发展法治化的必然结果。毕竟,只有建立现代旅游治理体系,完善旅游治理监督体系,才能使旅游业公平规范可持续发展,才能更好地发挥旅游业反贫困的作用。

一方面从客观监督着手,由社会组织发挥其监督作用,以旅游业和旅游循环经济的可持续发展为目标执行顾问和监督职能,以保证项目及资金运行的公平性,避免贪污腐败现象发生,保证旅游反贫困的顺利进行,如成本监督方面,对旅游景点的实际成本费用进行了全面审核,并核定出单位定价成本,为科学合理制定门票价格提供决策依据;信用监督方面,由第三方组织对旅行社的信用进行评价,监督非法开展旅游业务,侵害游客合法权益现象,抵制非法经营行为的发生;环境监督方面,由社会组织对景区环境进行严格的监督,建造游客档案和黑名单处理系统,对于破坏景区的人进行相应的惩戒。

另一方面,主观监督也不可松懈,各地区、各部门应尽快制定责任清单和监管部门人员名单及其职责,并通过政府广播、政府网站等方式公开,使广大人民也可履行自我监督职责,对旅游过程中不公平、不合理现象实行主动监督、举报。同时加强部门之间对旅游违法行为的信息沟通,强化联合执法监督机制,共同对旅游行为实行常规化监控,提升综合监督管理的效率和治理效果。建立政府、企业、贫困者、游客互相监督与自我监督的良性循环,全员共同推动构建常规化监控职能的共建共享反贫平台。

五 旅游建设包容的支持促进可持续发展

加强旅游建设包容的支持,促进共建共享反贫平台可持续发展。全域旅游是力求打造一个全民共建共享的平台化体系,因此要在扶贫系统中形成一个可持续发展的良性循环,旅游成果共享的过程不可缺少,只有使贫民享受到全域旅游的成果,感受到切切实实的利益,才能进一步鼓励贫民主动脱贫的积极性,夯实全域旅游的可持续发展基础。

旅游共享的形式包括：一是收入共享，贫困者通过共同参与劳动，促进村集体经济繁荣发展，年底可以分红形式共享收入。二是就业共享，乡村振兴战略背景下，越来越多的企业可以为贫者提供生产性的就业岗位，使贫困者可以依靠自身的本事养活自己甚至家庭。三是社会保障共享，构建覆盖城乡居民的社会保障体系，形成良性的社会保障机制，启动农村社会养老保障制度，维护医疗卫生服务的公益性质，使全体居民共享发展成果有基本的保障。四是教育公平共享，成果共享的本质就是追求公平和公正，坚持公共资源向农村、向中西部贫困地区倾斜，保障教育政策的公平性，使贫困地区的孩子也享受到教育发展的成果。乡村旅游和全域旅游的发展无疑使这些成果的共享变成了现实。

贵州贫困地区政府可充分依托当地自然资源和生态环境优势，引导企业投资，创造就业岗位，统筹推进景区项目开发、乡村旅游、工业旅游等，引导集体经济迅速发展。一方面，充分利用旅游资源的资本性特征，贫民通过劳动、资本等要素参与到旅游中，当地村民或变身公司员工，参与经营、交易等旅游服务，或通过资金入股，享受分红，有效实现贫民可持续脱贫。另一方面，服务旅游促进百姓增收，使农村的医疗教育卫生水平大幅度提升，在旅游成果共享的支持下，贫民积极性不断提高，共同将旅游业打造成打赢扶贫攻坚战的支柱产业之一，尽早实现脱贫。

六 旅游转型升级的支持完善供给侧改革

旅游转型升级的支持，完善共建共治共享反贫平台供给侧改革。目前，我国旅游供需问题、市场秩序问题、体制机制问题等日益凸显。全域旅游的提出无疑助推了旅游业转型升级的进一步发展。通过发展全域旅游，加大旅游与其他产业领域的融合力度，不断向"旅游+"创新型融合方式转变，形成旅游产业发展的新动力。

当前，旅游业的转型升级表现出很多新的内容，总体来看，旅游业的转型升级是多方面、多层次的，如从旅游产品来看，观光旅游不再是市场的唯一主体，顺应需求变化的休闲旅游、度假旅游、健康旅游等新型旅游产品迅速崛起；从旅游方式看，团体旅游也不再占据市场主体地位，散客旅游取而代之，特别是自驾车旅游的兴起，使旅游方式发生了很大的创新性转变；对旅游产业自身而言，转型升级是通过整合业内资源，联合其他产业资源，提高行业的整体竞争力。伴随着休闲经济的发展，旅游产业供给的方向也需要转型，在促进传统产业提档升级的同时，孵化一批新产业、新业态，如减少冗杂的酒店企业，转向休闲民宿产业发展，不断打造更多的休闲产业，促进旅游业健康可持续发展。

目前，随着供给侧结构性改革深入推进，旅游业转型升级步伐加快，同时各地加快推动经济结构战略性调整和经济转型升级，也不断帮助完善供给侧改革的最终目标，两者相辅相成，助推了全域旅游反贫困的发展。

第五节　社区建设

党的十八大以来，以习近平同志为核心的党中央高度重视社会治理，在习近平新时代中国特色社会主义思想的指引下，以深入学习贯彻党的十九大精神为主线，坚定不移地走中国特色社会主义社会治理之路，更加成为打造共建共治共享的社会治理格局，营造和谐安定的社会治理氛围的不二之选。旅游社区的想法无疑为旅游业的发展提供了一个新途径和新方向。旅游社区以社区的互动理论指导旅游区的总体规划和布局，为共建共享机制的构建提供了新的构想和支撑。

社会治理包含方方面面，如政治治理、经济治理、行政治理、法律治理、文化治理、教育治理等，只有全面系统治理才是提升社会治理水平的根本。良好的旅游社区反贫困环境应该由社区居民主体、游客、政府社会共同参与其中，还应构造益旅发展基础、益贫开发环境、益贫管理机制、管制社区不良行为等，以保证旅游社区健康发展。

一　营造益旅发展基础

践行社会主义核心价值观，营造益旅发展基础。要培育和践行社会主义核心价值观，社会主义核心价值观是社会主义核心价值体系的内核，体现社会主义核心价值体系的根本性质和基本特征。党的十八大提出社会主义核心价值观的24字方针，即富强、民主、文明、和谐、自由、平等、公正、法治、爱国、敬业、诚信、友善。践行社会主义核心价值观，营造益旅发展的基础，难点和首要任务在于改变思想，纠正思想上的偏差，树立正确的是非观，时刻以"八荣八耻"的社会主义荣辱观作为我们道德实践的评判标准，以道德和法律的准绳要求自己。具体做法：一是增强责任意识，树立扶贫的责任意识，改变脱贫的依赖思想，有尊严地实现自主脱贫。二是坚定信仰，时刻以社会主义核心价值观24字方针衡量自己，提高脱贫者的知识素质和技能素质，稳固脱贫基本因素。三是推动旅游社区建设科学发展，打造空间布局合理、基础设施完备、收入分配公平、生态环境健康的全域旅游发展基础和前景。四是自觉改进工作作风，要加强宣传工作，培养贫民勤劳积极的工作素质，打好脱贫攻坚的基础思想工作。五是注重完善教育、管理、激励机制，不断优化有利于践行核心价值观的良好环境。

培育和弘扬核心价值观，提高全民素质，对打造文明的国家形象具有重要意义，是完善国家治理体系和提高治理能力的重要基础。要推进国家治理体系和治理能力现代化，打造稳固的益旅发展基础，解决好价值体系问题为首要之举。

二 构建益贫开发环境

倡导社会互助互爱道德风，构建益贫开发环境。互助互爱道德风即打造团结友爱、互相帮助的道德风尚。通过志愿服务和慈善事业，打开人与人之间的心房，点燃社区服务激情与传统美德之火，为贫困地区居民带来物质和精神双重温暖。发展慈善事业、互助互爱，行善积德、乐善好施等都是中华民族的传统美德。统一思想，充分认识互帮互助的重要意义，对于构建益贫开发环境具有不可替代的推动作用。

由于体制、财力等因素的限制，在扶贫事业中某些弱势群体的实际困难没有得到切实解决的情况下，发扬中华民族传统美德，营造社

会互助互爱的道德风尚,加快发展慈善事业,可以有效地解决这部分群众的困难,使扶贫环境更加优化。通过树立互助互爱的道德风,最终实现管理有序,环境优美,治安良好,文明和谐的理想新社区、新农村。

三 管控游客不良行为

重视社区日常治安小矛盾,管控游客不良行为。小矛盾也可以引发大灾难。当前,随着乡村旅游和全域旅游的进一步实施,因土地征用、房屋拆迁、企业改制、城市管理、民事纠纷等问题引发的群体性事件不仅出现在工业化和城镇化建设的道路上,也严重阻碍了扶贫的脚步。因此,小矛盾不可小觑。针对群众日常矛盾和不良个人行为,可以组织民警深入到群众中去,多渠道、多触角地收集掌控影响和谐稳定的矛盾纠纷,对邻里纠纷、家庭矛盾等提前介入,主动工作,防止小事化大。对于治安问题突出场所可集中开展社会治安重点地区排查整治行动,加大日常公开检查和暗访侦查力度,全面治理"小矛盾""小隐患",不断净化社会治安环境。

社区政府管控游客不良个人行为可通过网络信息和实地调查,建立不良行为等级,观察和掌握不良人员的就业状况、活动轨迹等情况,对行为严重的人员,及时列入黑名单系统,作为重点关注对象。具体可以采取下列途径:一是实行金钱处罚,对于其自身的不良行为承担责任,根据行为的严重程度处以不同程度的罚款,以示警诫。二是实行跟踪管控,对于有不良记录的游客或当地居民,对其旅游道路或活动线路进行管控。三是实行定期教育,对于有不良个人行为的人员定期实行改良教育、知识教育,实施教化以提高其文明素质。通过一系列措施逐步完善对不良行为的监控和管理措施,为益贫开发提供保障。

四 加强遵纪守法宣传

加强遵纪守法宣传,居民游客一视同仁。现实生活中,旅游犯罪时有发生,如强售套票,擅自安排另行付费旅游项目,非法提供导游服务,以不合理的低价组织旅游活动,对国内外游客实行双重标准或者对不同游客分等级对待等现象。因此,人人树立起正确的法律意识，加强自觉守法的潜意识对于建设法治社会，实现社会治理现代化起着基础性的决定作用。每个人都从自身做起，知法、懂法、守法，遵守公平原则，在人人平等的原则上互相交往，才能有安全、干净的旅游环境。居民游客一视同仁，对于物价水平方面，旅游景区的物价应该一视同仁，不能出现青岛发生"天价大虾"等这样欺客宰客的情况。对于服务方面，导游或是当地居民应该对所有的旅客提供相同周到的服务，不能出现以貌取人或者关系户打折现象。

要加强自觉遵守法律法规潜意识，可采取以下路径：一是必须创造培养法律意识的外部环境和内部环境。在农村或社区中宣传责任意识和守法意识，进而潜移默化影响到每一个人。二是深入持久地开展法制宣传教育活动，重视法学教育，开展法学研究。对于学生学校需安排专门的法制教育课程，对于成人，也可定期开展法制教育讲座，营造人人懂法守法的知识氛围。三是充分利用大众传播媒介。利用新闻媒体等不断强化或树立具体的法律观念，并且建立奖惩制度，运用媒体进行公开曝光等，在人们内心树立起法律的威严。

五　尊重贫者基本人格

理解国家助力旅游反贫困，尊重贫者基本人格。扶贫的顺利进行直接关系到全面建成小康社会的宏伟目标能否如期实现。因此，在决战全面小康的关键时期，国家大力推进全域旅游和乡村旅游，对于实现精准扶贫有着建设性的意义。

反贫困是世界性课题，而旅游扶贫则为反贫困的出路丰富了新内容。当前中国的旅游业正处于关键的转型时期，供不应求，因此，只要开发得当就能取得明显的反贫困效果。偏远贫困的农村是我国扶贫开发工作的主战场，要实现全面小康，依托丰富的自然资源和民风、民俗资源发展乡村旅游业，带动农村经济发展，是农村反贫困实现之路。而发展全域旅游、乡村旅游，都是以人民为核心，遵从人人参与、全民共享的原则，因为只有"造血式"的扶贫才能使贫者的人格得到基本的尊重，依靠自己的力量发家致富。

旅游社区要营造尊重贫困者人格的社会风气，贫者必须要主动就业赢得尊重，游客也必须纠正思想，从而建立起居民与游客之间相互尊重、平等友爱的关系。要将理论用于实践，在实际生活中时刻以道德规范约束自身行为，贫者通过实实在在的劳动获得成就感和游客的尊重，游客与贫者共同努力，打造互相尊重的良好社会风气。

第六节　游客共创

一　共创和谐旅游氛围

尊重贫者风俗尊严，消灭矛盾利益冲突，共创和谐旅游氛围。沟通不良、环境变化、习惯差异、文化差异等都是导致游客和当地居民产生矛盾冲突的外在原因。贵州是个多民族省份，民风质朴，保留了许多传统的风俗习惯，旅游地的居民及其特有的文化也是旅游资源的重要组成部分，他们的建筑、生活方式、生产方式、民俗等都是地方旅游吸引物的一部分。因此游客到达旅游目的地，要营造和谐健康的旅游空间域，需遵从当地的习俗，避免与当地居民发生矛盾，影响游玩心情，也破坏民族和谐。要尊重当地贫民的致富尊严，改变同情怜悯的错误思想，以尊重友好平等的眼光看待当地贫民。游客需从根本上改变优越的思想，才能更好地融入旅游目的地，推进共建共享治理格局的形成。

二　共创旅游体验口碑

加强旅游体验宣传，打造全域旅游品牌，共创旅游体验口碑。一个旅游目的地想要借助发展旅游业脱贫致富，促进村集体经济增长，最终还是要取决于旅游者的数量和质量，旅游者在旅游后期的评论与体验对于旅游品牌的建立有着重要的作用。相对于媒体广告的宣传，人与人之间的口头传递，更容易使人接受和信任，也更容易为旅游目的地招揽更多游客，因此，要打造全域旅游的品牌效应，游客的游后感显得尤为重要。游客可以采取以下途径进行宣传：一是口头讲述，旅游过程中或是旅游回去后，对亲人朋友进行口头描述。二是发表评论，让更多的人在网络上可以看到，从而吸引更多感兴趣的潜在游客。三是微博或微信形式撰写攻略，附以图片和视频，给人更直观的吸引性。游客的亲身经历是推进目的地不断发展的有效途径。

三 共创文明旅游环境

营造文明旅游环境，减少贫者工作压力，共创文明旅游环境。一般而言，游客初次到达某个旅游目的地，并不清楚应该注意什么，自己的责任和义务是什么，唯一可以参考的就是其他游客的行为，因此每个人对于目的地的保护意识可以说都具有某种意义的引领带头作用。旅游过程中的不文明行为，不仅体现在当地商家、居民和从业者身上，也同样体现在游客身上。旅游过程中，乱丢垃圾、随地吐痰损害生态环境、破坏文物古迹等不文明现象甚至违法犯罪行为时有发生，不仅损害了旅游市场的生态，也降低了游客的体验价值。营造文明的旅游环境一方面体现在行为文明，在实际的旅游过程中，自觉维护旅游目的地的生态环境，杜绝不文明甚至违法犯罪的行为发生。另一方面体现在思想文明，面对冲突和差异时，理性和文明不仅能够体现游客个人素质，还能保护自己免受伤害，对于景区气象的塑造作用也是不可磨灭的。

四 共创矛盾解决平台

树立自身道德意识，共建文明友好家园，共创矛盾解决平台。在旅游中，游客、居民和从业者三者在人格和法律地位上都是平等的。以文明和法律为尺度，如果游客的行为不道德，不仅可能受到法律的处罚，还可能受到市场机制的处罚。游客是消费者，也更应是文明有礼、遵纪守法的公民，也要受到道德和法律的规范，一旦行为出现不允许情况，或是产生各种矛盾纠纷，这样就需要游客共建矛盾解决平台。这个平台不仅需要当地居民、政府的努力，游客的作用也不可小觑。用法律和道德的准绳约束自身的行为，树立正确的道德意识，尽量减少冲突的发生。即使遇到纠纷，也应用理性的沟通和法律的手段解决，杜绝采取极端手段解决。

综上所述，在乡村振兴战略背景下，全域旅游助力反贫困事业应运而生，成为旅游发展的新思路和新方法，也成为贵州实现脱贫攻坚助力全面建成小康社会的重要途径之一。不论是政府企业还是贫者本身，都需要转变思想，不能一味"输入"，而是要实现"自产"，企业提供就业，贫者参与劳动，培养贫者劳动意识，依靠劳动实现主动脱贫。同时需要社会各方多元支持全域旅游，共同打造共建共治共享反贫平台，建设益贫互助环境，打造全域旅游新时代，共同打赢脱贫攻坚这场硬仗。本章从政府、企业、贫困者、社会组织、社区、游客等多角度提出了全域旅游发展的反贫困路径，为相关政府部门制定全域旅游助力反贫困政策提供决策参考。

第七章

研究结论、不足与展望

第一节 研究结论

一 贵州省全域旅游助力反贫困未来事业建设的可期

全域旅游发展是基于对旅游资源的充分整合,实现旅游发展协调化,也能够为旅游可持续性发展提供条件。当前我国旅游产业发展已取得一定成果,尤其以旅游资源丰富的西南地区2017年旅游获得了大丰收,如贵州省2017年旅游总收入7116.81亿元,相较于2016年增长了41.6%,旅游总人次7.44亿人次,比上年增长40.0%。旅游产业的发展随着社会格局的转变也在不断打破现有的模式,在此背景之下,全域旅游的理论提出丰富了旅游的发展模式。当前是贵州省旅游产业发展蓬勃时期,发展全域旅游一方面是旅游产业自身发展所需,另一方面也是助推贵州省大扶贫工作的展开。贵州省发展全域旅游有助于反贫困主要表现在以下三个方面。

一是特色产业反贫困。贵州省所属脆弱的喀斯特地貌,独特的地貌限制工业和农业的发展,却给旅游产业发展提供条件。再则贵州拥有48个少数民族,拥有若干个少数民族村寨,璀璨的旅游资源使贵州省发展旅游扶贫是必然选择。旅游产业的发展本身就是综合性发展,它能积极带动多种产业联合发展,实现"旅游+农业""旅游+

电子商务""旅游+金融"等模式共同发展,实现区域特色产业发展,促进经济稳步提高。

二是就业岗位反贫困。旅游产业是一个动态发展行业,它不断吸收"多行业、多人次、多层次"。这种条件下能给旅游目的地提供就业机会,使当地居民能参与到旅游扶贫机制中来。提供就业一方面是景区发展自身需要工作人员,另一方面是村民返乡创业,这种方式是旅游扶贫实现区域脱贫的重要方式。

三是基础设施反贫困。贵州省有些偏远山区贫困的原因主要是由于与外界沟通不够,信息交流较少,大部分村民"走不出去",外界人员"进不来",进而造成内部封闭。传统农作使当地经济条件低下,贫困情况加重。在发展全域旅游过程中,首要实现的就是基础建设情况改善,可通达性提高,这一点正好解决了贫困地区基础设施落后的问题。

二 贵州省全域旅游助力反贫困鼓励社会力量的参与

贵州省全域旅游发展既是充分整合区域内旅游资源,优化旅游资源发展成果,也是将旅游相关利益主体之间的合作机制重新整理,形成适合全域旅游发展的模式。在贵州全域旅游发展过程中要积极调节全社会的参与性。主要包括以下四个方面。

一是政府主导参与。全域旅游的发展最终受益者是全社会,但由于我国国情和政策,全域旅游发展的主导者是政府,政府需在全域旅游发展过程中协调各阶级、各行业以及各主体之间的合作。政府起着一座桥梁作用,它能搭建企业、社会居民、游客以及其他社会组织之间的沟通,使全域旅游发展效率加快。

二是企业帮扶参与。企业在全域旅游发展中主要是帮扶作用。企业拥有足够资金和技术能完好地协调全域旅游的开发。全域旅游注重的不仅是整体效益,更注重个体效益,只有让局内各个主体能分享旅游经济的果实,才是反贫困实现的重要形式。所以企业参与到全域旅游开发时,应明确"帮扶"重任,帮助当地居民参与进来,分享利益。

三是居民亲身参与。居民参与全域旅游开发,是全域旅游实现脱贫的关键一步，也是重要前提。居民参与进来才能得到旅游开发带来的收入，实现区域经济稳步上升，促进个人收入增长。

四是游客尊重性参与。为促进全域旅游更良好地开发，游客参与是重要的一步。游客对旅游开发过程提出关键的评论，加以整理完善。游客在观游过程中应注重保护当地文化，尊重当地文化，打造一个良好的游玩环境，是全域旅游助力反贫困的主要方式。

三 贵州省全域旅游助力反贫困促进产业转型的合理

贵州省全域旅游是保障产业发展协调的重要方式，产业结构供给侧改革是基于对产业优化升级，实现产业发展更大利益化的方式。全域旅游发展本身就是整合资源，这两者存在相通性。贵州省发展全域旅游实现贫困地区产业供给侧改革主要包括以下三个方面：

一是全域旅游发展优化了旅游市场，影响整个地区市场，为供给侧改革提供实现前提。首先全域旅游发展会将旅游六要素各个环节畅通，形成一个经济型产业发展链。其次游客结构也在不断优化，全域旅游服务的是所有年龄阶段的游客，实现全社会性旅游形式，使旅游行为被广大群众接受。最后设计的旅游产品丰富性也在不断扩充，给旅游市场带来更多可能性。

二是全域旅游发展会带动旅游机制体制的改革，为贵州省贫困地区产业发展供给侧改革提供动力。贵州省发展全域旅游必会改变原先发展机制，服务对象更为全面，实施战略更为创新。贵州贫困地区的供给侧改革首要的应是拥有一个适合的体制机制，尤其在资源配置优化合理情况时才能发挥其最大作用。全域旅游发展改革是一项动态过程，其根本就是对资源的整合，故而贵州省发展全域旅游能深化贫困地区供给侧的改革。

三是全域旅游发展可促进产业的结构升级，实现多产业融合发展模式。贫困地区致贫因素就是产业结构的不合理性和产品的单一性，全域旅游发展能弥补这一缺陷。贵州省产业的发展离不开旅游产业，那么如何实现产业协调发展是贵州应重点思考的问题，全域旅游模式正好解决了这一问题。以"旅游+"的模式发展，符合贵州贫困地区发展，也创新了贫困地区产业结构问题，从而促进贫困地区产业供给侧改革。

四 贵州省全域旅游助力反贫困体现治贫模式的有效

贵州省贫困的多维性决定了贫困治理模式的多元性，全域旅游发展优化了多元的贫困治理模式。就贵州全域旅游发展的现阶段，贫困治理模式主要有以下几种：

一是以"政府为主导"的贫困治理模式。在这种治理模式下，政府基于贵州省全域旅游的整体布局，统筹地区旅游的规划、开发，制定有利于不同地区旅游开发的反贫困政策，提高了全域旅游中贫困治理的精准度。因此，该模式中政府成了贫困治理的主体，也成了全域旅游反贫困的重要保障。

二是以"政府引导+居民为主导"的贫困治理模式。在全域旅游的发展过程中，政府引导居民积极参与全域旅游，根据地区旅游服务体系，引导居民参与旅游餐饮、接待等行业，增加居民的经济收入。在这种模式下，居民能及时发现自身在全域旅游反贫困中出现的问题，并能及时协调解决，提高了居民参与全域旅游反贫的效率。

三是联合型的贫困治理模式。包括旅游开发中的政府、企业、居民、社会组织等多方参与的贫困治理模式，各个组织部门相互协调，各司其职，通力合作，建立有效的合作平台。在该模式下，具有贫困治理参与度高，景区发展速度快等特点。

总之，贵州省全域旅游推动了旅游目的地贫困治理模式的精准化、高效化、多元化、现代化，有效地促进了贫困地区的旅游发展和反贫困工作。

五 贵州省全域旅游助力反贫困激发减贫观念的创新

全域旅游的产生，转变了贵州省经济发展的传统理念，树立起了全新的资源观、全新的产业观、全新的产品观、全新的市场观，从全方位、全要素、全行业、全过程、全时空、全部门、全社会、全游客出发发展全域旅游，诞生了"旅游+"和与旅游相融合的新产能。新产能的诞生：一是强化了旅游行业的科技和创新开发，增加了适合市场的新的元素，提高了产品的科技含量，进一步促进了旅游业内各个产业融合发展。二是协调了旅游行业的统筹规划、科学布局，避免了旅游产业的"同质化",实现了全域旅游发展下旅游产业的多元化、个性化和特色化。三是加强了产业间的联动性,丰富了产品的多样性。全域旅游需要各个产业的综合联动发展,才能有效促进贫困地区的经济发展。新产能为产业链的延伸打好了基础,迎合了消费者对产品多样化的需求。因此,全域旅游为新产能提高了竞争力,树立了良好的品牌形象,凸显了地域文化特色,拓宽了营销渠道,创新了发展观点,进一步实现了新产能的对外开放,带动了贵州省经济社会发展,成为经济可持续发展的新引擎。

第二节 研究不足

一 全域旅游助力反贫困指标设计存在短板

一是各调查地发展情况、贫困程度、资源状况等均不相同,全域旅游发展指标可能存在不能涵盖的方面。二是指标体系的确定是通过询问调查贵州省当地居民确定的,考评形式和内容过于简单,且具有较大的主观性,缺乏客观性。三是随着乡村振兴战略的进一步推进,全旅旅游呈现蓬勃发展的态势,各地区不断打造全域旅游发展新样本,全域旅游发展指标也需与时俱进,不能一成不变。因此,全域旅游发展指标仍需不断探索、验证并进行完善,例如利用现代科学技术和互联网大数据信息,组织研发指标体系考评系统,力求加入客观全面的考评依据,以完善指标体系设计的不足之处等。

二 贵州全域旅游助力反贫困路径实践不足

本书探讨研究的路径是从政府宏观设计的角度出发的,对于当前全域旅游发展路径可操作性不强的主要原因是由于路径编制缺乏对实施具体细化路径、建设重点的考虑,缺乏对具体实施路径机制的研究,规划路径中没有充分反映民意,缺少与大部分参与主体的沟通等原因造成。因此,要增加反贫困路径实际操作性,还需要针对调查地实际发展情况对各调查地全域旅游发展实现反贫困的具体细化路径展开研究,因地制宜制定正式性、规划性、成果化的具体发展路径,设计具体到区、村的个性化反贫路径，以提高全域旅游助力反贫困路径的可操作性。

三 全域旅游助力反贫困相关实证案例不够

由于贫困成因、发展基础等客观因素的存在导致本书讨论的典型案例并不能代表目前所有贫困地区的贫困情况，对全域旅游反贫困的发展路径总结也不全面，因此需要对更多类型的案例地进行调查，以进一步补充、丰富研究一手资料，进而构建更完备的路径体系。如增加对六盘水集中连片贫困等地区的调查，丰富对特困地区反贫困路径的调查研究，以期实现对不同贫困程度地区资料的完善；增加对不同特色为代表的旅游带地区的调查：以名山名水和民风民俗为特色的东部旅游区、以喀斯特生态旅游为主的西部旅游区、以原始生态寻密为主的南部旅游区和以红色之旅为主题的北部旅游区，丰富对特色旅游带反贫困路径构建的研究，以期实现不同类型主导吸引物对反贫困路径构建的影响作用的完善等。

第三节 研究展望

一 贵州省应该继续发挥全域旅游建设的优势

全域旅游作为利用旅游目的地全部的吸引物要素，推动各行业融入、各部门齐抓共管、全城居民共同参与旅游建设，为前来旅游的游客提供全过程、全时空的体验产品，进而全面满足游客全方位体验需求的一种旅游发展新模式，其发展前景被政府各界所看好。并且随着高速旅游增长的逐步转型以及人们对旅游美好生活的需求变化，全域旅游未来的发展建设势必会向优质旅游模式靠拢，为优质旅游的发展建设提供前期准备。而优质旅游作为一种质量效益型的旅游发展模式，其更加注重旅游服务、产品、线路等综合功能的发挥以及游客在旅游活动过程中的获得感和幸福感。因此，实现全域旅游向优质旅游的过渡可以从以下五个方面着手：一是坚持内涵式旅游发展模式，即从粗放型扩张的集约式的旅游发展建设方式转向提升人性化、个性化、特色化的旅游发展建设方式。二是坚持高渗透融合型的旅游发展模式，即聚焦旅游的综合带动功能，充分发挥"旅游+"作用。三是坚持依法治理的旅游发展模式，即依据旅游业改革发展需要为旅游市场创造更好的法治供给环境。四是坚持智慧旅游发展模式，即通过高新科技手段实现旅游的智能化，增强人民的互动性和体验性。五是坚持全方位开放开拓的旅游发展模式，即通过开放式竞争，不断推进旅游服务的优质化发展。

当前，贵州省作为一个少数民族聚居地以及自然资源集聚区，已成为国家七个省级全域旅游示范区之一，不仅拥有"中国南方喀斯特"世界遗产1个、国家5A级旅游区2个、国家4A级旅游区3个、黄果树等13个国家级风景名胜区、梵净山等8个国家级自然保护区、百里杜鹃等21个国家森林公园、织金洞等6个国家地质公园、1.8万个民族文化旅游村寨等一系列已得到开发的自然、人文资源，还留存着大量已发现但未得到开发的自然、人文景观资源，旅游资源的集中程度颇高。鉴于此，对于拥有丰富旅游资源的贵州而言，其未来全域旅游的发展建设，可以通过继续深入挖掘自身的旅游资源禀赋，坚持走内涵式、融合型、法治型、智能型、开拓式的全域旅游发展之路，来实现全域旅游向优质旅游的转型升级。

二　全域旅游助力反贫困贵州走出了减贫自信

在决胜全面小康阶段，贵州省作为我国脱贫攻坚的一处短板，其结合自身实际以及国家政策指示，已在更高的起点上就如何实现全面小康进行了谋划，提出了九字战略方针——守底线，走新路，奔小康，并以九字方针作为统领，提出了"三长三短"战略部署。其中，在全域旅游助力反贫困的发展建设层面，贵州省走在全国前面，开创了自己独特的发展路子，并率先提出了贵州省全域旅游助力反贫困的发展思路，构建了依托大数据产业，更好利用、激活大生态的资源优势，更加科学合理地构建大旅游，更加坚持大扶贫的发展格局。具体而言，贵州省通过多年来的旅游发展建设，在旅游收入、基础设施建设、环境保护、旅游扶贫等方面取得了较大收益，尤其在近些年的全域旅游发展期间，贵州省更是交出了一份优异的精准扶贫、脱贫的成绩单。例如贵州荔波，近年通过立足生态资源优势，坚定不移地将全域旅游发展战略作为脱贫攻坚的重要途径，以景区融合、产业融合、生态保护、群众参与等作为全域旅游精准扶贫的重要抓手，于2017年接待游客1200万人次，获取旅游总收入108亿元，带动减贫8016人，实现8个贫困村摘帽，贫困发生率下降至13.4%，并新增12个小康村，全面小康实现程度达到了96.7%。

目前，贵州省通过全域旅游的发展建设，已稳步提升了整体的旅游精准扶贫、脱贫步伐，减缓了贫困程度，减少了贫困人口数量。但是，对于全面小康所要达成的总体目标而言，其全域旅游反贫困的推进仍不充分，旅游精准扶贫所带来的经济绩效、社会绩效、生态绩效方面仍显不足。鉴于此，贵州省在后续推进全域旅游的发展建设过程中，可以通过深入挖掘全域旅游助力精准扶贫、脱贫的后发优势，坚持大数据、大生态、大旅游、大扶贫的联动发展，凸显出贵州自信，来推动全域旅游助力精准扶贫、脱贫的发展建设。

三 贵州省全域旅游助力反贫困可以成为样板

贵州省基于丰富的旅游资源基础，因地制宜走出了全域旅游助力反贫困的发展之路。从政策体系、产业融合、配套设施等多个方面，贵州省积极探索全域旅游助力反贫困的政府主导型、企业主导型、居民自主型和联合合作型四种发展模式，并在贫困地区深入推进农村产业革命，促进乡村振兴繁荣的基础上，完成了精准脱贫攻坚的历史任务。贵州省坚持以习近平新时代中国特色社会主义思想为指导，牢记嘱托、感恩奋进，奋力拼搏，不再是传统印象中落后贫穷的旧贵州，而是在中国共产党领导下贵州人民依靠勤劳双手和艰苦奋斗的多彩贵州。在中共贵州省委坚强领导下，围绕建设国际一流山地旅游目的地、国内一流度假康养目的地，贵州继续大力发展全域旅游、智慧旅游、满意旅游，推动"旅游+多产业"高质量融合发展，接待入黔游客人次、旅游总收入均增长20%左右。实践成绩已经充分证明，贵州省全域旅游助力反贫困发展，已经走出一条特色发展之路，成为一个旅游反贫困的典型样板。

附 录

AHP 调查问卷

一 问题描述

此调查问卷以全域旅游反贫困路径为调查目标,对其多种影响因素使用层次分析法进行分析。层次模型如下图所示:

二 问卷说明

此调查问卷的目的在于确定全域旅游反贫困路径各影响因素之间相对权重。调查问卷根据层次分析法(AHP)的形式设计。这种方法是在同一个层次对影响因素重要性进行两两比较。衡量尺度划分为五个等级,分别是绝对重要、十分重要、比较重要、稍微重要、同样重要,分别对应9,7,5,3,1的数值。靠左边的衡量尺度表示左列因素重要与右列因素,靠右边的衡量尺度表示右列因素重要与左列因素。根据您的看法,在对应方格中打钩即可。

如果您觉得五个级别不能精确地表达您对某个比较问题的看法,例如您认为您对一个比较的看法应该介于十分重要和比较重要之间,那么您可以通过在十分重要和比较重要两个方格之间画圈来表达您的看法。

示例:您认为一辆汽车的安全性重要,还是价格重要?(针对此示例的调查表会在下面产生,请不要修改示例部分中所有与问题相关的内容,括号内的这部分文字请删除)

如果您认为一辆汽车的安全性相对于价格十分重要,那么请在左侧(十分重要)下边的方格打钩。

附 录

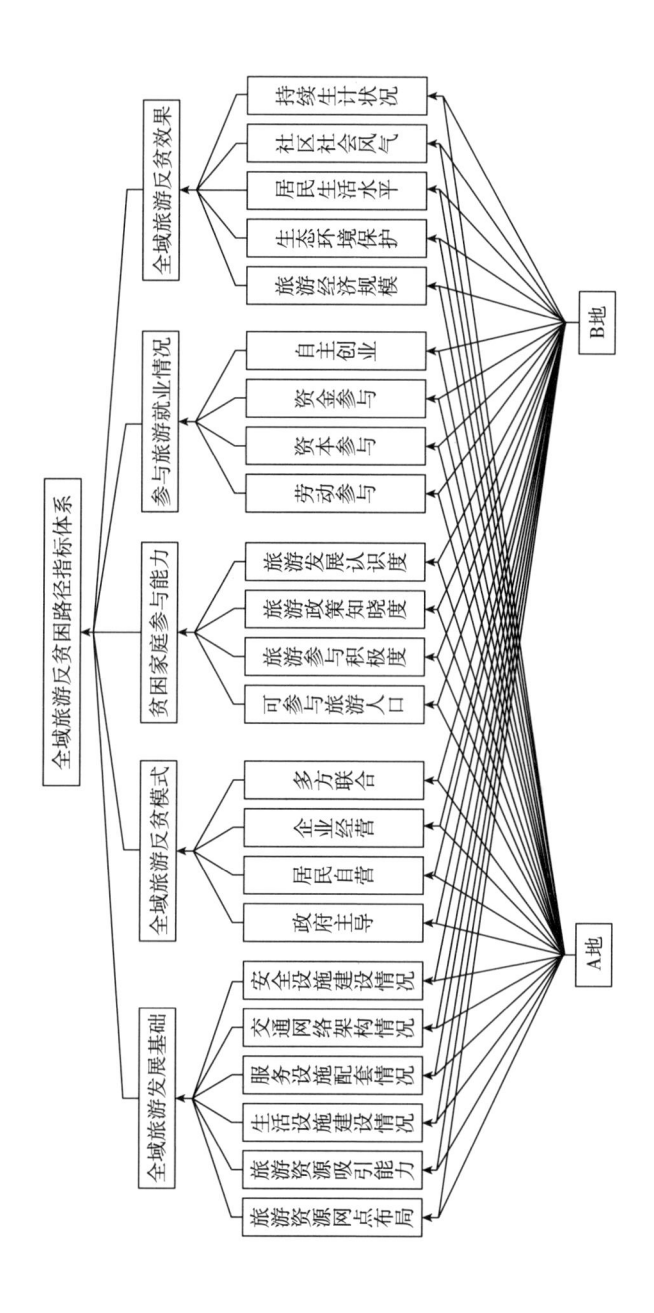

全域旅游反贫困路径指标体系

- 全域旅游发展基础
  - 旅游资源网点布局
  - 旅游资源吸引能力
  - 生活设施建设情况
  - 服务设施配套情况
  - 交通网络架构情况
  - 安全设施建设情况
- 全域旅游反贫模式
  - 政府主导
  - 居民自营
  - 企业经营
  - 多方联合
- 贫困家庭参与能力
  - 可参与旅游人口
  - 旅游参与积极度
  - 旅游政策知晓度
  - 旅游发展认识度
- 参与旅游就业情况
  - 劳动参与
  - 资本参与
  - 资金参与
  - 自主创业
- 全域旅游反贫效果
  - 旅游经济规模
  - 生态环境保护
  - 居民生活水平
  - 社区社会风气
  - 持续生计状况

A地　B地

211

样表：对于评价汽车，各影响因素的相对重要程度表

A	评价尺度									B
	9	7	5	3	1	3	5	7	9	
安全性										价格

注：衡量尺度划分为5个等级，分别是绝对重要、十分重要、比较重要、稍微重要、同样重要，分别对应9、7、5、3、1的数值。

三 问卷内容

● 第2层要素

■ 评估"全域旅游反贫困路径指标体系"的相对重要性

影响因素	说明
全域旅游发展基础	包括：生活设施建设情况，服务设施配套情况，交通网络架构情况，安全设施建设情况，旅游资源吸引能力，旅游资源网点布局
全域旅游反贫模式	包括：居民自营，企业经营，多方联合，政府主导
贫困家庭参与能力	包括：旅游参与积极度，可参与旅游人口，旅游政策知晓度，旅游发展认识度
参与旅游就业情况	包括：资本参与，资金参与，自主创业，劳动参与
全域旅游反贫效果	包括：旅游经济规模，生态环境保护，居民生活水平，社区社会风气，持续生计状况

下列各组比较要素，对于"全域旅游反贫困路径指标体系"的相对重要性如何？

A	评价尺度									B
	9	7	5	3	1	3	5	7	9	
全域旅游发展基础										全域旅游反贫模式
全域旅游发展基础										贫困家庭参与能力
全域旅游发展基础										参与旅游就业情况
全域旅游发展基础										全域旅游反贫效果
全域旅游反贫模式										贫困家庭参与能力
全域旅游反贫模式										参与旅游就业情况
全域旅游反贫模式										全域旅游反贫效果

续表

A	评价尺度									B
	9	7	5	3	1	3	5	7	9	
贫困家庭参与能力										参与旅游就业情况
贫困家庭参与能力										全域旅游反贫效果
参与旅游就业情况										全域旅游反贫效果

● 第3层要素

下列各组比较要素，对于"全域旅游发展基础"的相对重要性如何？

A	评价尺度									B
	9	7	5	3	1	3	5	7	9	
生活设施建设情况										服务设施配套情况
生活设施建设情况										交通网络架构情况
生活设施建设情况										安全设施建设情况
生活设施建设情况										旅游资源吸引能力
生活设施建设情况										旅游资源网点布局
服务设施配套情况										交通网络架构情况
服务设施配套情况										安全设施建设情况
服务设施配套情况										旅游资源吸引能力
服务设施配套情况										旅游资源网点布局
交通网络架构情况										安全设施建设情况
交通网络架构情况										旅游资源吸引能力
交通网络架构情况										旅游资源网点布局
安全设施建设情况										旅游资源吸引能力
安全设施建设情况										旅游资源网点布局
旅游资源吸引能力										旅游资源网点布局

下列各组比较要素，对于"全域旅游反贫模式"的相对重要性如何？

A	评价尺度									B
	9	7	5	3	1	3	5	7	9	
居民自营										企业经营

续表

A	评价尺度									B
	9	7	5	3	1	3	5	7	9	
居民自营										多方联合
居民自营										政府主导
企业经营										多方联合
企业经营										政府主导
多方联合										政府主导

下列各组比较要素，对于"贫困家庭参与能力"的相对重要性如何？

A	评价尺度									B
	9	7	5	3	1	3	5	7	9	
旅游参与积极度										可参与旅游人口
旅游参与积极度										旅游政策知晓度
旅游参与积极度										旅游发展认识度
可参与旅游人口										旅游政策知晓度
可参与旅游人口										旅游发展认识度
旅游政策知晓度										旅游发展认识度

下列各组比较要素，对于"参与旅游就业情况"的相对重要性如何？

A	评价尺度									B
	9	7	5	3	1	3	5	7	9	
资本参与										资金参与
资本参与										自主创业
资本参与										劳动参与
资金参与										自主创业
资金参与										劳动参与
自主创业										劳动参与

下列各组比较要素，对于"全域旅游反贫效果"的相对重要性如何？									
A	评价尺度									B
	9	7	5	3	1	3	5	7	9	
旅游经济规模										生态环境保护
旅游经济规模										居民生活水平
旅游经济规模										社区社会风气
旅游经济规模										持续生计状况
生态环境保护										居民生活水平
生态环境保护										社区社会风气
生态环境保护										持续生计状况
居民生活水平										社区社会风气
居民生活水平										持续生计状况
社区社会风气										持续生计状况

问卷到此结束，谢谢合作！

实证调查问卷

问卷说明：朋友您好！本问卷是关于全域旅游反贫困的发展现状与实施效果的研究性调查，调查者希望最终将其应用于全域旅游助力反贫困研究中，以期为反贫困事业做出贡献，而对于问卷的回答情况及个人信息一律予以保密，请您不必有任何顾虑，真诚地感谢您的合作。

参与者基本信息：

性别：（A. 男　B. 女）　　年龄：_____

婚姻状况：（A. 已婚　B. 离婚　C. 丧偶　D. 未婚）

受教育程度：（A. 不识字　B. 小学　C. 初中　D. 高中　E. 大专及以上）

本地居住时间：（A. 不满1年　B. 1—3年　C. 4—6年　D. 7—9年　E. 10年以上）

工作情况：（A. 上学　B. 在家务农　C. 公务员事业单位　D. 乡镇企业打工　E. 个体工商户　F. 其他）

1. 当地很多村落都有丰富的山、水、文化民俗等旅游资源，可以发展全域旅游（　　）

A. 非常不同意　B. 不同意　C. 不知道　D. 同意　E. 非常同意

2. 当地山、水、文化民俗等旅游资源具备吸引力，可以吸引游客来旅玩（　　）

A. 非常不同意　B. 不同意　C. 不知道　D. 同意　E. 非常同意

3. 当地水、电、网络等设施建设可以满足居民基本生活需求（　　）

A. 非常不同意　B. 不同意　C. 不知道　D. 同意　E. 非常同意

4. 当地学校、医院、派出所、商场、休闲场所等设施建设的数量充足，可以满足居民生活需求（　　）

A. 非常不同意　B. 不同意　C. 不知道　D. 同意　E. 非常同意

　　5. 当地的道路、交通标线、交通信号灯、交通工具等交通设施建设是完善的，可以满足居民出行需求（　　　）

　　A. 非常不同意　B. 不同意　C. 不知道　D. 同意　E. 非常同意

　　6. 当地防雷、防火、防电等检测和报警设施建设是完善的，可以保障居民生活安全（　　　）

　　A. 非常不同意　B. 不同意　C. 不知道　D. 同意　E. 非常同意

　　7. 依靠政府对贫困地区进行拨款的方式，可以实现本地贫困人口长久、有效地摆脱贫困（　　　）

　　A. 非常不同意　B. 不同意　C. 不知道　D. 同意　E. 非常同意

　　8. 依靠居民自己经营农家乐、民宿等买卖，可以实现本地贫困人口长久、有效地摆脱贫困（　　　）

　　A. 非常不同意　B. 不同意　C. 不知道　D. 同意　E. 非常同意

　　9. 依靠企业来开发并经营景区、酒店、餐饮等旅游相关产业，可以实现本地贫困人口长久、有效地摆脱贫困（　　　）

　　A. 非常不同意　B. 不同意　C. 不知道　D. 同意　E. 非常同意

　　10. 由政府、企业、居民一起合作来开发和经营景点、住宿、餐饮等旅游相关的产业，可以实现本地贫困人口长久、有效地摆脱贫困（　　　）

　　A. 非常不同意　B. 不同意　C. 不知道　D. 同意　E. 非常同意

　　11. 当地贫困家庭的所有生活来源可以依靠家中参与旅游就业的人（　　　）

　　A. 非常不同意　B. 不同意　C. 不知道　D. 同意　E. 非常同意

　　12. 当地贫困家庭普遍知道和了解乡村旅游、生态旅游、文化旅游等旅游政策（　　　）

　　A. 非常不同意　B. 不同意　C. 不知道　D. 同意　E. 非常同意

　　13. 当地贫困家庭愿意积极参与和支持本地旅游相关活动的开展（　　　）

　　A. 非常不同意　B. 不同意　C. 不知道　D. 同意　E. 非常同意

　　14. 当地贫困家庭对本地旅游发展情况具有清楚的认识和了解（　　　）

A. 非常不同意　B. 不同意　C. 不知道　D. 同意　E. 非常同意

15. 当地贫困人口可以通过自己的劳动来参与旅游产业发展（　　）

A. 非常不同意　B. 不同意　C. 不知道　D. 同意　E. 非常同意

16. 当地贫困人口可以通过投入自己拥有的土地、房屋等资本来参与旅游产业发展（　　）

A. 非常不同意　B. 不同意　C. 不知道　D. 同意　E. 非常同意

17. 当地贫困人口可以通过投入自己拥有的金钱来参与旅游产业发展（　　）

A. 非常不同意　B. 不同意　C. 不知道　D. 同意　E. 非常同意

18. 当地贫困人口可以依靠自己拥有的金钱、土地、房屋来自主开展旅游相关的买卖（　　）

A. 非常不同意　B. 不同意　C. 不知道　D. 同意　E. 非常同意

19. 通过发展全域旅游，可以得到更多的经济收益（　　）

A. 非常不同意　B. 不同意　C. 不知道　D. 同意　E. 非常同意

20. 通过发展全域旅游，可以保护当地的生态环境（　　）

A. 非常不同意　B. 不同意　C. 不知道　D. 同意　E. 非常同意

21. 通过发展全域旅游，可以提高和改善本地居民的生活水平（　　）

A. 非常不同意　B. 不同意　C. 不知道　D. 同意　E. 非常同意

22. 通过发展全域旅游，可以完善本地居民的行为方式和思想观念（　　）

A. 非常不同意　B. 不同意　C. 不知道　D. 同意　E. 非常同意

23. 通过发展全域旅游，可以稳定本地居民的谋生、消除贫困（　　）

A. 非常不同意　B. 不同意　C. 不知道　D. 同意　E. 非常同意

致谢：感谢您的参与和支持，有了您的帮助，我们才能更好地研究，祝您生活愉快！

权重计算结果

基于AHP分析法的全域旅游发展反贫困路径感知指标体系权重的计算结果：

标度类型：1—9

1. 全域旅游反贫困路径感知指标体系判断矩阵一致性比例：0.0773；

对总目标的权重：1.0000；λ_{max}：5.3464

全域旅游反贫困路径感知指标体系	全域旅游发展基础	全域旅游反贫模式	贫困家庭参与能力	参与旅游就业情况	全域旅游反贫效果	Wi
全域旅游发展基础	1.0000	9.0000	7.0000	5.0000	4.0000	0.5452
全域旅游反贫模式	0.1111	1.0000	0.5000	0.3333	0.2500	0.0446
贫困家庭参与能力	0.1429	2.0000	1.0000	0.1667	0.1429	0.0482
参与旅游就业情况	0.2000	3.0000	6.0000	1.0000	1.0000	0.1690
全域旅游反贫效果	0.2500	4.0000	7.0000	1.0000	1.0000	0.1930

2. 全域旅游发展基础判断矩阵一致性比例：0.0942；

对总目标的权重：0.5452；λ_{max}：6.5936

全域旅游发展基础	生活设施建设情况	服务设施配套情况	交通网络架构情况	安全设施建设情况	旅游资源吸引能力	旅资源网点布局	Wi
生活设施建设情况	1.0000	5.0000	9.0000	5.0000	9.0000	7.0000	0.5635
服务设施配套情况	0.2000	1.0000	2.0000	0.5000	2.0000	1.0000	0.0983
交通网络架构情况	0.1111	0.5000	1.0000	2.0000	1.0000	0.3333	0.0661
安全设施建设情况	0.2000	2.0000	0.5000	1.0000	2.0000	2.0000	0.1104
旅游资源吸引能力	0.1111	0.5000	1.0000	0.5000	1.0000	0.2500	0.0500
旅游资源网点布局	0.1429	1.0000	3.0000	0.5000	4.0000	1.0000	0.1116

3. 全域旅游反贫模式判断矩阵一致性比例：0.0638；

对总目标的权重：0.0446；\ lambda_ {max}：4.1705

全域旅游反贫模式	居民自营	企业经营	多方联合	政府主导	Wi
居民自营	1.0000	7.0000	9.0000	5.0000	0.6545
企业经营	0.1429	1.0000	3.0000	0.3333	0.0955
多方联合	0.1111	0.3333	1.0000	0.2000	0.0456
政府主导	0.2000	3.0000	5.0000	1.0000	0.2045

4. 贫困家庭参与能力判断矩阵一致性比例：0.0300；

对总目标的权重：0.0482；\ lambda_ {max}：4.0800

贫困家庭参与能力	旅游参与积极度	可参与旅游人口	旅游政策知晓度	旅游发展认识度	Wi
旅游参与积极度	1.0000	5.0000	5.0000	7.0000	0.6331
可参与旅游人口	0.2000	1.0000	0.5000	2.0000	0.1164
旅游政策知晓度	0.2000	2.0000	1.0000	3.0000	0.1822
旅游发展认识度	0.1429	0.5000	0.3333	1.0000	0.0684

5. 参与旅游就业情况判断矩阵一致性比例：0.0578；

对总目标的权重：0.1690；\ lambda_ {max}：4.1542

参与旅游就业情况	资本参与	资金参与	自主创业	劳动参与	Wi
资本参与	1.0000	7.0000	9.0000	4.0000	0.6285
资金参与	0.1429	1.0000	3.0000	0.5000	0.1073
自主创业	0.1111	0.3333	1.0000	0.1250	0.0411
劳动参与	0.2500	2.0000	8.0000	1.0000	0.2231

6. 全域旅游反贫效果判断矩阵一致性比例：0.0444；

对总目标的权重：0.1930；\ lambda_ {max}：5.1988

全域旅游反贫效果	旅游经济规模	生态环境保护	居民生活水平	社区社会风气	持续生计状况	Wi
旅游经济规模	1.0000	0.5000	0.2000	4.0000	2.0000	0.1218
生态环境保护	2.0000	1.0000	0.1667	5.0000	4.0000	0.1861
居民生活水平	5.0000	6.0000	1.0000	9.0000	8.0000	0.5915
社区社会风气	0.2500	0.2000	0.1111	1.0000	1.0000	0.0451
持续生计状况	0.5000	0.2500	0.1250	1.0000	1.0000	0.0554

参考文献

曹扶生、武前波：《国外城市反贫困理论研究综述》，《城市问题》2008年第10期。

曹晓鲜：《基于协同的湖南西部民族文化生态旅游品牌资产研究》，《湖南师范大学社会科学学报》2010年第1期。

陈辉、张全红：《基于多维贫困测度的贫困精准识别及精准扶贫对策——以粤北山区为例》，《广东财经大学学报》2016年第3期。

陈及霖：《关于福建旅游发展主攻方向和重点之我见》，《旅游学刊》1988年第4期。

陈听雨：《第一动力创新，引领经济发展》，《人民日报》2017年10月30日第1版。

陈蔚然：《马尔萨斯人口思想中"恒常趋势"和"两种抑制"的研究》，硕士学位论文，清华大学，2004年。

成观雄、喻晓玲：《突发事件对边疆地区入境旅游的影响——以新疆"7·5"事件为例》，《经济地理》2015年第5期。

邓光奇：《民族地区旅游资源开发研究——以湖南城步苗族自治县为例》，《中南民族大学学报》（人文社会科学版）2007年第4期。

邓小海、曾亮、罗明义：《精准扶贫背景下旅游扶贫精准识别研究》，《生态经济》（中文版）2015年第4期。

邓小海、曾亮、肖洪磊：《旅游精准扶贫的概念、构成及运行机理探析》，《江苏农业科学》2017年第2期。

邓小海、曾亮、云建辉：《旅游扶贫精准管理探析》，《广西广播电视大学学报》2017年第2期。

邓小平：《邓小平文选》（第3卷），人民出版社1993年版。

丁焕峰：《国内旅游扶贫研究述评》，《旅游学刊》2004年第3期。

窦开龙：《新疆民族旅游资源特色与开发定位研究》，《开发研究》2008年第2期。

冯迎、张军民：《基于ESDA的新疆旅游经济发展空间分异规律研究》，《旅游科学》2016年第2期。

冯迎、张军民：《基于ESDA的新疆旅游经济发展空间分异规律研究》，《旅游科学》2016年第2期。

高颖、刘竹青、刘玉梅：《中外乡村旅游发展模式比较研究》，《世界农业》2011年第1期。

葛继宏：《全域旅游治理的路径探索——以杭州淳安县为例》，《浙江社会科学》2017年第3期。

葛继宏：《全域旅游治理的路径探索——以杭州淳安县为例》，《浙江社会科学》2017年第3期。

郭海燕、杨斌：《对新疆民族旅游资源开发与文化保护的思考》，《华东经济管理》2007年第9期。

郭舒：《基于产业链视角的旅游扶贫效应研究方法》，《旅游学刊》2015年第11期。

韩春鲜：《基于旅游资源优势度差异的新疆旅游经济发展空间分析》，《经济地理》2009年第5期。

郝卫国：《狼牙山红色旅游的可持续发展战略》，《领导之友》2011年第8期。

何瑛：《基于灰色关联分析的新疆旅游经济影响因素研究》，《生态经济》2012年第1期。

何昭丽、海米提·依米提、王松茂、丁培毅：《新疆旅游经济驱动因子的量化分析》，《人文地理》2008年第3期。

胡海燕、黄林、骆红莲：《新疆旅游资源开发与金融支持路径选择——以金融支持国家5A级旅游景区可可托海景区发展为例》，《新疆师范大学学报》（哲学社会科学版）2012年第6期。

胡锦涛：《胡锦涛文选》（第3卷），人民出版社2016年版。

黄承伟、刘欣：《"十二五"时期我国反贫困理论研究述评》，《云南民族大学学报》（哲学社会科学版）2016年第2期。

黄华娟：《发展独具特色的福建文化旅游产业》，《发展研究》2006年第7期。

黄柳婷：《福建文化对旅游消费行为的影响》，《福建论坛》（人文社会科学版）2006年第S1期。

黄细嘉、李凉：《全域旅游背景下的文明旅游路径依赖》，《旅游学刊》2016年第8期。

黄耀丽、吴兆宁、郑坚强：《基于区域竞争力对比的新疆旅游资源开发分析》，《干旱区地理》2006年第3期。

黄渊基、匡立波、贺正楚：《武陵山片区生态文旅融合扶贫路径探索——以湖南省慈利县为例》，《经济地理》2017年第3期。

江泽民：《江泽民文选》（第3卷），人民出版社2006年版。

姜德辉、张小忠、段世江：《以人为本，构建科学长效的反贫困战略机制》，《甘肃社会科学》2014年第2期。

蒋莉、黄静波：《罗霄山区旅游扶贫效应的居民感知与态度研究——以湖南汝城国家森林公园九龙江地区为例》，《地域研究与开发》2015年第4期。

卡尔·马克思：《资本论》（第一卷），人民出版社2004年版。

卡茜燕：《精准扶贫视野下的社区参与旅游扶贫研究——基于大理双廊村的调查》，《旅游研究》2017年第1期。

赖力：《精准扶贫与妇女反贫困：政策实践及其困境——基于贵州省的分析》，《华中农业大学学报》（社会科学版）2017年第6期。

兰林：《民族旅游文化的开发与保护——以福建畲族地区为例》，《海峡科学》2009年第10期。

离合权：《媒体看贵州》，《当代贵州》2016年第2期。

李翠玲、石敏俊、许健、赵红：《旅游资源丰度与旅游业发展——以新疆昌吉州为例的实证分析》，《科技促进发展》2016年第3期。

李刚、徐虹：《影响我国可持续旅游扶贫效益的因子分析》，《旅游学刊》2006年第9期。

李光明、马磊：《旅游精准扶贫效率测度及空间分异研究——以新疆阿勒泰地区为例》，《新疆社科论坛》2016年第5期。

李果：《旅游综合体——助推城市产业经济发展的新模式》，《经济视角》（上）2012年第6期。

李浩：《全力保持贵州扩大有效投资的良好势头》，《贵州日报》2016年7月8日。

李会琴、侯林春、杨树旺等：《国外旅游扶贫研究进展》，《人文地理》2015年第1期。

李佳、钟林生、成升魁：《民族贫困地区居民对旅游扶贫效应的感知和参与行为研究——以青海省三江源地区为例》，《旅游学刊》2009年第8期。

李金早：《务实科学发展全域旅游》，《中国旅游报》2016年6月3日第1版。

李晶晶：《〈贫困的哲学〉与〈哲学的贫困〉——从哲学视角看蒲鲁东与马克思的分裂》，《喀什师范学院学报》（汉文版）2013年第5期。

李书群：《开发新疆民族文化旅游的思考》，《实事求是》2005年第2期。

李燕琴：《旅游扶贫村寨社区压力应对的ABCD-X模式——以中俄边境村落室韦为例》，《旅游学刊》2015年第11期。

李志飞：《全域旅游时代的变与不变》，《旅游学刊》2016年第9期。

厉新建、马蕾、陈丽嘉：《全域旅游发展：逻辑与重点》，《旅游学刊》2016年第9期。

厉新建、张凌云、崔莉：《全域旅游：建设世界一流旅游目的地的理念创新——以北京为例》，《人文地理》2013年第3期。

廖碧芯、张河清：《全域旅游视角下博罗县乡村旅游发展研究》，《经济论坛》2017年第1期。

列宁：《帝国主义是资本主义的最高阶段》（通俗的论述），人民出版社1917年版。

林毅夫、庄巨忠、汤敏、林暾：《以共享式增长促进社会和谐》，《中国投资》2009年第1期。

凌丽君：《美国乡村旅游发展研究》，《世界农业》2015年第10期。

凌文豪、刘欣：《中国特色扶贫开发的理念、实践及其世界意义》，《社会主义研究》2016年第4期。

刘冰、何莽、王松茂：《旅游目的地合作中网络治理模式研究——基于社会网络视角对新疆的案例跟踪》，《旅游学刊》2016年第9期。

刘海军、高敏华、李晓东、张静：《新疆旅游发展驱动因子》，《中国沙漠》2015年第6期。

刘建华、丁重扬、王纪成：《贫困理论比较研究与中国反贫困实践》，《外国经济学说与中国研究报》2014年第20期。

刘力维：《坚持提速赶超，全力攻坚决战》，《贵州日报》2017年1月13日第8版。

刘丽娟、杨晓君：《全域旅游视角下甘南州旅游精准扶贫策略研究》，《乐山师范学院学报》2018年第1期。

刘丽梅：《旅游扶贫发展的本质及其影响因素》，《财经理论研究》2012年第1期。

刘栋子：《乡村振兴战略的全域旅游：一个分析框架》，《改革》2017年第12期。

刘玉春、贾璐璐：《全域旅游助推县域经济发展——以安徽省旌德县为例》，《经济研究参考》2015年第37期。

龙祖坤、杜倩文、周婷：《武陵山区旅游扶贫效率的时间演进与空间分异》，《经济地理》2015年第10期。

鲁钊阳：《民族地区农村金融发展的反贫困效应研究》，《农村经济》2016年第1期。

吕本勋、颜思嘉：《泰国入境旅游市场时空结构研究——基于2008—2013年数据的分析》，《广西民族大学学报》（哲学社会科学版）2014年第5期。

吕洁、戴溥之、杨晓娟：《略论河北省农村反贫困工作的改革与创新》，《中国经贸导刊》2012年第15期。

罗时琴、周传艳：《贵州省旅游扶贫发展浅析》，《资源开发与市场》2012年第8期。

骆高远：《"福建土楼"的旅游价值及其保护》，《经济地理》2010年第5期。

麻学锋、龙茂兴：《欠发达民族地区旅游发展模式研究——以湖南凤凰县为例》，《商业研究》2006年第14期。

马剑平：《少数民族地区旅游产业集群治理研究——以湖南湘西自治州为例》，《贵州民族研究》2012第2期。

马腾飞、李见明：《泰国旅游危机中政府对信息和传媒的掌控能力分析》，《东南亚纵横》2006年第11期。

毛泽东：《毛泽东选集》（第1卷），人民出版社1944年版。

孟秋莉、邓爱民：《全域旅游视阈下乡村旅游产品体系构建》，《社会科学家》2016年第10期。

庞丽：《新疆乡村旅游资源开发现存问题及对策研究》，《中国新技术新产品》2009年第12期。

彭华、冉杰、卢宗源：《秦巴山片区旅游精准扶贫调查研究——以巴中市恩阳区万寿村为例》，《四川农业科技》2016年第8期。

蒲玉林、杨兆萍、韩芳：《新疆喀什民族文化旅游开发模式评价》，《干旱区地理》2012年第3期。

齐丹：《全域旅游视域下民族地区旅游精准扶贫研究》，《经贸实践》2017年第18期。

石培华：《如何认识与理解"全域旅游"》，《西部大开发》2016年第6期。

宋立中、谭申：《复合型文化遗产旅游产品开发路径分析——以福建马尾船政文化为例》，《旅游学刊》2012年第10期。

苏欣慰：《台资旅游投入对福建旅游业的影响及对策》，《未来与发展》2011年第4期。

粟娟：《武陵源旅游扶贫效益测评及其优化》，《商业研究》2009年第9期。

孙国峰、郑亚瑜：《精准扶贫下农村反贫困末端治理的可持续性研究》，《理论与改革》2017年第3期。

唐钧：《追求"精准"的反贫困新战略》，《西北师大学报》（社会科学版）2016年第1期。

田孟清：《民族地区旅游资源开发的有效模式——湖南张家界市开发旅游资源的经验》，《中央民族大学学报》（哲学社会科学版）2007年第1期。

汪克会：《宁夏发展全域旅游的几点思考——以银川市西夏区为例》，《边疆经济与文化》2016年第7期。

王超、骆克任：《包容性增长视角下泰国旅游经济发展模式研究》，《东南亚纵横》2013年第5期。

王超、王志章：《少数民族连片特困乡村包容性旅游发展模式的探索——来自贵州六盘水山区布依族补雨村的经验数据》，《西南民族大学学报》（人文社会科学版）2013年第7期。

王超、王志章：《我国包容性旅游发展模式研究——基于印度旅游扶贫的启示》，《四川师范大学学报》（社会科学版）2013年第5期。

王超、王志章：《我国少数民族地区旅游包容性发展模式研究》，《四川师范大学学报》（社会科学版）2015年第3期。

王超、郑向敏：《包容性发展下我国旅游城市的发展战略——基于SWOT分析方法》，《四川理工学院学报》（社会科学版）2012年第2期。

王超、郑向敏：《文化软实力：印度旅游全球竞争战略模式及其启示》，《软科学》2012年第7期。

王超、郑向敏：《中印两国文化旅游软实力分析——基于系统工程思想的分析》，《南亚研究季刊》2012年第2期。

王京传、李天元：《包容性旅游增长的概念内涵、实现机制和政策建议》，《旅游科学》2011年第5期。

王磊、刘家明：《宁夏建设全域旅游示范区研究》，《宁夏社会科学》2016年第4期。

王松茂、邓峰、瓦哈甫·哈力克：《新疆旅游产业全要素生产率的时空演变》，《经济地理》2016年第5期。

王志章、刘天元、贾煜：《印度包容性增长的扶贫开发实践及启示》，《西南大学学报》（社会科学版）2015年第4期。

王志章、王晓蒙：《包容性增长：背景、概念与印度经验》，《南亚研究》2011年第4期。

魏小安、李劲松：《试论旅游扶贫》，《当代经济》2009年第1期。

吴建绍、葛辉、林克冰、周宸、蔡建堤、杨求华：《福鼎硖门湾海区坛紫菜生理性病变的初步研究》，《福建水产》2014年第2期。

吴旭云、龙睿：《全域旅游背景下我国养老旅游目的地发展路径探讨》，《改革与战略》2017年第5期。

谢璐：《试论"全域旅游"背景下乡村旅游从业者的再教育——以山东省为例》，《中国成人教育》2016年第19期。

邢慧斌：《国内旅游扶贫绩效评估理论及方法研究述评》，《经济问题探索》2017年第7期。

邢慧斌：《国内旅游扶贫绩效评估研究述评》，《商业经济研究》2015年第33期。

邢剑华、石培华：《从理念到实践——重视以科技创新推动落实全域旅游发展》，《旅游学刊》2016年第12期。

徐晓亮：《新疆乡村旅游深度开发研究》，硕士学位论文，新疆师范大学，2009年。

徐秀军：《解读绿色扶贫》，《生态经济》2005年第2期。

许春晓、莫莉萍：《旅游目的地品牌资产驱动因素模型研究——以凤凰古城为例》，《旅游学刊》2014年第7期。

许春晓、朱茜：《求新动机、满意度对重游间隔意愿的影响——以凤凰古城旅游者为例》，《旅游科学》2011年第5期。

许丽君、汪建敏：《全域旅游视角下宁夏旅游带动战略研究》，

《宁夏社会科学》2017年第6期。

闫坤、于树一:《中国模式反贫困的理论框架与核心要素》,《华中师范大学学报》(人文社会科学版)2013年第6期。

杨洁明、许辉:《新疆旅游资源空间格局研究》,《现代城市研究》2016年第5期。

杨振之:《全域旅游的内涵及其发展阶段》,《旅游学刊》2016年第12期。

姚娟、陈飙、田世政:《少数民族地区游客乡村旅游质量感知研究——以新疆昌吉州杜氏农庄为例》,《旅游学刊》2008年第11期。

殷治琼:《全域旅游与脱贫攻坚:耦合性与互动性探讨——以重庆市石柱县为例》,《经济研究导刊》2018年第1期。

于洁、胡静、朱磊、卢雯、赵越、王凯:《国内全域旅游研究进展与展望》,《旅游研究》2016年第6期。

于淑艳:《全域旅游背景下海南乡村旅游发展的新范式》,《美与时代》(城市版)2016年第8期。

于艳邱、赵山星:《新疆阿克苏地区旅游产业集聚效应研究》,《企业改革与管理》2016年第15期。

余俊:《泰国可持续旅游法对我国的启示——以发展漓江生态旅游为例》,《东南亚纵横》2009年第9期。

喻元平:《"南江模式"激活开阳旅游业》,《贵州日报》2007年2月26日第5版。

曾博伟:《全域旅游发展观与新时期旅游业发展》,《旅游学刊》2016年第12期。

张春华:《福鼎硖门畲族乡弹涂鱼养殖业的现状及对策分析》,《经济与社会发展》2012年第5期。

张发勋、张玲玉:《拨开云雾见朝晖——开阳"旅游强县"战略优势凸现》,《当代贵州》2006年第20期。

张河清、陈韵:《人类学视野下民族村寨旅游开发原真性研究——对湖南通道"皇都侗寨"的考察》,《湘潭大学学报》(哲学社会科学版)2013年第4期。

张辉:《中国旅游发展笔谈——全域旅游(一)》,《旅游学刊》2016年第9期。

张辉、岳燕祥:《全域旅游的理性思考》,《旅游学刊》2016年第9期。

张丽新:《基于社会公平的农村贫困治理》,《中国井冈山干部学院学报》2015年第2期。

张琳:《江西兴国探寻新时代脱贫新路径》,《中国青年报》2018年2月22日第1版。

张侨:《旅游扶贫模式和扶贫效应研究——基于海南省贫困地区的调查数据分析》,《技术经济与管理研究》2016年第11期。

张文建、徐露农:《长三角旅游网络化发展路径探析》,《旅游科学》2007年第4期。

张文秀:《新疆旅游公共服务体系游客感知评价研究——来自供需平衡视角下的调研统计分析》,《新疆农垦经济》2015年第3期。

张英、张炎、彭苑:《民族地区旅游就业效应研究——以湖南凤凰县为例》,《湖南社会科学》2012年第3期。

张颖:《美国西部乡村旅游资源开发模式与启示》,《农业经济问题》2011年第3期。

赵倩倩、褚玉杰、赵振斌:《基于场所依恋的乡村社区妇女参与民族旅游问题研究——以新疆布尔津县禾木村为例》,《资源开发与市场》2013年第8期。

赈黉:《让人才成为经济社会发展的脊梁》,《中国培训》2011年第9期。

周容霞:《基于创意经济视角的福建旅游产业发展研究》,《四川理工学院学报》(社会科学版)2011年第3期。

左文君、明庆忠、李圆圆:《全域旅游特征、发展动力和实现路径研究》,《乐山师范学院学报》2016年第11期。

Agnes R., Quisumbing, Bob Baulch, Neha Kumar, "Evaluating the long-term impact of anti-poverty interventions in Bangladesh: an overview", *Journal of Development Effectiveness*, 2011, 3 (2): 153–174.

参考文献

Akyeampong O. A., "Pro - poor tourism: residents' expectations, experiences and perceptions in the Kakum National Park Area of Ghana", *Journal of Sustainable Tourism*, 2011, 19 (2): 197 - 213.

Algeo K., *Underground tourists/tourists underground: African American tourism to Mammoth Cave*, Tourism Geographies, 2012 (3): 380 - 404.

Algeo K., *Underground tourists/tourists underground: African American tourism to Mammoth Cave*, Tourism Geographies, 2012 (3): 380 - 404.

Alonso A. D., Sakellarios N., *The potential for craft brewing tourism development in the United States: a stakeholder view*, Tourism Recreation Research, 2016: 1 - 12.

Benson D. S., "Cuba Calls: African American Tourism, Race, and the Cuban Revolution (1959 - 1961)", *Hispanic American Historical Review*, 2013, 93 (2): 239 - 271.

Bhagwati J., Srinivasan T. N., "The Muddles over Outsourcing", *Journal of Economic Perspectives*, 2004, 18 (4): 93 - 114.

Bhola S., "Indian Tourism Market: An Overview of Emerging Trends and Development", *Social Science Electronic Publishing*, 2014 (3): 113 - 122.

Briedenhann J., "The potential of small tourism operators in the promotion of pro - poor tourism", *Journal of Hospitality Marketing & Management*, 2011, 20 (3 - 4): 484 - 500.

Broad S., "Living the Thai Life—A Case Study of Volunteer Tourism at the Gibbon Rehabilitation Project, Thailand", *Tourism Recreation Research*, 2015, 28 (3): 63 - 72.

Bruhèze A. A. A. D. L., *Confronting the Lure of American Tourism: Modern Accommodation in the Netherlands*, The Making of European Consumption, Palgrave Macmillan U. K., 2015: 1298 - 300.

Butler R., Curran R., O'Gorman K. D., "Pro - Poor Tourism in a First World Urban Setting: Case Study of Glasgow Govan", *International Journal of Tourism Research*, 2013, 15 (5): 443 - 457.

Bä, Dicu G. D., Andreiana V. A., "An Analysis of the Tourist Competitiveness in Switzerland, the United States and Romania", *Economics & Applied Informatics*, 2016 (10): 177 – 179.

Bä, Dicu G. D., Andreiana V. A., "An Analysis of the Tourist Competitiveness in Switzerland, the United States and Romania", *Economics & Applied Informatics*, 2016 (10): 177 – 179.

Campiranon K., *Critical Success Factors of Crisis Management in Tourism: A Case Study of Political Crisis in Thailand*, University of Tasmania, School of Management, 2010: 1281 – 1287.

Chachaya Yodsuwan, Ken Butcher., "Determinants of Tourism Collaboration Member Satisfaction in Thailand", *Asia Pacific Journal of Tourism Research*, 2012, 17 (1): 63 – 80.

Chen S., Ravallion M., "Hidden Impact? Ex – Post Evaluation of an Anti – Poverty Program", *Policy Research Working Paper*, 2003, 28 (6): 119 – 1246.

Cowart A. T., "Anti – Poverty Expenditures in the American States: A Comparative Analysis", *Midwest Journal of Political Science*, 1969, 13 (2): 219 – 236.

Erik Cohen, "The Wild and the Humanized: Animals in Thai Tourism", *Anatolia*, 2009, 20 (1): 100 – 118.

Erik Cohen. "Panda and elephant – contesting animal icons in Thai tourism", *Journal of Tourism & Cultural Change*, 2010, 8 (3): 154 – 171.

Fleischer A, Pizam A., "Rural tourism in Israel", *Tourism Management*, 1997, 18 (6): 367 – 372.

Gascón J., "Pro – poor tourism as a strategy to fight rural poverty: a critique", *Journal of Agrarian Change*, 2015, 15 (4): 499 – 518.

Ghaderi Z., Som A P M, Henderson J. C., "When Disaster Strikes: The Thai Floods of 2011 and Tourism Industry Response and Resilience", *Asia Pacific Journal of Tourism Research*, 2014, 20 (4): 1 – 17.

Ghani S. E. , Kerr W. R. , Tewari I. , "Regional Diversity and Inclusive Growth in Indian Cities", *Policy Research Working Paper*, 2014: 1-49.

Goodwin H. , "Reflections on 10 years of pro-poor tourism", *Journal of Policy Research in Tourism Leisure & Events*, 2009, 1 (1): 90-94.

Gordon J. E. , Project CAUSE, "The Federal anti-poverty program, and some implications of subprofessional training", *American Psychologist*, 1965, 20 (5): 334-336.

Howard E. , "American Tourism: Constructing a National Tradition J. Mark Souther and Nicholas Dagen Bloom, Editors. Chicago, IL: University of Chicago Press, 2012", *Journal of American Culture*, 2014, 37 (2): 215-216.

Jauhari V. , "The hospitality and tourism industry in India: conclusions and solutions", *Worldwide Hospitality and Tourism Themes*, 2009, 1 (1): 75-80.

Kantawateera K. , Naipinit A. , Sakolnakorn T. P. N. , et al. , "The Satisfaction of Tourists and Policy Guidelines for Tourism Development in Khon Kaen, Thailand", *Asian Social Science*, 2014, 10 (6): 53-60.

Kaur A. , Chauhan A. , Medury Y. , "Destination image of Indian tourism destinations: An evaluation using correspondence analysis", *Asia Pacific Journal of Marketing and Logistics*, 2016, 28 (3): 499-524.

Khanal B. R. , Gan C. , Becken S. , "Tourism inter-industry linkages in the Lao PDR economy: an input-output analysis", *Tourism Economics*, 2014, 20 (1): 171-194.

Kontogeorgopoulos N. , "The temporal relationship between mass tourism and alternative tourism in Southern Thailand", *Tourism Review International*, 2009, 13 (1): 1-16.

Kuivalainen S. , Niemel M. , "From universalism to selectivism: The ideational turn of the anti-poverty policies in Finland", *Journal of Development*, 2010, 20 (3): 263-276.

Leena Mary Sebastian, Prema Rajagopalan, "Sociocultural transformations through tourism: a comparison of residents' perspectives at two destinations in Kerala, India", *Journal of Tourism & Cultural Change*, 2009, 7 (1): 5 –21.

Lew A. A., "Scale, change and resilience in community tourism planning", *Tourism Geographies*, 2014, 16 (1): 14 –22.

Lipton M., Yaqub S., Darbellay E S E, *Successes in anti – poverty*, Issues in Development Discussion Paper No. 8. ILO/DTCD, 1998, 8 (8): 217 –226.

Loganathan N., Han A. S., Kogid M., "Demand for Indonesia, Singapore and Thailand Tourist to Malaysia: Seasonal Unit Root and Multivariate Analysis", *International Journal of Economics & Empirical Research*, 2013, 1 (1): 15 –23.

Luloff A. E., Bridger J. C., Graefe A. R., et al., "Assessing rural tourism efforts in the United States", *Annals of Tourism Research*, 1994, 21 (1): 46 –64.

Manwa H., Manwa F., "Poverty alleviation through pro – poor tourism: the role of Botswana forest reserves", *Sustainability*, 2014, 6 (9): 5697 –5713.

Marx I., Nolan B., Olivera J., "The Welfare State and Anti – Poverty Policy in Rich Countries", *Handbook of Income Distribution*, Elsevier B. V., 2015: 2063 –2139.

Maxwell J. F., "Vegetation of Doi Tung, Chiang Rai Province, Northern", *Maejo International Journal of Science & Technology*, 2007, 1 (1): 10 –63.

Myrdal G., "The challenge of world poverty. A world anti – poverty programme in outline", *Pantheon Books*, 1971, 17 (4): 24 –29.

Narayanan S. P., Vijayan L., "Major threats and needs for the conservation of Kumarakom Heronry of Kerala, India", *National Academy Science Letters*, 2008, 31 (9): 293 –296.

Patcharawan Tanamatayarat, Uthai Sotanaphun, Onoomar Poobrasert., "Thai plants from Doi Tung: brine shrimp lethality, antioxidative activity and combination effect with L – ascorbic acid", *Natural Product Research*, 2012, 26 (10): 919 – 25.

Perales R. M. Y., "Rural tourism in Spain", *Annals of Tourism Research*, 1993, 29 (4): 1101 – 1110.

Ranga M., Pradhan P., "Terrorism terrorizes tourism: Indian tourism effacing myths?", *Ijssth*, 2014 (1): 26 – 39.

Ranganathan M., "Towards a more inclusive Indian identity? A case study of the Bollywood film", *National Identities*, 2010, 12 (1): 41 – 59.

Ravallion M., "Evaluating Anti – Poverty Programs, *Handbook of Development Economics*, 2005, 4 (7), pp. 3787 – 3846.

Raza S. A., Sharif A., Wong W. K., et al., "Tourism development and environmental degradation in the United States: evidence from wavelet – based analysis", *Current Issues in Tourism*, 2016 (8): 148 – 153.

Raza S. A., Sharif A., Wong W. K., et al., "Tourism development and environmental degradation in the United States: evidence from wavelet – based analysis", *Current Issues in Tourism*, 2016 (8): 148 – 153.

Ritchie B. W., Crotts J. C., Zehrer A., et al., "Understanding the Effects of a Tourism Crisis The Impact of the BP Oil Spill on Regional Lodging Demand", *Journal of Travel Research*, 2014, 53 (1): 12 – 25.

Rizwan S. A., Yadav C. S., "Indian Civil Aviation Sector: Future Directions, Proceedings of the 6th National Tourism Conference of Indian Tourism Congress (ITC), India, 17 – 18 January 2009", *Tourism Recreation Research*, 2015: 219 – 220.

Sankhe S., Vittal I, Dobbs R., et al., "India's urban awakening: Building inclusive cities sustaining economic growth", *McKinsey Global Institute*, 2010 Apr, 2010, 6 (3): S55.

Selomane O., Reyers B., Biggs R., et al., "Towards integrated social – ecological sustainability indicators: Exploring the contribution and gaps in existing global data", *Ecological Economics*, 2015, 15 (118): 140 – 146.

Sigle – Rushton W., Mclanahan S., "For Richer or Poorer? Marriage as an Anti – Poverty Strategy in the United States", *Population*, 2002, 57 (3): 509 – 526.

Singh M., Kumara H. N., "Distribution, status and conservation of Indian gray wolf (Canis lupus pallipes) in Karnataka, India", *Journal of Zoology*, 2006, 270 (1): 164 – 169.

Singh R., "The state of Indian tourism and hospitality research: a review and analysis of journal publications", *Tourism Management Perspectives*, 2015, 17: 90 – 99.

Smith R. A., Ong J. L. T., "Corporate Social Responsibility and the Operationalization Challenge for Global Tourism Organizations", *Asia Pacific Journal of Tourism Research*, 2015, 20 (5): 487 – 499.

Soliman M S., Sotiriadis M., "Pro – poor tourism in protected areas – opportunities and challenges: 'the case of Fayoum, Egypt'", *Anatolia*, 2015, 26 (1): 61 – 72.

Stephanie Chok, Jim Macbeth, Carol Warren, "Tourism as a Tool for Poverty Alleviation: A Critical Analysis of 'Pro – Poor Tourism' and Implications for Sustainability", *Current Issues in Tourism*, 2007, 10 (2 – 3): 144 – 165.

Suardana I. W., Sudiarta I. N., "Impact of tourism to poverty in tourism destination: pro poor tourism management approach", *Journal of Agrarian Change*, 2017, 2 (1): 4 – 11.

Suryadarma D., Yamauchi C., "Missing public funds and targeting performance: Evidence from an anti – poverty transfer program in Indonesia", *Journal of Development Economics*, 2013, 103 (1): 62 – 76.

Thitthongkam T., Walsh J. C., Banchapattanasakda C., "Language Roles in Internal and External Communication in the Thai Tourism Industry

Competitiveness", *Acta Universitatis Danubius: Oeconomica*, 2010, 6 (2): 47 - 58.

Thryambakam P., "Indian tourism and hospitality going the green way", *International Journal of Applied Engineering Research*, 2014, 9 (3): 291 - 297.

Tirasattayapitak S., Chaiyasain C., Beeton R. J. S., "The impacts of nature - based adventure tourism on children in a Thai village", *Tourism Management Perspectives*, 2015 (15): 122 - 127.

Vohra B M., "Indian Tourism", *Tourism Recreation Research*, 2014: 29 - 31.

Wandersee J. H., Clary R M., *Case Studies of Two American Towns That Have Recently Developed Geotourism Venues: A Comparison of Steps Taken in Geoscience Education Program Development*, AGU Fall Meeting, AGU Fall Meeting Abstracts, 2005: 168 - 171.

Zapata M. J., Hall C. M., Lindo P., et al., "Can community - based tourism contribute to development and poverty alleviation? Lessons from Nicaragua", *Current Issues in Tourism*, 2011, 14 (8): 725 - 749.

后 记

打造全域旅游，贵州有得天独厚的自然和人文旅游资源优势，以及良好的旅游发展基础。全域旅游发展，贵州迎来时代机遇，也做出可喜的成绩。借助全域旅游发展的统筹功能，贵州大力推进精准扶贫与脱贫，感恩奋进，砥砺前行，走出中国特色社会主义的贵州实践，用实际行动感恩党中央的支持和信任。可以这么说，全域旅游助力反贫困实践，研究贵州问题，具有时代性和典型性。解决好贵州全域旅游助力精准扶贫和脱贫攻坚问题，也就是解决好中国全域旅游助力精准扶贫和脱贫攻坚问题。这为贵州进一步发展优质旅游夯实了基础。

本书能够顺利完成，得到了许多同志的帮助。一是感谢贵州省社科联对全域旅游以及反贫困领域相关课题的重视，能够给予课题研究所需的支持。二是感谢贵州财经大学刘雷、赵普、李汉文、肖小虹等校领导和科研处刘明显、学科办王武林等领导同志，能够给予课题研究开展需要的帮助和平台。三是感谢西南大学王志章教授、华侨大学郑向敏教授、西南民族大学蒋彬教授、华东师范大学骆克任教授、贵州民族大学龚锐教授等专家，以及匿名评审专家的支持和宝贵意见。四是感谢贵州财经大学工商管理学院杨阳书记、刘良灿副院长、袁开福副院长、胡北明副院长等院领导班子的支持。五是感谢万程成、张智勇、胥桂凤等同志给予课题研究的支持，感谢贵州省现代农业发展研究所郭靖同志，为本书初稿撰写文字超 3 万字。六是感谢工商学院会展经济与管理专业的同学，对于课题实地调研的帮助。

此外，特别感谢课题组团队成员廉梦鹤、李芬芬、邢希希、向雪洁、郭娜、蒋芹琴、杨焕焕等同志，感谢你们在研究过程中不辞辛苦，任劳任怨，不计得失，团结一致克服课题研究的困难，保质保量

后　记

顺利完成研究任务。

最后，感谢我的家人，我在外面打拼，有你们无私奉献，给我温馨的家。

感恩的心，感谢有您！感谢你们！

自强不息，厚德载物！学术路漫漫，吾将上下而求索！

王　超

贵州财经大学花溪校区公租房

2020 年 5 月 3 日